신앙고백을 어떻게 실천할 것인가?

- 네덜란드 신앙고백 적용 -

신앙고백을 어떻게 실천할 것인가?
- 네덜란드 신앙고백 적용 -

초판 1쇄 인쇄 2025년 06월 10일
초판 1쇄 발행 2025년 06월 25일

지은이 황원하
펴낸이 허태영
펴낸곳 에스에프씨(SFC)출판사
등록 서초구 제 2024-000047호
주소 (06593) 서울특별시 서초구 고무래로 10-5 2층 SFC출판부
Tel (02)596-8493
Fax 02)537-9389
홈페이지 www.sfcbooks.com
이메일 sfcbooks@sfcbooks.com
디자인 이웅석
ISBN 979-11-992988-2-8 [04230]
      979-11-992988-0-4 [세트]

※ 신저작권법에 의하여 한국 내에서 보호받는 저작물이므로 무단 전재와 무단 복제를 금합니다.
※ 책 값은 뒷표지에 있습니다.
※ 잘못된 책은 구입처에서 교환하여 드립니다.

네덜란드 신앙고백 시리즈 2

신앙고백을 어떻게 실천할 것인가?
네덜란드 신앙고백 적용

원문번역

황원하 지음

SFC

서문 ····· 6
시리즈 서문 - 네덜란드 신앙고백의 특징 ····· 8

1. 하나님을 아는 지식 ····· 19
2. 일반계시와 특별계시 ····· 27
3. 성경을 공부하는 방법 ····· 35
4. 성경의 정경성 ····· 43
5. 성경의 신적 속성 ····· 51
6. 외경 공부의 유익 ····· 59
7. 성경의 충족성 ····· 67
8. 삼위일체 하나님 ····· 77
9. 삼위일체 교리를 믿고 보존한 과정 ····· 87
10. 하나님이신 예수님 ····· 97
11. 성령의 위격과 사역 ····· 107
12. 창조, 천사, 마귀 ····· 115
13. 섭리 교리가 주는 유익 ····· 125
14. 하나님의 선한 창조에 역행하는 인간의 악한 타락 ····· 135
15. 원죄의 의미와 우리의 의무 ····· 145
16. 하나님의 선택과 유기 ····· 153

17. 인간을 지극히 사랑하시는 하나님 161
18. 인간이 되신 하나님의 아들 169
19. 참 하나님이시며 참 사람이신 예수 그리스도 179
20. 가장 완벽한 사랑 189
21. 우리를 위한 대제사장이신 예수 그리스도 197
22. 자신의 모든 것을 주신 예수 그리스도 207
23. 우리의 참된 행복 217
24. 신자의 성화와 선행 227
25. 율법의 유효성과 역할 237
26. 유일한 중보자 예수 그리스도 245
27. 교회의 보편성과 거룩성을 보존하라 257
28. 모든 신자는 교회에 가입해야 한다 267
29. 참 교회와 거짓 교회를 식별하라 275
30. 교회 정치는 왜 필요한가? 285
31. 교회 직분자를 어떻게 선출해야 하는가? 293
32. 교회법의 제정과 집행 301
33. 주님께서 친히 제정하신 두 종류의 성례 309
34. 세례의 성례 319
35. 성찬의 성례 329
36. 신자와 정부의 관계 341
37. 세상 종말과 최후 심판 351

저자 서문

오늘날 우리에게는 신뢰할 만한 신앙고백이 여럿 있습니다. 우리의 선조들은 훌륭한 신앙고백을 우리에게 유산으로 남겨 주었습니다. 이러한 신앙고백은 성경에 출중한 학자들과 신자들이 오랫동안 치열한 연구와 토론을 거쳐 만들어 낸 것입니다. 신앙고백이란 성경으로부터 교훈을 끄집어내어서 정리한 문서입니다. 우리는 성경을 절대적인 권위를 가진 하나님의 말씀으로 받아들이지만, 교회가 공적으로 인정한 신앙고백을 통해서 성경을 통전적으로 이해할 수 있습니다. 따라서 신앙고백을 공부하는 것은 매우 중요합니다.

이 책은 교회 역사적으로 가장 탁월한 신앙고백 가운데 하나인 '네덜란드 신앙고백'을 어떻게 삶에서 실천할 수 있는지를 다룹니다. 그런데 신앙고백을 실천하는 일은 막상 쉽지 않습니다. 신앙고백에 진술된 내용을 잘 파악해야 하고, 현대적 적용 방안을 찾아야 합니다. 바울은 사람이 마음으로 믿어 의에 이르고 입으로 시인하여 구원에 이른다고 말씀했습니다(롬 10:10). 그런데 야고보는 행함이 없는 믿음이란 그 자체로 죽은 것이라고 강조했습니다(약 2:17). 이는 믿음이 반드시 행함으로 이어져야 한다는 점을 가르쳐줍니다. 신앙고백이 믿음의 도를 알려주지만, 그것은 실천되어야 합니다. 이 책은 그러한 일을 돕기 위해서 저술되었습니다.

이 책은 황대우 교수의 '이론편'과 한동은 목사의 '설교편'과 더불어 시리즈로 구성되어 있습니다. 세 권을 모두 읽으면 가장 이상적이겠지만, 개별적으로 읽어도 아무런 문제가 없습니다. 우리 세 사람은 네덜란드 신앙고백을 『월간고신 생명나무』에 3년간(2022-2024년) 연재했는데, 원고를 더욱 정교하게 다듬어서 이렇게 시리즈로 출간하게 되었습니다. 책 서두에 있는 네덜란드 신앙고백의 배경과 원문 번역은 황대우 교수가 썼습니다. 특히 네덜란드 신앙고백의 원래 형태를 알려드리기 위해서 고대 프랑스어 원문을 우리말로 번역했습니다. 이것은 매우 힘들지만 값진 작업입니다. 따라서 네덜란드 신앙고백의 원 의미를 공부하려는 분들은 이 번역본을 참고하실 것을 권합니다. 이 책이 네덜란드 신앙고백을 삶에서 실천하려는 분들에게 도움이 되기를 기도합니다. 독자들께 깊이 감사드립니다.

2025년 4월
황원하

네덜란드 신앙고백의 특징

네덜란드 신앙고백(Nederlandse Geloofsbelijdenis)은 '낮은 땅'을 의미하는 '네덜란드' 최남단 벨기에 출신인 귀도 드 브레(Guido de Brès, 1522-1567)가 1561년에 작성한 것으로 알려져 있다.[1] 이 신앙고백이 작성될 당시, 16세기 네덜란드(화란어: Nederlanden, 독일어: Niederlanden, 영어: Netherlands)에 해당하는 불어 '뻬이-바'(Pays-Bas)와 라틴어 '벨기카'(Belgica)는 오늘날의 네덜란드 남부, 벨기에, 룩셈부르크, 그리고 프랑스 북부 지역을 일컫는 말이었다. 이미 로마 시대에 이 지역을 '벨가에'(Belgae) 혹은 '갈리아 벨기카'(Gallia Belgica)로 지칭했다.[2] 네덜란드 신앙고백은 라틴어로 '콘페시오 벨기카'(Confessio

---

1 네덜란드 신앙고백의 저자는 다음을 참조하라. Nicolaas Gootjes, *The Belgic Confession: Its History and Sources* (Grand Rapids: Baker Academic, 2007), 33-58.

2 로마 시대 지도는 다음을 참조하라. Alb. van Kampen, ed., *Atlas Antiquus* (Gotha: Justus Perthes, 1897). 라틴어로 'Belgiolum'은 프랑스 북부를, 'Belgis'는 모젤(Mosel) 강과 라인 강 유역을 의미한다. 참고. J. G. Th. Graesse, *Orbis latinus order Verzeichnis der wichtigsten lateinischen Orts- und*

Belgica)라 불리며, 여기서 '벨직 컨페션'(Belgic Confession)이라는 영어 명칭이 유래했다. 따라서 한글로는 '벨직 신앙고백' 또는 '네덜란드 신앙고백'으로 번역할 수 있다. 그러나 벨기에가 19세기 초 네덜란드로부터 독립하여 별개의 국가가 되었다는 점을 고려하면, '네덜란드 신앙고백'이라는 번역이 가장 적절할 것으로 보인다.

역사적 사실로 알려진 내용 가운데 확실하지 않은 것도 많으며, 네덜란드 신앙고백도 그 가운데 하나다. 하이델베르크 신앙교육(Heidelberger Katechismus)의 저자가 우르시누스라는 것이 '대체로 사실'인 것처럼, 네덜란드 신앙고백서의 저자가 귀도 드 브레라는 것도 '대체로 사실'이다. 역사적 사실 가운데 '대체로 사실'인 것이 '확실한 사실'보다 더 많다는 점은 역설적이다. 실제로 반박 불가능한 '절대적 사실'보다는 '대체로 사실'이 훨씬 더 많다. 이러한 역사적 사실은 역사를 배우는 이들에게 겸손을 요구한다. 엄청난 길이와 넓이와 깊이의 역사 앞에서 압도되지 않을 사람은 아무도 없다. 반면에 확실한 역사적 지식은 그리 많지 않다. 그러므로 겸손하게 배우려는 사람에게 역사는 깊은 감동의 물결처럼 흐르고 스며들어, 그 자신과 타인의 삶을 더욱 풍성하고 의미 있게 만든다. 이것이 역사적 지식의 진가다. 그러나 겸손한 자세를 동반하지 않는 역사적 지식은 다른 견해를 무자비하게 비판하는 도구로 전락할 가능성이 농후하다.

1561년 불어판 신앙고백이 네덜란드어로 번역된 것은 이듬해인 1562년이다. 불어 원본이 가장 먼저 네덜란드어로 번역된 이유는 그 지역의 시민들 가운데 불어가 아닌 네덜란드어를 사용하는 사람이 적지 않았기 때문이다. 이것은 오늘날 벨기에의 공용어가 불어와 네덜란드어인 이유이기도 하다. 16세기 당시 지금의 벨기에 위쪽 네덜란드 남부 지역

Ländernamen (Berlin: VEB Verlag, 1980), 41.

에서는 네덜란드어를 사용하는 사람들이 대부분이었다. 따라서 네덜란드어로 번역하는 것은 매우 자연스러운 일이었다. 네덜란드 신앙고백의 원본은 라틴어가 아니라 불어이며, 이것은 오늘날의 프랑스인을 위한 것이 아니라, 프랑스 북부와 벨기에, 그리고 네덜란드 남부 지역의 개혁교도들을 위한 신앙고백이었다. 프랑스의 개신교도인 위그노를 위한 신앙고백은 1559년에 작성된 프랑스 신앙고백이다.

1559년은 프랑스 신앙고백이 작성되어 박해받던 프랑스 개신교회에 의해 받아들여졌을 뿐만 아니라, 칼빈의 『기독교 강요』 최종판이 완성된 해이기도 하다. 그 라틴어 최종판의 최초 번역은 1560년에 출간된 불어판 『기독교 강요』이며, 불어로 번역된 바로 다음 해인 1561년에 네덜란드어로 번역되었다. 이것은 공통적으로 불어를 사용하는 프랑스 북부와 벨기에 및 네덜란드 개혁교도들이 제네바의 영향을 깊이 받았음을 짐작하게 한다. 제네바로부터 영적 영양분을 공급받던 프랑스 위그노는 16세기 후반 이후 프랑스의 종교 내전 동안 신앙의 독립을 위해 '낮은 땅' 지역 교회의 개신교도들과 매우 강력한 신앙적 연대감을 형성한 것으로 보인다. 프랑스 위그노와 '낮은 땅' 지역의 개혁교도들은 모두 당시 로마 가톨릭교회로부터 독립하기 위해 목숨을 걸고 싸웠다.

오늘날 벨기에를 포함한 네덜란드 지역은 16세기 당시 스페인에 속한 땅이었기 때문에, 카를 5세가 황제로 등극하기 전부터 스페인의 왕으로서 그 땅의 주인이었다. 1555년부터는 그의 아들 빌립 2세가 스페인을 물려받았기 때문에, 오늘날 베네룩스 3국은 스페인 왕 빌립의 땅이었다. 1560년부터 그 지역에 재세례파가 번성하자, 개혁교회 교인들은 재세례파로부터 자신들을 구분하기 위해 신앙을 보호하고 변호해야 할 상황에 놓이게 되었다. 한마디로, 재세례파와 다른 개혁교회의 신앙을 적극적으로 대변할 필요가 있었는데, 이런 상황에서 귀도 드 브레가 작성한 네덜란드 신앙고백의 출간은 매우 시의적절한 일이었다. 네덜란드 신앙고백은 18항, 34항, 그리고 36항에서 재세례파를 반대함으로써, 재세례파의 확산을 방지하고 개혁 신앙을 방어하는 데 아주 효과적인 대책이었다. 1561년 네덜란드 신앙고백은 '낮은 땅'에 세워진 개혁교회들을 한편으로는 로마 가톨릭교회로부터, 다른 한편으로는 재세례파 교회로부터 확실하게 구분해 주는 분명한 표지였다.

19세기 헨리쿠스 에흐베르투스 핑커(Henricus Egbertus Vinke) 교수는 네덜란드 신앙고백과 하이델베르크 신앙교육의 원문 및 각각의 번역본을 최초의 학문적 편집본으로 출간했다. 그는 네덜란드 신앙고백의 불어 원문으로 1566년 판을 실었으며, 네덜란드어 번역본으로는 1564년 판과 1582년 판을 비교하였다. 또한, 라틴어 번역본은 돌트 총회(Synode of Dort)로 알려진 1619년 도르트레흐트 국제회의(de Nationale Synode van Dordrecht)에서 공식적으로 수용한 내용을 제공한다.[3] 1561년에 출간된 불어 원본과 1년 뒤인 1562년에 네덜란드어로 번역·출간된 판본은 스-흐라펀하허('s-Gravenhage)에 있는 네덜란드 왕립도서관에 소장된 것이 유일하다. 한편, 불어 신앙고백의 초판본과 네덜란드어 최초 번역본이 발견된 것은 각각 1855년과 1864년이다.[4] 1561년의 불어 초판본은 1566년에 일부 수정되어 다시 출간되었다.[5] 현존하는 1566년 네덜란드 신앙고백의 불어 수정판 인쇄본은 제네바

---

3 Henricus Egbertus Vinke, ed., *Libri symbolici ecclesiae reformatae nederlandicae* (Utrecht: J. G. van Terveen Et fil., 1846).

4 F. L. Los, *Tekst en toelichting van de geloofsbelijdenis der Nederlandsche Hervormde Kerk* (Utrecht: Kemink & Zoon N.V., 1929), V-VI. 여기서 저자는 1855년과 1864년을 "신앙고백을 위한 행운의 두 해"(twee geluksjaren voor de Geloofsbelijdenis)라고 부른다.

5 두 판본에 대한 교과서적 비교 연구는 다음을 참조하라. J. N. Bakhuizen van den Brink, "Quelques Notes sur l'Histoire de la Confession des Pays-Bar en 1516 et en 1566" in J. N. Bakhuizen van den Brink, *Ecclesia* II. Een bundel opstellen ('s-Gravenhage: Martinus Nijhoff, 1966), 296-308.

에서 출간된 것으로, 1551년부터 제네바에 거주하다가 1561년에 정식 시민이 된 인쇄업자 쟝 보네푸와(Jean Bonnefoy)가 출간한 판본이다.[6] 그는 네덜란드 신앙고백을 1557년에 제네바에 정착한 책 판매상 니콜라 뒤 바르(Nicolas du Bar)를 위해 인쇄한 것으로 알려져 있다. 1566년 네덜란드 신앙고백의 수정판은 16세기 후반에 이미 세 차례나 언급되었는데, 프란시스쿠스 유니우스(Franciscus Junius)에 따르면, 이 수정판은 1566년 안트베르펜(Antwerpen)에서 개최된 노회(Synode)의 결정에 따른 것이었다. 유니우스는 수정본의 복사본을 제네바에 있는 출판사로 보내 출간을 요청하였고, 허락을 받아 이를 출간하게 되었다.[7] 이 판본은 출판사 표시 없이 1580년에 출간되었으며, "왈룬 사본"(Waals manuscript)이라 불렸다. 1619년 네덜란드 도르트레흐트에서 개최된 개혁교회 국제회의까지, 이 판본은 불어로 설교하는 네덜란드 교회들에서 권위 있는 신앙고백 판본으로 인정받았다. 또한, 1581년 제네바에서 출간된 개혁신앙 고백서들의 모음집『신앙고백들의 조화』(Harmonia Confessionum)에 실려있는 네덜란드 신앙고백의 라틴어 번역본의 원본이 되었다.[8]

제네바 종교개혁자 칼빈은 자신의 고향 누와용(Noyon)이 파리 북쪽 피카르디 지방에 위치한 도시였기 때문에, 종종 자신을 '낮은 땅' 즉 벨기에 출신으로 소개하곤 했다. 그런데 그가 불어로 작성된 네덜란드 신앙고백을 달갑게 여기지 않았다고 전해진다.[9] 그러나 이것은 칼빈이 네

---

6 J. N. Bakhuizen van den Brink, ed., *De Nederlandse Belijdenisgeschriften in authentieke teksten met inleiding en tekstvergelijkingen* (Amsterdam: Uitgeverij Ton Bolland, 1976), 17-18.

7 Gootjes, *The Belgic Confession*, 97-99, 117-118.

8 Bakhuizen van den Brink, ed., *De Nederlandse Belijdenisgeschriften*, 18-19.

9 이 주장을 처음 제기한 사람은 17세기 마르티누스 스호오크(Martinus Schoock)로 보인다. 참조. Gootjes, *The Belgic Confession*, 43-46, 특히 62쪽 각

덜란드 신앙고백을 싫어했다는 직접적이고 확실한 증거가 없기 때문에 논란의 여지가 있는 주장이다. 물론, 교회들로부터 이미 공적으로 인정받은 신앙고백이 존재하는데도 누군가가 새로운 신앙고백을 작성하는 것에 대해 칼빈이 불편함을 느꼈을 가능성은 부인할 수 없다.[10] 또한, 칼빈이 교회의 혼란과 분열을 극도로 싫어했다는 점도 사실이다. 따라서 하나가 아닌 복수의 신앙고백이 동일한 언어를 사용하는 신자들과 교회들에게 혼란과 분열을 초래할 가능성을 칼빈이 우려했으리라는 추정은 충분히 개연성이 있다.

하지만 이러한 사실들을 근거로, 누군가가 네덜란드 신앙고백의 내용이 칼빈의 심기를 불편하게 만들었다거나 칼빈 신학에서 벗어났다고 주장한다면, 이것은 근거 없는 비난에 불과하다. 네덜란드 신앙고백은 내용적으로 칼빈 신학에 상당히 많은 빚을 지고 있을 뿐만 아니라, 칼빈의 후계자인 베자(Theodore Beza)의 신앙고백으로부터 받은 영향도 결코 무시할 수 없을 정도로 크다.[11] 무엇보다도, 1561년에 작성된 네덜란드 신앙고백은 프랑스 개혁교회가 1559년에 공적으로 인정한 프랑스 신앙고백에 상당히 의존적이었으며, 마치 그것을 옆에 두고 보면서 작성했을 것이라 상상한다 해도 전혀 이상하지 않을 정도다.[12] 따라서

주 18번. 이 책에서 저자 고재수 교수는 스호오크의 주장이 사실무근이라고 상당히 설득력 있게 비판한다. 그러나 원문을 근거로 볼 때, 칼빈이 신앙고백의 작성 자체에 반대한 것이 아니라, 신앙고백의 출간에만 반대했다는 고재수 교수의 주장은 어불성설(語不成說)로 보인다.

10 Bakhuizen van den Brink, ed., *De Nederlandse Belijdenisgeschriften*, 9-10. 특히 10쪽의 각주 1번을 참조하라.
11 칼빈과 베자의 영향에 대해서는 다음을 참조하라. Gootjes, *The Belgic Confession*, 59-91.
12 1559년의 프랑스 신앙고백과 1561년의 네덜란드 신앙고백을 비교 연구한 뛰어난 논문으로는 다음을 참조하라. J. N. Bakhuizen van den Brink, "La Confession de foi des Églises Réformées de France, de 1559, et la Confession des Pays-Bas, de 1561" in J. N. Bakhuizen van den Brink,

1561년의 네덜란드 신앙고백을 1559년의 프랑스 신앙고백과 '형제 신앙고백'이라 불러도 무방할 것이다. 프랑스 신앙고백의 초안을 칼빈이 작성한 점을 고려하면, 네덜란드 신앙고백 역시 칼빈 신학을 반영한 것으로 볼 수 있다. 칼빈 신학을 대변하는 제네바 신앙고백이 제네바 시에 제한적이었고, 프랑스 신앙고백이 이후 프랑스 국가의 영역을 크게 벗어나지 못했던 반면, 네덜란드 신앙고백은 역사적으로 전 세계 개혁교회가 보편적으로 수용하는 신앙고백으로 자리 잡게 되었다.

1561년에 출간된 네덜란드 신앙고백의 제목은 다음과 같다. "우리 주 예수 그리스도의 복음의 순수성에 따라 살기를 열망하는, 네덜란드에 흩어져 있는 신자들의 공통적인 동의로 만들어진 신앙고백."[13] 네덜란드 신앙고백은 제목에서뿐만 아니라 순서, 구성, 그리고 내용 면에서도 프랑스 신앙고백과 유사한 부분이 많아 사실상 프랑스 신앙고백의 확장판 혹은 자매 신앙고백이라고 해도 과언이 아니다. 프랑스 신앙고백의 제목은 다음과 같다. "우리 주 예수 그리스도의 복음의 순수성에 따라 살기를 열망하는 프랑스인들의 공통적인 동의로 만들어진 신앙고백."[14] 네덜란드 신앙고백은 제목만 프랑스 신앙고백과 일치하는 것이 아니라, 제목 아래 인용된 성경 구절(벧전 3:15)까지도 정확히 동일하다."[15] 역사적으로 프랑스 신앙고백이 네덜란드 신앙고백보다 먼저 작성되었

    Ecclesia II. Een bundel opstellen ('s-Gravenhage: Martinus Nijhoff, 1966), 309-335.

13 *CONFESSION DE FOY, Faicte d'vn commun accord par les fideles qui conuersent és pays bas, lesquels desirent viure selon la pureté de l'Euangile de nostre Seigneur Iesus Christ.*

14 *CONFESSION DE FOI FAITE DVN COMMVN accord par les Fraçois qui desirent vivire selon la pureté de l'Evangile de nôtre Seigneur Jesus-Christ.*

15 1566년 수정판에서도 1561년의 네덜란드 신앙고백 원본 제목과 제목 하단의 성구를 전혀 변경 없이 그대로 따른다.

지만, 역설적으로 후자가 전자보다 더 광범위하게 사용되었으며, 따라서 네덜란드 신앙고백이 프랑스 신앙고백보다 훨씬 더 잘 알려져 있다. 프랑스에서는 앙리 4세(Henri IV)가 1598년 위그노의 신앙을 인정하는 낭트칙령(Édit de Nantes)을 선언함으로써 개신교도와 가톨릭교도의 공존을 공식적으로 인정했으나, 루이 14세(Louis XIV)가 1685년 낭트칙령을 철회하고 프랑스를 로마가톨릭 신앙으로 되돌림으로써 위그노가 급격히 쇠퇴했다. 이 역사적 사건으로 인해 네덜란드 신앙고백에 비해 프랑스 신앙고백의 확장성은 제한될 수밖에 없었다. 또한, 미국으로 이주한 개혁교도들이 프랑스 위그노들보다 네덜란드 개혁교회 성도들이었다는 점도 네덜란드 신앙고백의 확장성에 영향을 미친 중요한 요인으로 보인다.

"프랑스 신앙고백과 스코틀랜드 신앙고백(1560년)처럼 네덜란드 신앙고백도 첫 번째 조항의 주제가 '하나님'이다. 이것은 '성경'을 제1조항의 주제로 시작하는 스위스 신앙고백이나 웨스트민스터 신앙고백과 확연히 구별되는 특징이다. 40개 조항으로 구성된 프랑스 신앙고백과 37개 조항으로 이루어진 네덜란드 신앙고백은 30개 조항의 스위스 신앙고백(1566년)이나 33개 조항의 17세기 웨스트민스터 신앙고백(1646년)보다 상대적으로 짧다. 스코틀랜드 장로교에서 16세기에 작성된 스코틀랜드 신앙고백은 17세기 웨스트민스터 총회를 통해 웨스트민스터 신앙고백으로 대체되었으나, 네덜란드 신앙고백은 17세기 초 네덜란드 남부 도시 도르트레흐트에서 열린 국제회의에서 웨스트민스터 총회와 달리 새로운 신앙고백을 작성하지 않았다. 대신 개혁교회가 전통적으로 수용해 온 네덜란드 신앙고백을 그대로 인준하였으며, 이로 인해 오늘날까지 개혁교회의 유일한 공적 신앙고백으로 인정받고 있다.

네덜란드 신앙고백의 생명력과 확장성은 16세기에 작성된 수많은 개혁신학의 신앙고백들, 예컨대 제네바 신앙고백, 베자 신앙고백, 프랑스 신앙고백과 같은 불어 신앙고백뿐만 아니라, 제1·제2 스위스 신앙고백과 같은 라틴어 신앙고백까지도 대체했다고 말해도 과언이 아닐 정도다. 오늘날까지 개혁교회의 공적 신앙고백으로 당당히 살아남은 네덜란드 신앙고백의 37개항 전체는 다음과 같이 다섯 개 항목으로 구조적으로 분류 및 요약할 수 있다.

1. 하나님과 계시. 1-11항.
2. 인간과 타락. 12-15항.
3. 예수 그리스도와 구원. 16-26항.
4. 교회와 성화. 27-36항.
5. 최후의 심판. 37항.

한글로 번역된 네덜란드 신앙고백 37개 조항은 불어 원문에서 번역된 것이므로, 가독성을 충분히 고려하지 못하여 다소 투박하고 거칠다. 한글 번역과 함께 대조하여 제공되는 네덜란드 신앙고백의 권위 있는 불어 원문은 1561년에 출간된 초판본도, 1566년의 수정본도 아닌, 흔히 '돌트 총회'로 알려진 1619년 도르트레흐트 국제회의에서 공인된 최종 수정본이다. 이 국제회의 직후부터 네덜란드 신앙고백서, 하이델베르크 신앙교육서, 그리고 도르트 신조는 '교회 일치 양식'(Formulieren van eenheid)으로 불리기 시작했다.

한글 번역은 직역을 원칙으로 삼았으나, 문장이 너무 길 경우 끊어서 번역하였고, 의미가 자연스럽도록 하기 위해 [ ]를 사용하여 원문에 없는 내용을 삽입하였다. 또한, 일부 내용이 오해되지 않도록 약간의 의역을 시도한 곳도 있다. 즉, 일관된 번역 방식을 유지하지 못한 부분이 있음을 의미한다. 모든 번역은 번역자의 책임이므로, 미숙한 번역이나 오역이 발견될 경우 그 책임 역시 번역자에게 있다. 그럼에도 불구하고, 이것이 네덜란드 신앙고백의 불어 원문을 한글로 번역한 최초의 번역이라는 것은 부인할 수 없는 사실이며, 이를 위안으로 삼고자 한다. 번역자의 일천한 불어 실력 때문에, 네덜란드 공인 번역과 라틴어 공인 번역을 참고하여 번역하였다. 여기에 제시한 불어 원문은 1619년 도르트레흐트 국제회의에서 공인한 최종 수정본으로, 레이든(Leiden) 국립대학 교수 얀 니콜라스 바크하위젠 판 덴 브링크(Jan Nicolaas Bakhuizen van den Brink) 박사가 비평 편집한 『네덜란드 신앙고백서들』에 수록되어 있다.[16] 이 책은 네덜란드 신앙고백의 권위 있는 네 가지 본문을 비교하기 쉽게, 프랑스 신앙고백 불어 원문(1559), 네덜란드 신앙고백 공인 불어 원문(1619), 라틴어 공인 번역문(1620), 그리고 네덜란드어 공인 번역문(1619) 순으로 나란히 병렬하여 제공하고 있다.

또한, 각주를 통해 1561년 초판본과 1566년 수정본을 비교 분석하였다.

---

16 Bakhuizen van den Brink, ed., *De Nederlandse Belijdenisgeschriften*, 70-145.

하나님을 아는 지식

Article I.

Nous cryons tous de coeur, et confessons de bouche, qu'il y a une seule et simple essence spirituelle, laquelle nous appellons Dieu, eternel, incomprehensible, invisible, immutable, infini, lequel est tout puissant, tout sage, juste et bon, et fontaine tresabondante de tous biens.

제1항. [하나님의 존재와 속성]

우리 모두는 우리가 하나님이라 부르는 유일하고 순전한 영적 존재가 계신다는 것을 마음으로 믿고, 입으로 고백합니다. [그분은] 영원하시며, 불가해하고, 불가시적이시고, 불변하시고, 무한하실 뿐만 아니라, 전능하시며, 완전히 지혜로우시고, 공의로우시며, 선하시며, 모든 선이 넘쳐나는 원천이십니다.

네덜란드 신앙고백 제1항은 하나님의 존재와 속성을 알려준다. 신앙고백서의 제일 첫 부분이 하나님에 관한 언급이라는 것은 의미심장하다. 하나님을 아는 일은 가장 중요하다. 분명히, 우리는 하나님을 아는 일에 가장 힘써야 한다. 하나님은 우리가 그분을 알기를 원하신다. 다니엘 11:32은 "오직 자기의 하나님을 아는 백성은 강하여 용맹을 떨치리라"라고 말한다. 그리고 호세아 6:6에는 "나는 인애를 원하고 제사를 원하지 아니하며 번제보다 하나님을 아는 것을 원하노라"라는 말씀이 있다. 또한, 바울은 골로새 교인들에게 보낸 편지의 서두에서 "하나님을 아는 것에 자라게 하시고"라며 기도한다(골 1:10). 그렇다면 하나님은 어떤 분이신가?

하나님의 속성

네덜란드 신앙고백은 하나님을 '유일무이한 존재'이시며, '순전한 영적 존재'라고 진술한다. 이는 하나님의 절대성과 완전함을 의미한다. 신앙고백은 이어서 하나님에 대하여 '영원하시고, 불가해하시며, 불가시적이시고, 불변하시며, 무한하실 뿐만 아니라, 전능하시고, 완전히 지혜로우시며, 공의로우시고, 선하시며, 모든 선이 넘쳐나는 원천'이라고 묘사한다. 웨스트민스터 신앙고백서 제2장 제1항 역시 하나님의 속성에 대해서 비슷하게 언급한다. "하나님께서는 존재와 완전하심이 무한하시고, 지극히 순수한 영이시며, 보이지 않으시고, 몸이나 지체가 없으시며, 정욕도 없으시고, 불변하시며, 광대하시며, 영원하시고, 불가해하시며, 전능하시고, 지극히 지혜로우시며, 지극히 거룩하시고, 지극히 자유로우시며, 지극히 절대적인 분이십니다."

물론, 성경 전체에 묘사된 하나님의 속성은 이것보다 훨씬 많고 다채롭다. 하지만 신앙고백서는 한계를 가지고 있다. 아무리 훌륭한 신앙고백서라고 해도 인간이 만든 이상 하나님에 관하여 서술할 수 없다. 다시 말하면, 하나님은 성경에 자신이 누구신지를 계시해 주셨다. 그러나 인간은 하나님에 관하여 제한된 지식만 얻을 수 있다. 더욱이 인간의 언어로는 하나님을 다 표현할 수가 없다. 이는 하나님께서 무한하시고 초월적이신 분이기에 유한한 인간이 세상의 제한된 언어로 하나님을 완전히 설명할 수 없다는 뜻이다. 그런데도 하나님은 무지한 인간이 이해할 수 있는 방식으로 자신을 드러내 주셨는데, 그것을 최대한 정리한 것이 신앙고백서다.

하나님과 신자의 관계

하나님과 신자들의 관계에 대해서, 바울은 다음과 같이 말한다. "너희에게 아버지가 되고 너희는 내게 자녀가 되리라 전능하신 주의 말씀이니라"(고후 6:18). 하나님은 우리의 아버지시고 우리는 그분의 자녀다. 그런데 하나님 아버지가 어떤 분이신가에 관한 진술은 하나님의 자녀인 우리가 어떤 존재가 되어야 하는지에 대한 과제를 제기한다. 이는 하나님의 자녀들이 아버지 하나님의 속성을 닮게 되어 있음을 시사한다. 즉 우리가 하나님의 속성을 알면 알수록 우리의 정체성과 실재가 그에 걸맞게 되어간다. 분명히, 하나님을 아는 지식과 우리 자신을 아는 지식은 서로 연결되어 있다.

그리고 신자들은 성숙해감에 따라 하나님의 성품을 많이 알아간다. 이는 자녀가 자랄수록 아버지를 더욱 잘 알게 되는 것과 같다. 하나님이 어떠한 분이신지를 알게 되면 안심하고 기뻐할 수 있다. 곧 하나님이 어떠한 분이신지를 알게 되면 두려움과 걱정을 떨쳐 버릴 수 있다. 하지만 이를 위해서는 많이 노력하고 수고해야 한다. 우리가 아무것도 안 해도 되는 것이 결코 아니다. 성화의 주체는 성령이시지만, 성령께서 우리의 노력과 수고를 사용하시기를 기뻐하신다. 그래서 하나님은 "내가 거룩하니 너희도 거룩할지어다"라고 말씀하신다(레 11:45).

우리가 하나님을 아버지로 인정하고 신뢰하는 것은 기도로 드러난다. 예수님은 우리와 하나님 아버지의 관계를 전제하시면서, "너희 중에 누가 아들이 떡을 달라 하는데 돌을 주며 생선을 달라 하는데 뱀을 줄 사람이 있겠느냐 너희가 악한 자라도 좋은 것으로 자식에게 줄 줄 알거든 하물며 하늘에 계신 너희 아버지께서 구하는 자에게 좋은 것으로 주시지 않겠느냐"라고 말씀하신다(마 7:9-11). 즉 우리가 하나님께 기도하고 하나님께서 우리에게 좋은 것을 주시는 이유는 하나님이 우리의 아버지 때문이라는 사실을 가르쳐 주신다.

그러므로 우리는 아침에 잠자리에서 일어났을 때 제일 먼저 하나님께 기도해야 한다. 기도가 하루의 시작이 되게 해야 한다. 아침에 잠시라도 기도하면서 세상의 왕이시며 우리의 아버지이신 하나님께 하루의 모든 일과를 인도하시고 지켜달라고 기도하자. 그리고 일과를 다 마치고 잠자리에 들기 전에도 눈을 감고 잠시라도 기도하자. 오늘 있었던 일을 되돌아보면서 감사하고, 오늘 저지른 실수와 잘못을 회개하며, 하루를 보내며 만났던 사람들을 축복하는 시간을 가져보자. 우리를 사랑하시는 하나님은 우리가 시간을 내어서 기도하는 것을 기뻐하신다. 분명히, 기도는 하나님의 도우심을 가능하게 하며, 우리를 더욱 성숙하게 한다.

분명히, 우리는 연약하다. 때로 이해할 수 없는 일을 만날 때가 있다.

끔찍하게 고통스럽고 힘든 상황을 겪을 수도 있다. 오늘날 눈에 보이지 않는 작은 바이러스가 인류 전체를 큰 고통과 혼돈으로 몰아넣은 것을 보라. 실로 인간이 전혀 예상하지 못한 전대미문의 일이 일어나지 않았는가? 이런 때 '하나님이 어디 계신가?'라는 의문이 들고, '하나님이 나를 사랑하시는가?'라는 회의가 생길 수 있다. 인간이 연약하기에 이러한 감정을 배제할 수가 없다. 그러므로 우리는 세상을 초월적으로 다스리시는 하나님을 의존해야 하고 그분의 도우심을 구해야 한다. 뜨겁게 그리고 간절히 기도하는 것은 하나님을 아는 성도의 합당한 자세이며 의무이다.

하나님의 뜻

인간에게 일어나는 고통과 환난은 인간이 얼마나 나약한지를 보여주는 동시에 하나님의 도우심이 없다면 어떻게 되겠는지를 생각하게 한다. 하지만 여기서 그쳐서는 안 된다. 신자는 더 깊은 깨달음으로 나아가야 한다. 고통을 하나님의 뜻과 섭리를 숙고하는 계기로 삼아야 한다. 이러한 일 가운데 하나님이 어떤 메시지를 주시는지를 찾아야 한다. 신자가 고통을 해결하는 데에만 급급해하는 것은 바람직하지 않다. 고통 자체에 함몰되어서 고통 이면에서 말씀하시는 하나님을 찾지 못하는 것은 현명하지 않다. 우리는 성령께서 주시는 통찰력과 영민함으로 현상에 담겨 있는 하나님의 뜻을 깨달아야 한다.

하나님께서 인간에게 주시는 메시지는 보편적일 수도 있고 개인적일 수도 있다. 하나님이 주시는 보편적 메시지란 사회나 교회를 향해 주시는 하나님의 뜻을 의미한다. 그것은 전체적이고 포괄적이다. 그것은 과거에 선지자나 사도와 같은 특별히 선택된 사람을 통해서 주어졌다. 그러나 오늘날에 이르러서는 성경의 원리를 통해서 일반적으로 깨달아진다. 즉 특정한 어떤 사람의 입을 통해서가 아니라 신자들이 성실히 성경을 공부함으로 주어진다. 때로는 하나님께서 우리에게 깨달음을 주셔서 세상을 바라보고 살아가는 관점을 얻게 하실 때도 있다.

하나님이 주시는 개인적 메시지란 개인을 향한 하나님의 계획과 뜻을 가리킨다. 이것은 하나님과 그 사람의 개인 관계 속에서 파악되고 분별되어야 할 사안이다. 때로 영적인 지도자나 신실한 동료 신자가 그에게 건네는 말이나 행동이 하나님의 뜻을 대변하는 것일 수 있는데, 이는 하나님께서 다양한 방식과 통로로 말씀하시기 때문이다. 하지만 신비주의적이어서는 안 된다. 함부로 하나님의 뜻이라고 전하고 받는 것은 옳지 않다. 또한, 하나님이 주시는 개인적 메시지는 다차원적일 수 있음을 알아야 한다. 이는 어떤 현상에 하나의 메시지만 담긴 것이 아니라 지역과 시기와 형편에 따라 다양한 메시지가 들어있을 수 있다는 뜻이다.

우리가 해야 할 일

첫째, 성경에 계시된 하나님의 속성을 깨달아야 한다. 하나님이 누구신지를 아는 것보다 중요한 것은 없다. 하나님에 관한 가장 정확한 지식은 성경을 앎으로 가능하다.

둘째, 하나님은 절대적이시고, 완전하시며, 전능하시고, 선하시다. 따라서 하나님을 철저히 의존해야 한다. 두려움과 걱정과 염려는 하나님에 대한 불신에서 비롯된다.

셋째, 하나님을 아는 일에 힘써야 한다. 하나님을 아는 것은 하나님에 대한 표면적이거나 단편적인 지식이 아니라 하나님과의 깊은 관계이다.

넷째, 하나님을 아는 지식의 정도는 우리의 영적 성장의 정도와 비례한다. 신자는 득도를 추구하는 자가 아니다. 신자의 성장은 하나님에 대한 올바르고 깊은 지식으로 말미암는다.

다섯째, 인간의 한계와 연약함을 인식해야 한다. 인간은 무지하며 불의하고 부족하다. 이것을 알아야 겸손해지며 하나님을 의지할 수 있는 기초를 지니게 된다.

여섯째, 하나님이 우리에게 주시는 보편적이면서도 개인적인 뜻을 깨달아야 한다. 이러한 하나님의 뜻은 무엇보다도 성경을 통해서 알 수 있으며, 경건한 그리스도인들과의 교제를 통해서도 깨달을 수 있다.

일곱째, 하나님의 도우심과 인도하심을 얻기 위해서 기도해야 한다. 하나님은 우리의 기도를 들으시고 우리에게 자비를 베푸시며 사랑을 부어주시고 길을 보여주신다.

일반계시와 특별계시

Article II.

Nous le cognoissons par deux moyens: premierement par la creation, conservation, et gouvernement du monde universel, d'autant que c'est devant nos yeux comme un beau livre, auquel toutes creatures petites et grandes servent de lettres, pour nous faire contempler les choses invisibles de Dieu, assavoir, sa puissance eternelle et sa divinité, comme dit l'Apostre S. Paul: Rom. 1. 20. Toutes lesquelles choses sont suffisantes pour convaincre les hommes, et les rendre inexcusables. Secondement il se donne à cognoistre à nous plus manifestement par sa saincte et divine parole; voire autant pleinement, qu'il nous est de besoin en ceste vie pour sa gloire, et le salut des siens.

제2항. [하나님을 인식할 수 있는 두 가지 방법]

우리는 그분을 두 가지 방법으로 인식합니다. 첫째로는 우주적인 세상의 창조와 보존과 통치에 의한 것인데, 이것은 마치 우리 눈앞에 펼쳐진 아름다운 책과 같으며, 이 책 속에서 크고 작은 모든 피조물은 글자들로서 섬기는데, 사도 바울이 로마서 1장 20절에서 말한 것처럼, [그것들은] 우리에게 "하나님의 보이지 않는 것들, 곧 그분의 영원하신 능력과 신성을 보여"줍니다. 그 모든 것들은 사람들에게 증거하기에도, 그들의 모든 핑계거리를 차단하기에도 충분합니다. 둘째로는 하나님께서 자기 자신을 우리로 하여금 더욱 분명하게 인식하도록 자신의 거룩하고 신적인 말씀을 통해 제공하시는 것인데, 실로 이생에서 그분의 영광과 그분 백성의 구원에 대해 우리에게 필요한 만큼 충분하게 [제공하십니다].

관련성경

시 19:2; 엡 4:6; 딤전 2:5; 신 6:4; 말 2:10; 고전 8:4, 6; 고전 12; 고전 1장.

앞에서 말했듯이, 네덜란드 신앙고백 제1항은 하나님이 누구신지를 알려주었다. 신자는 부단히 하나님을 알기 위해서 노력해야 한다. 그것은 신자의 삶을 더욱 값어치 있게 할 것이고 풍요롭게 할 것이다. 이제 이어지는 제2항은 우리가 자연을 통해서 하나님의 능력과 신성을 알 수 있다는 것과 성경을 통해서 하나님의 영광과 백성의 구원에 관하여 알 수 있다는 사실을 가르쳐준다. 이 신앙고백에 따르면, 인간이 하나님을 인식할 수 있는 길은 두 가지다. 하나는 피조 세계, 곧 자연이고, 다른 하나는 하나님의 말씀인 성경이다. 전통적으로, 피조 세계를 '일반계시'(혹은 '자연계시')라고 하고, 성경을 '특별계시'라고 한다.

일반계시: 자연을 통해서 하나님을 알 수 있음

우리는 자연을 통해서 하나님을 알 수 있다. 자연을 통해서 하나님이 살아 계시며, 세상을 만드셨고, 세상을 다스리신다는 사실을 느낄 수 있다. 바울은 "창세로부터 그의 보이지 아니하는 것들 곧 그의 영원하신 능력과 신성이 그가 만드신 만물에 분명히 보여 알려졌나니 그러므로 그들이 핑계하지 못할지니라"라고 말한다(롬 1:20). 네덜란드 신앙고백은 "그 모든 것들은 사람들에게 증거하기에도, 그들의 모든 핑곗거리를 차단하기에도 충분합니다"라고 진술한다. 웨스트민스터 신앙고백 제1장 제1항은 일반계시와 특별계시를 다룬다. 그것은 일반계시에 관하여 말하기를 '본성의 빛'과 '창조와 섭리'의 사역이 하나님의 선하심과 지혜와 능력을 너무나 분명히 드러낸다고 진술한다. 실제로 자연과 피조물은 하나님에 대하여 어느 정도 알려준다.

그러므로 하나님의 존재에 대한 의심과 회의가 생길 때마다 자연을 바라보는 것이 좋다. 자연을 더욱 깊이 공부해 보는 것도 좋다. 그렇게 하면 자연 속에 스며있는 하나님의 성품과 능력과 영광을 깨달을 수 있을 것이다. 그리고 다른 사람에게 전도할 때도 자연을 활용할 필요가 있다. 하지만 근본주의적이거나 비과학적인 자료와 방식을 사용해서는 안 된다. 지혜로우면서도 차분하게 하나님께서 만드신 오묘하고 신비한 자연 만물에 드러난 하나님의 계획과 섭리와 위엄을 설명하면 좋겠다. 시편 8:1은 다음과 같이 말한다. "여호와 우리 주여 주의 이름이 온 땅에 어찌 그리 아름다운지요 주의 영광이 하늘을 덮었나이다."

더욱이 우리가 자연을 잘 보존하는 것도 중요하다. 하나님은 자연을 아름답게 만드셨고, 인간에게 자연을 잘 다스리라는 사명을 주셨다. 그러나 오랫동안 인간은 자연을 함부로 대하고 자연을 파괴하는 일을 서슴지 않았다. 그래서 지금 우리는 그 결과를 톡톡히 겪고 있다. 무분별한 자연 훼손은 인류와 피조물에 엄청난 피해를 주고 있다. 산불, 홍수, 기후 이상, 동식물이 사라지는 일, 각종 질병의 발생 등은 인간이 무책임하게 자연을 훼손한 결과이다. 그러므로 지금부터라도 자연을 아끼고 보호해야 한다. 자연보호를 우리의 큰 책임과 사명으로 여겨야 한다. 특히 그리스도인들이 이 일에 앞장서야 한다. 하나님이 만드신 자연을 보호하고 관리하는 사명을 충실히 이행해야 한다.

그리스도인들 가운데 자연을 공부하거나 관찰하는 이들이 많다. 그들은 자연을 연구하면 할수록 그것이 우연히 생긴 것이 아니라 하나님에 의해서 만들어진 것이 분명하다고 고백한다. 요하네스 케플러(Johannes Kepler, 1571-1630)가 대표적인 인물이다. 그는 독일 사람인데, 원래 신학을 공부하기 위해서 튀빙겐 대학교에 들어갔으나, 그곳에서 천문학을 함께 공부했다. 그러던 중 그는 우주를 창조하시고 다스리시는 하나님을 발견하고, 자신의 사명이 천문학자가 되어 하나님을 증언하는 일이라고 생각하게 되었다. 결국, 그는 위대한 과학자가 되어서 수많은 과학적 업적을 남겼다. 즉 신실한 그리스도인의 전형이 되었다.

특별계시: 성경을 통해서 하나님을 더 자세히 알 수 있음

그러나 자연을 통해서 얻은 하나님 지식은 우리를 구원에 이르게 하지 못한다. 웨스트민스터 신앙고백 제1장 제1항도 "이것들이 구원 얻기에 필요한 지식, 곧 하나님과 그분의 뜻에 대한 지식을 충분히 베풀지는 않습니다"라고 말한다. 그래서 필요한 것이 성경이다. 그런데 우선 알아야 할 것은 성경과 자연이 대치되지 않는다는 사실이다. 성경은 자연을 올바로 보게 한다. 하나님이 자연을 통해서 계시하신 것을 온전히 이해할 수 있게 해 준다. 즉 자연으로 부족한 것을 성경이 충족시켜 준다. 네덜란드 신앙고백은 성경이 너무나도 중요하기 때문에 제2항 이후 제3항에서부터 제7항까지 모두 5개의 조항에서 성경을 다룬다.

바울은 디모데에게 다음과 같이 권면했다. "또 어려서부터 성경을 알았나니 성경은 능히 너로 하여금 그리스도 예수 안에 있는 믿음으로 말미암아 구원에 이르는 지혜가 있게 하느니라"(딤후 3:15). 성경은 하나님을 더욱 분명하게 인식하게 하며, 따라서 이생에서 하나님의 영광과 백성의 구원을 추구하기에 충분하다. 더욱이 성경은 진리를 보존하고 보급하기 위해서, 그리고 교회를 확실히 세우고 위로하기 위해서 주어졌다. 구약성경과 신약성경이 주어진 이후로 하나님께서 자기 백성에게 자기 뜻을 계시하시는 이전 방식은 중단되었다. 즉 성경 기록은 종료되었다. 이제 세상에는 더 이상의 성경이 없다. 오직 신구약 66권만이 성경이다.

그러므로 우리는 성경을 가까이해야 한다. 성경을 듣고, 읽고, 공부하고, 암송하고, 묵상해야 한다. 그러면 영적 자양분을 얻을 수 있다. 목사는 성경을 잘 가르치기 위해서 최선을 다해야 한다. 이를 위해서 목사는 신학 공부를 계속해야 한다. 목사가 아무리 바쁘더라도 성경 연구를 소홀히 하는 것은 바람직하지 않다. 목사는 자신만의 연구 시간과 장소를 확보해야 한다. 이것이 진정 교회를 잘 섬기는 일이며, 교인을 건강하게 양육하는 길이다. 목사는 근처에 있는 동료 목사들과 지속적이고 정기적인 공부 모임을 할 필요가 있다. 요즘은 여러 매체를 이용해서 장소와 거리에 얽매이지 않고 이런 모임을 할 수 있다.

그리고 신자는 성경 읽기, 성경 공부, 성경 암송 등을 해야 한다. 모든 신자는 자신의 형편과 처지를 고려하면서 성경을 공부하기 위한 여러 효과적인 수단을 마련해야 한다. 가장 확실하고 안전한 성경 공부 방법은 자신이 속한 교회의 목사로부터 배우는 것이다. 여건이 되면 성경에 정통한 전문가가 쓴 책을 읽는 것도 좋다. 오늘날에는 온라인 매체를 통해서 성경을 공부할 방법이 많이 생기고 있다. 심지어 신학교에 입학하여 공부하는 이들도 있다. 이러한 모든 것은 고무적이다. 하지만 자칫 위험에 빠질 수도 있는데, 잘못된 지식을 섭취하면 오히려 큰 문제가 발생하기 때문이다. 따라서 어떤 식으로 성경을 공부하든 반드시 소속 교회 목사의 지도를 받는 것이 좋다.

설교의 중요성

신자가 성경을 영적 음식으로 섭취하는 가장 보편적인 방법은 설교를 듣는 것이다. 설교는 하나님의 말씀을 풀어서 설명하는 것이다. 따라서 목사는 설교를 잘 준비해야 한다. 목사는 설교 준비에 있어서 정확성과 효율성을 갖추도록 노력해야 한다. 무엇보다도 성경 본문을 철저히 그리고 정확하게 연구해야 한다. 이를 위해서 반드시 전문가가 쓴 주석과 자료를 참고해야 한다. 정확하지 않은 자료에 근거하여 설교를 준비하면 큰 문제가 발생한다. 평소에 독서를 많이 해야 하고, 교인들의 삶의 정황을 파악해야 한다. 그러면 설교가 더욱 풍성해지며 적실해질 것이다. 또한, 메시지를 효과적으로 전달하는 기술을 익혀야 한다. 올바른 발음과 적절한 시간 안배, 품위 있는 표정과 자세를 갖추기 위해서 훈련해야 한다. 남의 설교를 무단으로 인용하는 것(표절)은 금물이다. 만일 누군가가 목사의 설교를 교정해 줄 수 있다면, 설교가 더욱 발전할 것이다.

교인들은 목사의 설교를 귀담아들어야 한다. 설교 노트를 준비해서 들은 내용을 필기하거나, 성경 여백에 요점을 적기를 바란다. 설교한 내용을 가족이나 그룹이 나눈다면 더욱 좋겠다. 무엇보다도 설교하는 목사를 신뢰하고 존중하며, 목사의 말씀 연구에 필요한 것들을 제공할 필요가 있다. 목사가 설교를 잘하려면 몸과 마음이 평안해야 한다는 점을 잊지 말고 목사를 넉넉히 지원해야 한다. 목사를 지원한다는 것은 목사에게 물질을 드리는 것만을 뜻하지 않는다. 목사는 돈을 벌기 위해서 이 일을 하는 사람이 아니다. 목사에게 가장 필요한 것은 교인으로부터 받는 존경심과 감사, 격려와 칭찬, 영적인 안정감 등이다.

목사가 설교를 잘하고 또 목회를 잘하기 위해서는 장로의 역할이 가장 중요하다. 장로는 목사와 견고한 파트너십을 가져야 한다. 목사와 장로의 관계가 공고하고 원만하면 목사가 목회를 잘할 수 있으나, 그렇지 않으면 목회가 어려워진다. 장로는 목사가 설교를 잘하도록 도와주어야 한다. 수시로 목사와 대화하면서 목사의 필요가 무엇인지를 채워주어야 한다. 또한, 목사는 장로를 존중해야 한다. 자신을 도와주는 장로에게 감사해야 하며, 장로의 견해를 잘 들어서 반영해야 한다. 목사와 장로는 마치 부부와 같다. 그들의 연합과 화목을 통해서 교회가 튼튼히 세워진다. 특히 교인들은 목사와 장로의 관계를 보면서 안정감을 얻는다.

제3항

성경을 공부하는 방법

Article III.

Nous confessons que ceste parole de Dieu n'a point esté envoyée, ni apportée par volonté humaine: mais les saincts hommes de Dieu ont parlé estans poussez du Sainct Esprit, comme dit S. Pierre: puis apres parle soing singulier que nostre Dieu a de nous et de nostre Salut, il a commandé ses serviteurs les Prophetes et Apostres de rediger ces oracles par escrit: et luy mesme a escrit de son doigt les deux tables de la Loy. Pour ceste cause, nous appellons tels escrits, Escritures Sainctes et divines

제3항. [거룩하고 신적인 성경, 하나님의 말씀]

우리는, 성 베드로 [사도]가 말한 것처럼, 하나님의 이 말씀이 사람의 뜻에 의해 보내졌거나 전달된 것이 아니라, 하나님의 거룩한 사람들이 성령의 영감을 받아 말한 것이라 고백합니다. 그런 다음 또한 우리 하나님께서 우리와 우리의 구원에 관하여 설명하시는 특별한 돌보심으로, 자신의 종들인 선지자들과 사도들에게 그 계시를 기록으로 작성하도록 명령하셨습니다. 그리고 그분은 자신의 손가락으로 율법의 두 판을 기록하셨습니다. 이런 이유 때문에 우리는 그런 기록물을 거룩하고 신적인 성경이라 부릅니다.

관련성경

벧후 1:21; 시 102:19; 출 17:14; (신 3장); 출 34:27; 신 5:22; 출 31:18.

네덜란드 신앙고백 제3항은 성경이 어떤 책인지를 설명한다. 성경은 하나님의 말씀이다. 하나님은 성경을 통해서 계시하셨다. 곧 자신의 종들인 선지자들과 사도들에게 그분의 말씀을 작성하게 하셨다. 하나님은 성경에서 구원 계획을 밝히셨고, 신자의 삶을 규정하셨으며, 세상의 향방을 드러내셨다. 따라서 우리는 성경을 통해서 하나님이 누구신지를 알 수 있으며, 하나님이 우리에게 무엇을 원하시는지를 깨달을 수 있다. 곧, 우리가 성경을 부지런히 공부하고, 정확하게 이해하는 것은 대단히 중요하다. 그렇다면 어떻게 성경을 공부할 수 있을까?

성경을 정확히 이해하는 방법

첫째, 성령의 영감으로 성경이 기록되었기에 성경을 읽을 때는 반드시 성령의 도우심을 구해야 한다. 필시 성경을 펼친 후 가장 먼저 해야 할 일은 기도이다. 이는 형식적 절차가 아니라 실제적 과정이다. 성령은 말씀을 바로 이해하기 원하는 이들에게 지혜와 통찰을 주신다. 따라서 성경을 공부하기 전에 가장 먼저 성령께 간구해야 한다. 그렇게 하면 성령께서 말씀을 깨닫게 해 주신다. 분명히, 말씀을 통해서 은혜가 임하게 해 주신다.

둘째, 하나님은 그분의 거룩한 사람들, 곧 선지자들과 사도들을 통해서 성경을 주셨기에 성경을 정확히 이해하려면 선지자들과 사도들의 정황을 바로 알아야 한다. 성경은 하나님의 오롯한 뜻을 드러내지만, 인간 저자들에 따라서 다양한 문체와 특징과 주제를 담고 있다. 따라서 성경 이해를 위하여 인간 저자를 파악하는 일은 필수적이다. 수천 년 전 메소포타미아, 이집트, 팔레스타인, 소아시아, 그리고 로마의 정황은 이 시대 우리의 것과 다르다는 점을 염두에 두어야 한다. 지금의 시야로 고대의 성경을 분석하다가는 큰 오류에 빠진다.

셋째, 성경 원어에 대한 지식을 갖추어야 한다. 성경 저자들은 그들이 사용하던 언어, 즉 히브리어와 헬라어와 아람어로 성경을 기록했다. 그리고 우리는 상당한 과정과 절차를 거친 우리말 번역본을 가지고 있다. 그러나 번역이란 게 항상 그렇듯이 성경 번역도 완벽하지가 않다. 즉 번역된 말이 원어의 의도를 온전히 반영하지 못하는 경우가 있다. 따라서 성경 해석자는 성경 원어에 대한 상당한 지식을 갖추어야 한다. 그래서 신학교에서는 성경 원어를 가르친다. 하지만 오늘날 원어를 몰라도 이를 어느 정도 극복할 수 있게 해 주는 도구들(예. 로고스 바이블 소프트웨어)이 많이 있으니 이런 것들을 활용할 필요가 있다.

넷째, 기존 해석의 도움을 받아야 한다. 지금까지 수많은 사람이 성경을 해석해왔다. 고대의 지혜로운 해석자들로부터 현대의 탁월한 해석자들까지 다양하고 다채로운 해석자들의 연구 결과물이 우리에게 있다. 그들이 이루어 놓은 업적은 우리가 성경을 이해하는 데 큰 도움을 준다. 물론 해석자들의 성경 연구가 항상 옳은 것은 아니다. 해석자들 가운데는 건전한 이들이 있는가 하면 불건전한 이들도 있다. 따라서 우리는 그러한 현실을 고려하면서 그들의 견해를 참고해야 한다. 하지만 분명한 것은 다양한 스펙트럼의 해석자들이 상이한 관점에서 성경 본문을 연구한 결과물을 관찰하는 일이 매우 흥미롭고 유익하다는 사실이다. 그들의 다양한 견해를 통해서 우리의 생각이 넓어지고 깊어질 수 있다. 이러한 역사적인 인물들의 연구 결과를 살피기 위해서는 교회사(역사신학)와 교의학(조직신학)을 공부해야 한다.

성경을 영적 양식으로 섭취하는 방법

첫째, 성경을 매일 읽어야 한다. 창세기부터 읽어도 되고, 읽고 싶은 책부터 읽어도 된다. 맥체인 성경읽기표를 활용해도 좋다. 우리가 예배용으로 사용하는 개역개정판을 읽는 것이 가장 바람직하지만, 이해하기 쉬운(그러나 건전한) 성경 번역본을 선택해서 읽어도 된다. 목사의 지도와 안내를 받아서 적절한 성경 번역본을 선택하기 바란다. 가능하다면 영어 성경을 읽는 것도 좋다. 가장 널리 알려진 영어 성경은 NIV지만, 이는 의역을 너무 많이 했다. 그래서 ESV를 추천하고자 한다. 이 성경은 원어를 직역해서 뜻이 정확하고, 현대 영어를 사용해서 읽기가 수월하다. 특히 요즘은 성경을 읽어주는 앱이 많이 나와 있으니 이를 활용하기를 권한다.

둘째, 성경을 매일 묵상(QT)해야 한다. 성경 묵상은 성경을 '영적인 양식'이 되게 한다. 아침에 묵상하는 것이 좋지만, 형편이 여의치 않을 때는 하루 중 편리할 때 하면 된다. 성경 묵상은 건전하면서도 신뢰할 수 있는 QT 교재를 사용하는 것이 효율적이다. 교회에서 공적으로 사용하는 것이거나 목사가 추천해 주는 것을 활용하기 바란다. 가족이나 교인이 같은 본문을 묵상하고 나눔을 한다면 매우 유익할 것이다. 성경을 매일 묵상하는 가운데 은혜 받은 구절을 암송하는 것도 좋다. 하루에 한 구절, 혹은 일주일에 한 구절을 암송하는 것은 큰 도움이 된다. 성경 암송을 하면 지혜와 통찰을 얻고 힘과 격려를 받아서 승리하는 삶을 살 수 있다.

셋째, 성경을 다양한 방식으로 공부해야 한다. 성경 공부는 성경의 의미를 더욱 깊이 알게 해 준다. 성경 공부는 자신이 소속된 교회에서 하는 것이 가장 바람직하다. 이는 집에서 아내나 어머니가 해 주는 음식을 먹는 것이 제일 좋은 것과 같다. 오늘날 이단이나 사이비 집단들은 기존 교인들을 몰래 빼내어 가서 공부를 시킨다. 성도들은 이런 일을 피해야 한다. 자기가 속한 교회에서 교역자의 지도를 받아 공부하되, 부득이하게 교회 외부에서 공부하게 되었을 때는 반드시 교역자에게 알리고 허락을 받아야 한다. 그렇지 않은 공부 모임은 어떤 것이라도 조심해야 한다. 성경 공부에는 책별 공부가 가장 일반적이나, 주제별, 인물별, 사건별 공부 등도 있다. 각 방법은 나름의 장점이 있으니, 여러 방식을 섞어서 공부할 필요가 있다.

넷째, 목사의 설교를 잘 들어야 한다. 성도는 설교를 통해서 하나님의 말씀을 가장 분명하고 보편적으로 들을 수 있다. 주일 예배에서 들려지는 설교는 한 주간의 영적 지침이 된다. 성도는 목사를 신뢰해야 하고, 목사가 설교를 잘할 수 있도록 기도하며 지원해야 한다. 그리고 설교를 통해서 주신 말씀을 기록하거나 기억해야 하며, 그 교훈을 실천하기 위해서 노력해야 한다. 오늘날 인터넷 웹사이트에서 설교를 듣는 수가 있는데, 이는 유익할 수가 있지만, 자칫 위험할 수도 있다. 따라서 인터넷 설교를 듣고자 할 때도 반드시 교역자의 지도와 안내를 받아야 한다. 하지만 아무리 유명한 목사의 설교라 하더라도 자기 교회 목사의 설교를 대체할 수는 없다.

주석을 선택하는 방법

설교자나 성경 교사에게 당부한다. 성경을 정확하게 해석하고 가르치기 위해서는 좋은 주석을 참고해야 한다. 그렇다면 어떤 주석이 좋은 주석일까? 다음과 같은 선택 기준을 제시해 본다(참고. ssc.or.kr, 게시

물: '황원하 박사가 추천하는 한글 신약주석').

첫째, 반드시 전문가가 집필한 권위 있는 주석을 봐야 한다. 검증되지 않은 주석이나 짜깁기한 주석은 피해야 한다. 특히 마구잡이로 편집한 조잡한 전집류를 구입하는 경우가 있는데, 이것은 한 번에 모든 주석을 갖출 수 있어서 편리하지만, 이는 내용을 신뢰할 수 없고, 따라서 설교할 때 잘못된 정보를 전달할 수 있기에 위험하다. 설교란 정확하고 올바른 본문 이해를 기반으로 해서 전해야 하는데, 본문을 잘못 해석해 버리면 그다음 과정이 모두 틀어진다. 즉 설교자가 전하는 모든 말에 진실성과 정확성이 사라진다. 따라서 신뢰할 수 있는 저자가 검증된 출판사에서 발간한 권위 있는 주석을 참고해야 한다.

둘째, 자신의 수준과 용도에 맞는 주석을 선택해야 한다. 주석은 자신이 직접 선택하는 것이 좋다. 유명한 주석이라고 해서 무턱대고 보지 말아야 한다. 남들이 좋다고 해서 자신에게도 좋은 것은 아니다. 유명한 주석은 대부분 지나치게 학문적이고 방대하다. 일반적인 설교자라면 굳이 그런 주석을 볼 필요가 없다. 이는 마치 가족이 사용할 차량을 선택할 때 대형 버스를 살 필요가 없는 것과 같다. 성경 연구나 설교 준비용으로 주석을 보려면 학문적인 권위를 인정받은 저자가 쓴 주석 가운데 자기 수준에 맞으면서도 너무 두껍지 않은 주석을 보기를 바란다. 지나치게 두꺼운 주석은 읽는 데 시간이 오래 걸리고, 굳이 필요 없는 내용까지 보게 되어서 불편하다. 만약 전문 연구자(전공자)라면 그 분야 최고 수준의 주석을 봐야 한다. 이를 위해서는 지도교수나 전문가에게 추천을 받는 것이 좋다. 이런 주석은 참고 자료를 많이 수록하고 있어서 더 깊은 연구를 수행하는 데 도움이 된다. 특히 외국어 주석의 경우에는 원서를 읽는 것이 좋은데, 이는 번역이 잘못되었거나 의미가 모호

할 수 있기 때문이다.

셋째, 국내 학자가 쓴 주석을 적극적으로 권하고 싶다. 외국의 유명 학자들이 좋은 주석을 많이 쓴 것은 사실이다. 그들은 시간과 노력을 많이 들여서 학적 수준이 매우 높은 주석을 출간했다. 그렇지만 외국 주석을 읽다 보면 우리가 이해하지 못하는 내용이 제법 들어있다. 이는 언어의 차이뿐만 아니라 정서의 이질성 때문이기도 하다. 하지만 우리나라 저자가 쓴 주석을 보면 그런 문제가 상당히 해소된다. 필시 우리나라 저자가 쓴 주석은 우리의 정서와 현실에 적합해서 읽기가 훨씬 편하고 의미파악에 효율적이다. 오늘날 우리나라 학자들도 학문적인 기량이 많이 향상되어서 수준 높은 주석을 출간하고 있다.

넷째, 성경 한 책당 주석 세 권 정도가 적당하다. 성경 본문을 가르치거나 설교할 때 너무 많은 주석을 보면서 원고를 만들면 시간이 오래 걸리고 내용도 오히려 산만해진다. 성경 한 책당 주석 세 권 정도만 있으면 충분히 좋은 설교 원고를 작성할 수 있다. 서재가 크고 책이 많다고 해서 다 좋은 것은 아니다. 그렇게 되면 무슨 책이 어디에 있는지를 모른다. 목사의 서재는 효율적이어야 한다. 책을 배열할 때는 한눈에 들어올 수 있게끔 해야 한다. 꼭 필요한 책만 갖추고, 보지 않거나 소장 가치가 없는 책은 과감히 정리하기를 바란다. 요즘은 전자 신학 서적이 잘 나와 있으니 이를 활용하는 것도 좋은 방법이다(예. 로고스 바이블 소프트웨어).

성경의 정경성

Article IV.

Nous comprenons L'Escriture saincte es deux volumes du Viel et du Nouveau Testment, qui sont livres Canoniques, ausquels il n'y a que repliquer. Le nombre en est tel en l'Eglise de Dieu: Du Viel Testament: Les cinq livres de Moyse, Genese, Exode, Levitique, Nombres, Deuteronome: Le livre de Iosué, des Iuges, Ruth, les deux livres de Samuel, et deux des Rois, les deux livres des Chroniques dits Paralipomenon, le premier d'Esdras, Nehemie, Esther, Iob: les Pseaumes de David, les trois livres de Salomon, asavoir, les Proverbes, l'Ecclesiaste, et le Cantique: Les quatres grands Prophetes Esaïe, Ieremie, Ezehiel, Daniel: puis les autres douze petits Prophetes: Osee, Ioel, Amos, Abdias, Ionas, Michée, Nahum, Abacuc, Sophonie, Haggée, Zacharie, Malachie. Du Nouveau Testmanet Les quatres Euangelistes, S. Matthieu, S. Marc, S. Luc, S. Iehan: Les Actes des Apostres, Les quatorze Epistres de S. Paul, aux Romains, deux aux Corinthiens, aux Galates, Ephesiens, Philippiens, Colossiens, deux aux Thessaloniciens, deux à Timothée, à Tite, Philemon, aux Hebrieux: et les sept Epistres des aultres Apostres: de S. Iacques, deux de S. Pierre, trois de S. Iehan, de S. Iude, et l'Apocalypse de S. Iehan Apostre.

제4항. [구약과 신약이라는 정경]

우리는, 성 베드로 [사도]가 말한 것처럼, 하나님의 이 말씀이 사람의 뜻에 의해 보내졌거나 전달된 것이 아니라, 하나님의 거룩한 사람들이 성령의 영감을 받아 말한 것이라 고백합니다. 그런 다음 또한 우리 하나님께서 우리와 우리의 구원에 관하여 설명하시는 특별한 돌보심으로, 자신의 종들인 선지자들과 사도들에게 그 계시를 기록으로 작성하도록 명령하셨습니다. 그리고 그분은, 자신의 손가락으로 율법의 두 판을 기록하셨습니다. 이런 이유 때문에 우리는 그런 기록물을 거룩하고 신적인 성경이라 부릅니다.

네덜란드 신앙고백 제4항은 성경을 '구약'과 '신약'의 두 권으로 구성한다고 진술한다. 또한, 구약과 신약이 '결코 반박할 수 없는 정경'이라고 명시한다. 그런 후에는 구약과 신약의 목록을 나열한다. 이 책들의 숫자는 구약 39권과 신약 27권으로, 합해서 66권이다. 오직 이 책들만이 성경이다. 즉 이들 외에는 성경이 없다. 초기 기독교회는 상당한 연구와 논의를 거쳐 구약과 신약 66권의 책을 '정경'(正經, canon)으로 받아들였다. 이후 교회는 정경과 관련하여 오랫동안 치열한 토론을 벌였다. 그리하여 오늘날 우리 손에는 정경으로 확정된 구약과 신약 66권이 들려 있다. 그러나 정경은 인간에 의해서 결정된 것이 아니다. 정경은 성령의 섭리와 뜻 가운데 정해졌다. 곧 성령께서 친히 거룩한 책의 범위를 결정하셨다. 분명히, 성경의 정경성은 교회가 정한 것이 아니라, 성령께서 정해 놓으신 것을 교회가 발견한 것이다.

구약과 신약의 관계

성경은 크게 '구약'과 '신약'으로 이루어져 있다. 그런데 초기 이단 말시온(AD 약 85-160년)은 구약과 신약을 지나치게 분리하면서, 구약의 하나님과 신약의 하나님이 다르다고 주장했다. 즉 구약의 하나님은 심판과 폭력의 신이지만, 신약의 하나님은 사랑과 정의의 신이라고 말했다. 그러나 AD 144년에 교회는 그를 이단으로 정죄하고 파문했다. 이후에도 많은 이들이 구약과 신약의 차이를 강조했다. 그들은 구약과 신약의 불연속성과 불일치성을 드러내고자 했다. 하지만 그들의 시도에도 불구하고 구약과 신약의 연속성과 통일성은 매우 견고하고 강력하다는 사실이 금방 드러났다. 구약과 신약의 관계에 관하여 교부 어거스틴은 다음과 같이 말했다. "신약은 구약 속에 감추어져 있고, 구약은 신약 속에 나타나 있다. 신약은 구약 속에 포함되어 있고, 구약은 신약에 설명되어 있다. 신약은 구약 속에 안겨져 있고, 구약은 신약 속에 펼쳐져 있다." 이는 구약과 신약이 하나의 책이라는 사실을 잘 설명한다.

물론 구약과 신약은 구분되어야 한다. 우리가 성경을 해석할 때 이 점을 충분히 고려해야 한다. 하지만 두 책을 완전히 별개로 보아서는 안 된다. 두 책은 긴밀히 연결되어 있다. 이 책들은 같은 말씀으로 같은 목적을 지니고 있으며 같은 방법에 따라 기록되었다. 구약과 신약은 각각 '옛 약속'과 '새 약속'이란 뜻이다. 이는 성경이 하나님과 인간 사이의 약속(언약)임을 시사한다. 하나님은 세상에 메시아(구세주)를 보내어 주실 것을 약속하셨다. 성경은 이러한 하나님의 약속이 어떻게 이루어지고 있는지를 상세히 보여준다. 즉 구약은 오실 메시아의 정체와 사역에 대해 예언하며, 신약은 오신 메시아가 이 땅에서 행하신 일과 그것의 의미에 관해 설명한다. 따라서 구약과 신약을 구분하되 그리스도가 모든 성경의 주인공이심을 기억해야 한다.

'구약'(vetus testamentum)과 '신약'(novum testamentum)이란 용어를 최초로 사용한 사람은 교부 터툴리안(AD 160-220년)이다. 원래의 성경에는 지금 우리가 가진 성경에 있는 것과 같은 '장'과 '절'이 없었다. 성경에 장절이 붙은 것은 중세 시대 때이다. 장(chapter)은 1227년에 캔터베리의 대주교였던 스테펀 랭턴이 나누었다. 그리고 절(verse)은 구약의 경우 1448년 랍비 나탄이, 신약의 경우 1551년 파리의 인쇄업자 로베르투스 스테파누스가 나누었다. 그리고 신구약 전체에 장과 절이 붙여져서 처음으로 출판된 것은 1555년 스테파누스가 발간한 라틴어역이었다. 오늘날의 성경은 1560년 제네바에서 출판된 성경의 장과 절 구분을 받아들이고 있다.

성경을 대하는 태도

첫째, 성경이 하나님의 말씀이라는 사실을 믿어야 한다. 성경을 하나님께서 인간에게 주신 유일한 신앙과 삶의 규범으로 받아들여야 한다. 성경을 하나님을 알게 하는 책이며, 구원의 길을 보여주는 수단으로 여겨야 한다. 성경은 분명히 말한다. "성경은 능히 너로 하여금 그리스도 예수 안에 있는 믿음으로 말미암아 구원에 이르는 지혜가 있게 하느니라"(딤후 3:15). 성경을 하나님의 말씀으로 믿을 때 성경의 진리가 밝히 보이는 것을 경험할 수 있다. 또한, 성경을 사람들에게 가르칠 때 그들 속에서 구원의 역사가 일어나는 것을 목격할 수 있다.

둘째, 성경을 신성한 책으로 여겨서 그에 합당하게 대우해야 한다. 성경은 성령께서 특별히 선택하신 거룩한 사람들을 통하여 기록되었고, 성령에 의해 친히 정경이 되었다. 따라서 성경의 역사적 신빙성, 곧 성경의 사실성을 신뢰해야 한다. 이 책에 기록된 일들이 실제로 일어난 것인지 아닌지를 따지려는 자세는 옳지 않다. 성경을 통해서 하나님의 말씀을 들으려 해야지, 그것을 탐구와 비평의 대상으로 전락시켜서는 안 된다. 필시 성경을 연구하되 겸허하고 경건한 마음으로, 곧 하나님의 말씀을 듣고 순종하려는 자세로 연구해야 한다.

셋째, 성경과 다른 책들이 동등한 권위를 가진다고 여기지 말아야 한다. 세상에 많은 책이 있으나 그 어떤 책도 성경과 같지 않다. 나중에 다루겠지만, 정경 외에 '외경'과 '위경'이란 것이 있는데, 이 책들을 신성시하는 사람들이 있으나, 이들은 결코 정경과 동등한 가치를 가지지 않는다. 성경을 해설해 놓은 탁월한 주석서들과 해설집들 역시 정경에 비견할 수 없다. 성경을 훌륭하게 해설한 설교집과 위대한 신앙인들의 저

작들도 정경의 목록에 들지 못한다. 성경은 독특하고 유일한 가치를 지닌다. 곧 성경에는 유일무이한 권위가 있다.

넷째, 앞에서 잠시 언급했듯이, 성경을 '그리스도 중심적'(Christocentric)으로 읽어야 한다. 주님과 사도들은 구약이 그리스도를 증언한다고 말한다(눅 24:27, 44; 요 5:39, 8:56; 행 13:32-33). 성경은 역사책에 불과한 것이 아니다. 또한, 종교사학파(Religionsgeschichtliche Schule)에 속한 자들이 주장하는 대로 다른 경전들의 영향을 받아 형성된 것도 아니다. 심지어 성경에 윤리적 요소가 많이 들어있지만, 이 책을 윤리 책으로만 보아서도 안 된다. 성경은 그리스도를 중심으로 한 계시 역사를 기록한 책이다. 따라서 성경 해석에 있어서 가장 중요한 요소는 '그리스도 중심적 관점'이다. 그리스도 없는 성경 해석은 불완전하고 불충분하다.

성경을 읽을 때 맞닥뜨리는 실제적인 문제들

첫째, 성경의 명칭과 순서를 알아야 한다. 이 말은 성경을 쉽게 그리고 정확하게 찾을 수 있어야 한다는 뜻이다. 이것이 가장 기본이다. 성경의 명칭은 약어(略語)로 불리는 경우가 많다(예. 창세기 → 창). 따라서 성경의 약어 명칭도 외워 두어야 한다. 성경을 빨리 찾는 훈련을 할 필요가 있다. 예배 시간에 성경을 찾느라 헤매지 않도록 미리 찾아 놓거나, 아니면 평소에 성경을 자주 펼치는 연습을 하기 바란다. 성경의 순서를 외우고, 장르별 분류를 알아 놓으면 여러모로 유익하다.

둘째, 성경을 알고자 하는 이들은 무엇보다도 성경 개관(서론)을 알아야 한다. 성경 개관은 성경 전체에서 가장 기본이 되면서도 중요한 주제를 다룬다. 즉, 성경이 어떤 과정을 통해서 형성되었는지, 성경 전체의 흐름과 주제가 무엇인지, 성경을 기록한 사람들과 당시의 역사적-문화적 배경이 어떠한지, 독자들은 어떤 정황에 있었는지, 개별 성경이 전체 성경(정경) 안에서 차지하는 위치와 의미가 무엇인지, 성경에 제시된 지리와 풍습이 무엇인지 등을 살핀다. 그러므로 성경 개관이라는 거시적인 공부를 하면 성경 각 권을 이해하는 데 큰 도움이 된다.

셋째, 성경을 관통하는 주제를 파악해야 한다. 이를 '구속사'(救贖史, salvation history)라고 일컫는다. 성경은 실제 역사를 기록한 책이다. 성경에 기록된 모든 일은 역사적 사실이다. 하지만 성경은 일어난 일을 아무런 기준과 잣대도 없이 기록하지 않았다. 성경은 '구속사'라는 특정한 목적을 기술하기 위해서 실제 역사를 차용했다. 따라서 성경을 바르게 이해하려면 구속사에 대한 공부가 절대적이다(추천도서. 우병훈,『구속사적 설교』, 다함, 2022).

넷째, 교리 공부가 성경 공부에 큰 도움이 된다. 교리는 성경의 교훈이다. 즉 성경의 주제를 통전적으로 정리하고 진술한 것이다. 따라서 교리를 공부하면 성경 본문의 의미를 더욱 정확하고 풍요롭게 깨달을 수 있다. 신앙고백서들은 교리를 집약한 문서이므로 신앙고백서들을 읽을 필요가 있다. 그리고 교리를 해설한 책들 가운데 우리 실정에 적합하게 집필된 책들이 시중에 많이 있으니 참고하기 바란다(추천도서. 황원하,『하이델베르크 요리문답 해설』, CNB, 2015).

다섯째, 다양한 번역본을 읽는 것이 좋다. 우리말 성경 개역개정은 매우 훌륭한 번역이다. 이 번역은 가장 표준적이다. 하지만 번역이란 언제나 한계를 가지기 마련이다. 따라서 다양한 번역을 읽으면서 대조할 필요가 있다. 우리말 성경의 경우 다양한 번역본이 시중에 나와 있는데, 이들은 성경의 흐름이나 줄거리를 이해하는 데 도움을 준다. 즉 통독용으로 괜찮다. 하지만 예배용이나 성경공부용으로는 적합하지 않을 수 있다. 영어 성경 가운데는 가장 보편적인 것이 New International Vesion(NIV)이다. 이것은 매우 훌륭한 영어 성경으로 전 세계 많은 이들에게 읽히고 있으나, 의역이라는 한계를 가지고 있다. 원문을 직역한 영어 성경으로는 New American Standard Bible(NASB)이 있다. 하지만 이 성경은 지나치게 원문을 직역하다 보니 문장이 다소 딱딱하다. 최근에는 NASB를 보완한 훌륭한 영어 성경이 나왔는데, English Standard Version(ESV)이 그것이다. 이 성경은 원문을 직역했으면서도 현대 영어를 사용하여 가장 추천할 만하다.

성경의 신적 속성

Article V.

Nous recevons tous ces livres-là seulement pour saincts et Canoniques, pour regler, fonder, et establir nostre foy: et indubitablement croyons toutes les choses qui sont contenues en iceux, non pas tant, pource que l'Eglise les reçoit et approuve tels; mais principalement, pour ce que le S. Esprit nous rend tesmoignage en nostre coeur qu'ils sont de Dieu, et aussi qu'ils sont approuvez tels par eux-mesmes, quand les aveugles mesme peuvent appercevoir, que les choses adviennent qui y sont preditites.

제5항. [믿음을 규정하고 다지고 세우는 성경]

우리는 이 모든 책만을 거룩하고 정경적인 것으로 받아들이는데, [이는] 우리의 믿음을 규정하고 다지고 세우기 위해서입니다. 또한 [우리는] 그 모든 것이 그 자체로 형성된 것임을 아무 의심 없이 믿습니다. 왜냐하면 교회가 그것들을 그와 같이 받아들이고 승인했기 때문이 아니라, 특별히 성령께서 우리에게, 그것들이 하나님께로부터 유래한다는 증거를 우리 마음에 주시기 때문이요, [또한] 그것들도 스스로 그와 같이 승인하기[=증거하기] 때문입니다. 그 [정경 책들] 속에 예언된 것들이 [그대로] 발생한다는 [사실은] 장님조차도 더듬거리며 알아챌 수 있습니다.

관련성경

딤후 3:17; 벧전 1:12

네덜란드 신앙고백 제4항에 이어서 제5항도 성경을 다룬다. 제4항은 구약과 신약 66권만이 정경이라는 사실을 밝히면서 정경의 목록을 제시했는데, 제5항은 성경의 신적 속성, 곧 성경의 자증성, 성경의 신적 유래와 성취, 그리고 성경과 기독교 신앙의 상관성을 설명한다. 이를 통해서 성경이 우리의 믿음을 규정하고 다지며 세워준다는 사실을 밝히고, 이 책들이 교회(인간)에 의해서 받아들이고 승인된 것이 아니라, 성령 하나님께로부터 친히 유래했다는 사실을 밝힌다. 결국, 이러한 진술은 성경연구를 통해서 얻는 유익이 무엇인지를 가르쳐준다.

성경의 자증성

먼저, 성경의 자증성에 대해서 살펴보자. 성경의 '자증성'(自證性, autopistos)이란 성경이 그 자체로 형성되었고, 그것이 사람에게서가 아니라, 하나님에게서 유래했다고 보는 것이다. 성경은 하나님의 말씀인데, 사람이 그렇게 결정한 것이 아니라 성경 자체가 그렇게 주장한 것이다. 사람들은 끊임없이 성경의 역사성과 진실성을 파헤치려고 노력했다. 하지만 그러한 시도는 부질없고 어리석다. 성경은 세상의 어느 책과 다르다. 성경은 그 자체로 독특한 가치와 특질을 가지고 있다. 그런데 사실 세상의 다른 책들도 그런 측면을 약간 가지고 있긴 하다. 예를 들어서, 국어책을 읽을 때 영어 문법을 따지는 사람은 없다. 또한, 역사책을 읽을 때 수학적으로 접근하는 사람도 없다. 마찬가지로, 우리는 성경을 읽을 때 성경 자체의 신적 속성을 믿음으로 받아들여야 한다. 분명히, 성경의 자증성은 믿음으로 고백해야 할 일이지, 과학적으로나 논리적으로 증명할 사안이 아니다.

그러면 성경은 어떤 책인가? 성경은 신학적인 책이다. '신학'(神學,

theology)이란 하나님에 관한 학문이다. 즉 하나님의 속성을 탐구하는 일이다. 따라서 성경을 읽을 때는 하나님이 어떤 분이신지를 알려고 해야 한다. 성경은 하나님이 어떤 분이신지를 다채롭고 풍요롭게 계시한다. 무엇보다도 성경은 하나님이 삼위일체로 존재하심을 증언한다. 이것은 성경 전체를 관통하는 주제이다. 삼위일체를 간단히 말하면 '성부와 성자와 성령이 한 분이시면서 동시에 세 분'이라는 것이다. 하지만 이것은 매우 심오한 신비로서 짧게 설명하기가 쉽지 않다(삼위일체에 관해서는 제8-9항에서 자세히 다룬다). 성경은 성부뿐 아니라 성자와 성령에 관해서도 말한다. 성자 예수님은 영원 전부터 존재하셨기에 구약에 예언적으로 기술되었으며, 신약에 성육신하신 모습으로 상세히 언급되었다. 성령 하나님 역시 영원 전부터 계셨는데, 창조 사역에 관여하셨고, 세상에서 활발히 역사하셨다.

그러나 인간은 여전히 하나님을 다 알지 못한다. 성경 본문에 드러난 하나님의 속성을 겨우 단편적으로 알 따름이다. 더욱이 인간이 하나님을 다 알려고 시도하는 것은 가능하지도 않다. 하나님은 무한하시지만, 인간은 유한해서 제한된 지식과 지혜를 가지고 있기 때문이다. 분명히, 하나님과 인간 사이에는 커다란 질적 차이가 있다. 따라서 인간은 겸손한 마음으로 성경에 계시된 하나님을 알려고 해야 한다. 그리고 그렇게 알게 된 하나님을 찬양하고 경배해야 한다. 즉 하나님에 관한 탐구는 하나님의 무한하심과 전능하심에 대한 찬양과 경배로 귀결되어야 한다.

모든 성경은 하나님이 직접 쓰셨는가?

성경은 분명히 하나님의 말씀이다. 하지만 하나님은 특별한 사람들을 선택하셔서 성경을 쓰게 하셨다. 즉 사람들에게 영감(靈感, inspiration)

을 주셔서 하나님의 뜻을 계시하게 하셨다. 이는 사도들의 증언을 통해서 드러난다. 바울은 "모든 성경은 하나님의 감동으로 된 것으로…"라고 말했고(딤후 3:16), 베드로는 "예언은 언제든지 사람의 뜻으로 낸 것이 아니요 오직 성령의 감동하심을 받은 사람들이 하나님께 받아 말한 것임이라"라고 언급했다(벧후 1:21).

그러므로 성경을 해석할 때는 인간 저자를 충분히 고려해야 한다. 필시 저자에 따라서 성경 각 권의 문체와 특징과 강조점이 다르다. 인간 저자는 자신이 처한 상황과 수신자가 마주한 정황을 고려하여 그의 책을 기록했다. 따라서 성경들 사이에 존재하는 내용 차이는 실수나 오류가 아니라 의도적인 고려이다. 예를 들어, 마태복음 5:40에는 "또 너를 고발하여 속옷을 가지고자 하는 자에게 겉옷까지도 가지게 하며"라는 언급이 있으나, 같은 내용이 누가복음 6:29에서는 "네 겉옷을 빼앗는 자에게 속옷도 거절하지 말라"라고 표현되어 있다. 이는 저자들이 잘못 기록한 것이 아니다. 단지 같은 주님의 말씀이지만, 팔레스타인과 이방 지역에서 겉옷과 속옷의 가치가 다르기에 수신자들의 이해를 고려하여 내용을 살짝 바꾼 것이다. 따라서 이러한 차이를 성경의 오류로 볼 수 없다. 우리가 성경을 해석할 때 이러한 측면을 안다면 본문에 담긴 의미의 풍요로움과 다채로움을 더욱 맛볼 수 있을 것이다.

성경의 신적 유래와 성취

네덜란드 신앙고백은 성경이 하나님께로부터 유래했고, 성경 속에 예언된 것들이 그대로 성취되었다고 진술한다. 이 말은 무슨 메시지를 함의하는가? 이는 '언약과 성취'를 시사한다. 곧 우리가 성경을 언약적으로 읽어야 한다는 사실을 가르쳐준다. 하나님은 인간에게 '언약(약속)

을 주셨다. 즉 하나님은 인간이 언약을 지킨다면 하나님께 나아갈 수 있다고 말씀하셨다. 언약에는 '행위 언약'과 '은혜 언약'이 있다.

하나님께서 인간과 맺으신 첫 언약은 '행위 언약'(covenant of works)이었다. 이 언약은 에덴동산 중앙에 있는 선악을 알게 하는 나무의 열매를 먹지 말라는 것이었다. 하나님은 인간에게 이 언약을 완전히 순종하라고 명령하셨다. 곧 언약에 순종하면 생명을 얻게 되지만, 불순종하면 죽게 될 것이라고 말씀하셨다. 이 언약은 영원하다. 아담의 후손 누구도 이 언약에서 벗어날 수 없다. 이 언약을 지키면 영원히 살지만, 그렇지 않으면 죽음에 이르게 된다. 그런데 하나님께서 인간과 굳이 언약을 맺으시고 생명을 주실 이유가 없는데도 인간과 언약을 맺으신 것은 그분의 은혜 때문이다. 즉 행위언약은 하나님의 은혜에 기초한다.

그러나 불행히도 인간은 사탄에게 속아서 타락했고 이로 인해 근원적으로 연약해졌다. 그리하여 하나님과 맺은 행위 언약을 지킬 수 없게 되었다. 그렇다면 인간에게 주어진 것은 죽음이다. 그러나 하나님은 인간을 사랑하셔서 새로운 언약을 세우셨다. 곧 하나님은 두 번째 언약인 '은혜 언약'(covenant of grace)을 인간과 맺으셨다. 그런데 은혜 언약의 성취자는 예수 그리스도이시다. 예수 그리스도는 이 땅에 오셔서 행위 언약의 모든 조항을 완전히 만족시키셨다. 그리하여 인간은 예수 그리스도 안에 거함으로 행위 언약을 완벽히 지키는 효력을 얻게 되었다. 즉 우리가 예수 그리스도를 믿을 때 그분이 이루신 선행은 우리의 것이 된다.

어떤 사람들은 행위 언약과 은혜 언약을 구분한다. 그러나 두 언약은 다르지 않다. 행위 언약과 은혜 언약은 밀접히 연관된다. 은혜 언약은 행위 언약을 폐기하지 않는다. 오히려 은혜 언약은 행위 언약을 완성한다. 인간이 지키지 못한 하나님의 명령(행위 언약)을 예수 그리스도가 대신 지키심으로(은혜 언약) 인간이 구원을 받을 수 있게 되었기 때문이다. 곧, 예수 그리스도의 완전한 행함으로 인간이 의롭게 되었다. 그러므로 언약의 주인공은 예수 그리스도이시다.

성경은 이러한 언약과 성취를 서술한다. 성경에 기록된 모든 이야기는 단지 역사적 사실을 우리에게 전수해주기 위한 것이 아니라 하나님이 인간과 맺으신 언약이 어떻게 그리스도를 통해서 성취되는지를 보여주기 위한 것이다. 따라서 우리는 성경 이야기를 '언약적 관점'에서 읽어야 한다. 그렇게 할 때 구약의 예언과 신약의 성취가 정교한 짜임새를 가지고 있다는 사실을 발견하게 될 것이다. 그리고 그 중심에 예수 그리스도가 계신다는 점을 이해하게 될 것이다.

성경과 기독교 신앙의 관계

바울은 "믿음은 들음에서 나며 들음은 그리스도의 말씀으로 말미암았느니라"라고 말했다(롬 10:17). 그리고 네덜란드 신앙고백은 성경이 '우리의 믿음을 규정하고 다지며 세워준다'라고 진술했다. 그렇다면 성경은 어떻게 우리 안에서 작동하는 것일까? 성경은 자동으로 움직이지 않는다. 성경은 결코 주술적인 힘을 가지고 있지 않다. 성경책을 지니고 있다고 해서 무슨 신령한 능력이 나타나는 것이 아니며, 성경을 마냥 읽거나 외운다고 해서 믿음이 발생하거나 강화되는 것이 아니다.

그렇다면 우리는 어떻게 성경을 하나님의 말씀으로 신뢰할 수 있을까? 어떻게 해야 성경을 통한 유익을 얻을 수 있을까? 성경은 성령께서 사용하시는 도구로서 존재한다. 웨스트민스터 신앙고백 제1장 제5항은 다음과 같이 진술한다. "무오한 진리와 성경의 신적 권위에 대한 완전한 설복과 확신은 말씀을 수단으로, 또한 그 말씀과 더불어 우리 마음에 증거하시는 성령의 내적 사역에서 옵니다." 이 말은 성경의 신적 권위가 우리 마음에 확신되는 것이 '성령을 통해서'라는 뜻이다. 성령은 말씀을 통해서, 그리고 말씀과 더불어 역사하시지, 말씀을 떠나서 혹은 말씀에 반해서 역사하시지 않는다. 또한, 성령은 인간으로 하여금 성경을 거스르려는 본성적인 반감을 극복하게 하심으로 성경의 권위에 순복하게 하신다.

그러므로 우리는 성령을 의존하는 가운데 성경을 읽어야 한다. 성령이 역사하셔야 말씀을 이해할 수 있고, 말씀에 계시된 하나님을 알 수 있으며, 말씀을 통해서 주어지는 믿음의 은덕을 얻을 수 있다. 실제로 우리가 말씀을 읽거나 설교를 들을 때 성령께서 우리 안에서 역사하셔서 우리의 마음을 감동하시고, 실천할 수 있는 의지를 허락하시며, 말씀의 열매를 맺게 하시는 것을 많이 경험한다. 참으로 설교가 중요한데, 이는 성령께서 설교를 사용하시기 때문이다. 목사가 설교를 잘 준비하여 전할 때 많은 감동과 역사가 일어난다.

제6항

외경 공부의 유익

Article VI.

Nous mettons difference entre ces saincts livres, et les livres Apocriphes: qui sont, Le 3. et 4. livre d'Esdras, le livre de Tobie, Iudith, Sapience, Ecclesiastique, Baruc, ce qui a esté adjousté à l'histoire d'Esther, le Cantique des trois enfans en la fournaise, l'histoire de Susanne, l'histoire de l'Idole Bel, et du Dragon, l'Oraison de Manasse, et les deux livres de Maccabée: Lesquels l'Eglise peut bien lire, et d'iceux prendre instruction es choses accordantes aux livres Canoniques; mais ils n'ont point telle force et vertu, que par aucun tesmoignage d'iceux, on puisse arrester quelque chose de la foy ou religion Chrestienne, tant s'en fault, qu'ils puissent ramoindrir l'autorité des autres saincts livres.

6항. [정경과 외경]

우리는 이 거룩한 책들을 외경들과 구분합니다. [외경으로는] 제3 및 제4 에스드라서(=에스라 상하), 토빗서, 유디트서, 지혜서, 집회서, 바룩서, 에스더의 역사에 첨부된 것들, 풀무불 속 세 소년의 찬미, 수산나의 역사, 벨과 용의 우상, 므낫세의 기도, 두 권의 마카비서(=마카비 상하) 등이 있습니다. [그 외경들을] 교회는 읽어도 무방하며 그것들이 정경 책들과 일치할 경우에는 교훈을 얻을 수도 있습니다. 하지만 그것들은 [정경 책들과 같은] 그런 힘과 능력이 없습니다. 그래서 그것들의 증언으로는 기독교 신앙이나 경건의 어떤 요소도 확증할 수 없습니다. 그렇기 때문에 다른 거룩한 책들의 권위를 떨어뜨릴 가능성조차 없습니다.

네덜란드 신앙고백 제6항은 '외경'에 관하여 설명한다. '외경'은 '정경'과 구분된다. 이미 거론했듯이, 정경은 신구약 66권으로 이것만이 하나님의 말씀이다. 하지만 외경을 공부하는 것은 여러모로 유익하다. 이는 성경이 기록되던 시대에 외경이 쓰였기 때문이다. 즉, 외경은 성경과 사회적, 정치적, 문화적 배경을 공유한다. 필시 외경을 아는 것은 성경 본문의 의미를 더욱 풍요롭고 생생하게 이해할 수 있게 해 준다. 따라서 외경이란 무엇이고, 외경을 공부함으로 얻을 수 있는 것들이 무엇이며, 외경을 읽으려면 어떻게 해야 하는지를 배울 필요가 있다.

외경이란 무엇인가?

'외경'(外經, apocrypha)은 '정경'(正經, canon)에 들지 못한 책들이다. 우리는 정경만을 하나님의 말씀으로 받아들인다. 그러나 로마 천주교는 다르다. 그들은 AD 382년에 열린 로마주교회의의 결정과 1545-1563년에 이탈리아 북부 도시 트렌트(Trient)에서 개최된 공의회의 확정에 따라 일부 외경도 하나님의 말씀으로 여긴다. 곧 외경들 가운데 토빗서, 유디트서, 지혜서, 집회서, 바룩서, 에스더의 역사에 첨부된 것들, 풀무불 속 세 소년의 찬미, 두 권의 마카비서를 '제2의 정경'(deuterocanonica)이라 부른다. 이에 종교개혁자들은 네덜란드 신앙고백에 외경 목록을 제시하면서, 그것들이 정경과 구분된다는 사실을 명시했다.

네덜란드 신앙고백에 제시된 외경들은 제3, 제4에스드라서(=에스라 상하), 토빗서, 유디트서, 지혜서, 집회서, 바룩서, 에스더의 역사에 첨부된 것들, 풀무불 속 세 소년의 찬미, 수산나의 역사, 벨과 용의 우상, 므낫세의 기도, 두 권의 마카비서(=마카비 상하) 등 총 14권이다. 오늘날 로마 천주교가 사용하는 공동번역에는 이들의 명칭이 토빗기, 유딧기, 마카베오기 상권, 마카베오기 하권, 지혜서, 집회서, 바룩서로 되어 있다. 그리고 개신교와 천주교가 공유하는 공동번역의 다니엘서에는 풀무불 속 세 소년의 찬미, 수산나의 역사, 벨과 용의 우상이 포함되어 있다. 따라서 개신교의 성경은 66권이지만, 로마천주교의 성경은 73권(구약 46권, 신약 27권)이다.

'위경'(僞經, pseudepigrapha)이란 것도 있다. '위경'은 '가짜 책', 혹은 '거짓된 책'이라는 뜻이다. 위경은 정경 목록에 들기 위하여 의도적으로 꾸며진 책들이다. 그래서 위경의 저자 이름은 당시에 잘 알려진 인물들(주로 사도들)이다. 위경은 주전 2세기에서 주후 2세기에 기록되었는데, 종류가 대단히 많다. 주요 위경으로는 열두 성조의 유훈, 므나세의 기도, 히브리인의 복음서, 에피온인의 복음서, 유다복음서, 베드로복음서, 요한행전 등이 있다. 외경과 위경은 구분이 되기도 하고 되지 않기도 한다. 하지만 외경과 위경은 역사적으로 정확하지 않은 내용을 담고 있다. 곧 이 책들은 신화, 전설, 민속담 등을 다룬다. 따라서 이 책들을 정확무오한 하나님의 말씀으로 인정할 수 없다.

외경을 공부함으로 얻을 수 있는 것들은 무엇인가?

그렇다면 외경은 읽지 말아야 할 책인가? 네덜란드 신앙고백은 외경의 값어치에 대해서 다음과 같이 진술한다. "외경들을 교회는 읽어도 무방하며 그것들이 정경 책들과 일치할 때는 교훈을 얻을 수도 있습니다. 하지만 그것들은 정경 책들과 같은 그런 힘과 능력이 없습니다. 그래서 그것들의 증언으로는 기독교 신앙이나 경건의 어떤 요소도 확증할 수 없습니다. 그래서 다른 거룩한 책들의 권위를 떨어뜨릴 가능성조차 없습니다." 그리고 웨스트민스터 신앙고백서 1조 3항은 외경의 가치에 대해 다음과 같이 말한다. "보통 외경이라고 부르는 책들은 하나님의 영감으로 되지 않았으니 정경에 속하지도 않습니다. 그러므로 하나님의 교회에서 어떠한 권위도 없으며, 사람의 다른 글들 이상으로 달리 인정하거나 사용하지 말아야 합니다."

기독교인들은 정경, 곧 신구약 66권에 가장 큰 관심을 두어야 한다. 성경은 가장 중요한 책이다. 성경과 비견할 수 있는 책은 이 세상에 없다. 그러나 우리는 성경 외에 다양한 책을 읽을 수 있다. '분별력을 가지고서' 경건 서적을 읽을 수 있고 일반 서적도 읽을 수 있다. 우리는 이런 책들을 통해서 교양과 지식을 쌓는다. 따라서 이런 점을 염두에 둔다면 외경을 읽는 것은 문제가 되지 않는다. 네덜란드 신앙고백은 외경이 우리의 신앙을 훼손할 힘과 능력을 갖추고 있지 않다고 말한다. 이는 외경이 신앙과 생활의 지침이 될 수 없다는 뜻이다. 그러므로 외경 읽기를 두려워하거나 경시할 필요가 없다. 오히려 외경이 성경과 일치할 경우에는 교훈을 얻을 수 있다. 실제로 외경 가운데는 성경의 교훈과 일치하는 부분이 있다. 따라서 성경을 더 잘 알기 위해서라도 외경을 읽을 필요가 있다.

외경은 '신구약 중간기'에 기록되었다. '신구약 중간기'(the Intertestamental Period)란 구약의 마지막 시기와 예수님이 태어나시기 직전의 때 사이 약 400년간을 가리킨다. 학자들은 이 기간을 '제2성전기'(the Second Temple period)라고 부르는데, 이는 주전 5세기(에스라와 느헤미야 시대)에 성전이 재건되었기 때문이다. 곧, 제1성전기는 솔로몬이 성전을 건축한 주전 10세기부터 성전이 무너진 주전 6세기까지이며, 제2성전기는 성전이 재건된 주전 5세기부터 성전이 완전히 파괴된 주후 70년까지이다. 이때 일어난 일들은 구약시대를 마무리하며, 신약시대를 준비한다. 따라서 신구약 중간기 역사를 공부하는 것은 성경 이해에 큰 도움을 주는데, 이 시기를 알 수 있는 가장 유력한 자료가 외경이다. 그러므로 외경을 공부하면 성경의 의미를 더욱 풍요롭고 생생하게 알 수 있다.

외경을 읽으려면 어떻게 해야 하는가?

외경을 읽을 수 있는 가장 현실적이고 쉬운 방법은 공동번역을 보는 것이다. 이는 공동번역에 외경이 수록되어 있기 때문이다. 공동번역은 개신교와 천주교가 공동으로 번역한 성경이다. 비록 의역 중심이어서 예배용으로 사용하기에는 부적합하지만, 연구용이나 참고용으로는 괜찮다. 필시 다양한 번역 성경(우리말, 외국어)을 읽는 것은 성경 본문 이해에 도움을 준다. 원래 번역이란 것은 완벽할 수가 없다. 성경 원어(히브리어, 헬라어)를 완벽하게 번역한 성경은 이 세상에 존재하지 않는다. 따라서 여러 번역 성경을 비교하면서 읽는 것이 좋다.

외경 이해에 도움을 주는 서적들이 시중에 많이 나와 있다. 목사들과 신학도들이 참고할 만한 서적으로는 데이비드 드실바(David deSilva)가 편집한 *Introducing the Apocrypha*, 2d Ed.: *Message, Context, and Significance*, Baker Academic, 2018이 있다. 제임스 찰스워스(James H. Chrlesworth)가 편집한 *Old Testament Pseudepigrapha*(2 vols.), Hendrikson Publishers, 2010은 매우 포괄적이고 전문적이다. 우리말로 기록된 서적들도 여럿 있다. 천사무엘이 쓴『구약 외경의 이해(개정증보판)』, 동연, 2011과 송혜경이 쓴『신약 외경 입문』(상하), 바오로딸, 2013을 추천한다.

고대 문헌들

외경과 더불어 읽을 만한 고대 문헌들이 여럿 있다. 이 문헌들은 구약 예언의 성취와 신약 배경을 이해하는 데 도움을 준다.

첫째, 쿰란 문서가 있다. 쿰란은 사해의 북서쪽에 있는 지역 이름이다. 쿰란에 있는 동굴들에서 1947년부터 1956년 사이에 약 1,000개의 문서가 발견되었는데, 이 문서들은 고대 팔레스타인의 정황과 유대인들의 신앙과 삶을 파악할 수 있게 해 준다.

둘째, 마카비서가 있다. 마카비서는 외경에서 가장 중요한 책이다. 모두 네 권으로 구성되어 있는데, 이들 중 첫 번째 책(마카비1서)이 역사적으로 큰 가치를 가진다. 마카비서는 주전 2세기 마카비 집안이 이스라엘을 다스리던 때의 팔레스타인 상황을 상세히 기록하고 있다.

셋째, 요세푸스의 저술들이 있다. 요세푸스(주후 37-100년경)는 유대의 역사가이다. 그의 대표적인 책들로 '유대 전쟁기'와 '유대 고대사'가 있는데, 이 책들은 당시 팔레스타인의 상황을 파악하는 데 유용하다.

넷째, 랍비 문헌들이 있다. 대표적인 랍비 문헌들은 미쉬나(문서화된 율법서), 토세프타(미쉬나 해석서), 게마라(미쉬나와 토세프타 주석서), 그리고 탈무드(유대인들의 교훈집)이다. 이 책들은 고대 유대인들의 율법 이해와 사상과 삶을 이해하는 데 도움이 된다.

다섯째, 고대 역사가들의 저술들이 있다. 대표적인 역사가들로 필로(주전 15년-주후 45년경), 폴리비우스(주전 203-120년), 타키투스(주후 56-117

년), 수에토니우스(주후 69-130년경)가 있다. 이들이 쓴 책들 역시 고대 세계 이해에 유익하다.

제7항

성경의 충족성

Article VII.

Nous croyons que ceste Escriture saincts contient parfaitement la volonté divine, et que tout ce que l'homme doit croire pour estre sauvé, y est suffisamment enseigné. Car puis que toute la mainere du service, que Dieu requiert de nous, y est tres-aulong descritte les hommes, voire fussent ils Apostres, ne doivent enseigner autrement, que desia nous a este enseigné par les S. Escritures, encore mesme que ce fust un Ange du Ciel, comme dit S. Paul. Car puis qu'il est defen여 d'adjourster ni diminuer à la parole de Dieu, cela demonstre bien que la doctrine est tresparfaitte et accomplie en toutes sortes. Aussi ne faut comparer les escrits de hommes quelques saincts qu'ils ayent esté, aux escrits divins, ni la coustume à la verité de Dieu, (car la verié est par dessus tout,) ni le grand nombre, ni l'ancienneté, ni la succession des temps, ni des personnes, ni les Conciles, Decrets, ni Arrests; car tous hommes d'eux mesmes sont menteurs, et plus vains que la vanité mesme. Pourtant nous rejettons de tout nostre coeur tout ce qui ne s'accorde à ceste reigle infallible, comme nous sommes enseignez par les Apostres, disans, Esprouvez les esprits s'ils sont de Dieu: Item, Si aucun vient à vous et n'apporte point ceste doctrine ne le recevez point en vostre maison.

제7항. [구원 교리를 위한 가장 완전하고 완벽한 책, 성경]

우리는 성경이 하나님의 뜻을 온전히 내포한다는 것과 사람이 구원 받기 위해 믿어야 하는 모든 것이 그 [성경] 속에 충분히 가르쳐진다는 것을 믿습니다. 왜냐하면 하나님께서 우리에게 요구하시는 모든 예배 방법을 길게 서술하고 있기 때문입니다. 그러므로 지금 우리에게 성경을 통해 가르쳐지는 것과 다르게 가르치는 것은, 심지어 사도들일지라도 사람들에게 허용되지 않습니다. 사도 바울이 말하는 것처럼, 하늘에서 온 천사라 해도 [안 됩니다]. 왜냐하면 하나님의 말씀에 무엇을 더하거나 빼는 것이 금지되었기 때문이요, [성경의] 가르침은 그와 같이 모든

면에서 가장 온전하고 완전하다는 것을 잘 증명하기 때문입니다. 또한 누구든지, 결코 사람의 책들을, 비록 그 [저자]들이 성자들이었다 해도, 하나님의 [성경]책들과 비교하지는 말아야 합니다. 관습도, 절대다수도, 고전도, 시대나 인물의 전승도, 공의회들이나 법령들이나 결정들도 하나님의 진리와 [비교하지] 말아야 합니다. (왜냐하면 그 진리는 모든 것 위에 있기 때문입니다.) 왜냐하면 모든 사람은 스스로 속이는 거짓말쟁이들이요, 허무 자체보다 더 허무한 자들이기 때문입니다. 그러므로 우리는 이런 무오류의 규칙에 어긋나는 모든 것을 우리의 온 마음으로 내던져버립니다. 우리가 사도들로부터 배운 대로 [이렇게] 외칩니다. "너희는 영들이 하나님께 속하였나 분별하라."[요일 4:1] 또한 "누구든지 이 교훈을 가지지 않고 너희에게 나아가거든 그를 집에 들이지도 말라."[요이 1:10].

관련성경

딤후 3:17; 벧전 1:11-12; 잠 30:6; 갈 3:15; 행 22:18; 딤전 1:3; 갈 1:8, 11; 고전 15:2; 행 26:22; 롬 15:4; 행 18:28-29; 벧전 4장; 눅 11:13; 딤후 3:24; 딤전 1:13; 골 2:8; 행 4:19; 요 3:13; 벧후 2:16; 요 15:15; 요일 4:5, 19-20; 행 2:27; 요이 2장; 요 4:25; 신 12:32; 히 8:9; 마 15:3, 17:5; 막 7:7; 사 1:12; 행 1:21; 롬 3, 4장; 사 8:20; 딤후 4:3; 고전 1:13, 2:4, 3:11;   전 5:12; 살후 2:2; 시 12,7, 19:8-9, 12; 신 4:6, 6:9; 엡 4:5; 요 5장; 골 1:16, 18; 고전 8:6.

네덜란드 신앙고백은 제2항에서 성경을 통하여 인간이 하나님을 제대로 알 수 있다는 사실을 말했다. 그리고 제3항에서부터 제7항까지 총 5개 조항에서는 성경에 관하여 설명하고 있다. 신앙고백 제3항은 성경을 공부하는 방법을 다루었고, 제4항은 성경의 정경성(성경을 대하는 태도)을 언급했으며, 제5항은 성경의 자증성(성경연구를 통해서 얻는 유익)을 말했고, 제6항은 성경에 포함되지 못한 외경에 관하여 서술했다. 이제 제7항은 성경의 충족성에 관하여 말한다. 신앙고백이 성경에 관하여 이렇게 많은 분량을 할애한 이유는 그것이 너무나도 중요하기 때문이다. 실로 성경은 '정경'(canon, 正經), 곧 신앙과 삶의 '표준'이며 '잣대'이다.

성경, 구원의 수단

신앙고백은 성경의 충족성에 관하여 다음과 같이 진술한다. "성경이 하나님의 뜻을 온전히 내포한다는 것과 사람이 구원받기 위해 믿어야 하는 모든 것이 그 성경 속에 충분히 가르쳐진다는 것을 우리는 믿습니다." 이 진술은 두 가지 사실을 담고 있다. 첫째, 성경은 구원에 관한 하나님의 뜻을 온전히 알려주는 책이다. 둘째, 성경은 사람이 구원받기 위해 믿어야 하는 모든 것을 가르쳐주는 책이다. 우리는 성경을 통해서 구원에 관하여 온전히 알 수 있고 충분히 배울 수 있다. 곧 성경으로 구원에 관한 모든 지식이 충족된다. 다른 말로 하면, 성경 없이는 구원의 방법을 알 수가 없으며, 아무도 구원에 이를 수 없고, 참된 믿음을 가질 수 없으며, 따라서 하나님께 올바로 예배할 수도 없다. 그러므로 성경을 정확히 이해해야 하고, 그것을 전파하고 가르치기 위해서 노력해야 한다. 오직 성경이 구원에 관한 온전한 지식을 알려주기에 성경을 정확히 배우고 가르치는 일이 없이 구원의 역사가 일어나지 않음을 명심해야 한다.

성경, 예배 지침서

신앙고백은 성경의 충족성을 다루면서 독특한 진술을 추가한다. 그것은 "왜냐하면 하나님께서 우리에게 요구하시는 모든 예배 방법을 길게 서술하고 있기 때문입니다"이다. 이러한 진술이 담겨 있는 이유는 당시 로마 천주교가 예배를 드림에 있어서 성경이 말하지 않은 것들을 집어넣었기 때문이다. 그들은 예배의 요소에 그들이 원하는 것들을 마구잡이로 포함시켜서 예배가 자의적이고 인위적인 의식이 되게 했다. 그렇게 함으로써 그들은 성직자의 권위를 강화할 수 있었고, 예배와 예전을 신비롭게 보이도록 할 수 있었다. 그러나 그러한 예배는 지나치게 혼잡했고 미신적이었다. 그것은 하나님께서 명령하신 경건하고 단정한 예배가 아니었다. 그래서 신앙고백은 성경이 예배의 지침서가 된다는 사실을 언급한다. 물론, 성경에 근거한 예배에 관한 진술이 여기에만 있는 것은 아니다. 하이델베르크 요리문답 제96문, 웨스트민스터 신앙고백서 제1장 제6,8절, 제20장 제2절, 제21장 제1절 등에서도 이를 언급한다.

교회의 예배는 하나님의 말씀에 근거해야 한다. 이는 교회의 예배에는 일정한 질서가 필요하다는 뜻이다. 하나님은 어지러움의 하나님이 아니라 화평의 하나님이시다(고전 14:33). 그래서 각 교단에서는 예전예식서를 만들어 보급하고 있다. 예전예식서는 주일 예배를 비롯하여 각종 기도회, 그리고 성례와 다양한 행사 진행에 관한 지침을 담고 있다. 대부분의 예전예식서는 성경의 원리에 충실하고, 역사적 개혁주의와 공교회의 전통을 존중하며, 헌법의 예배지침에 준하여 집필되었다. 또한, 개체 교회에서 실용적으로 사용할 수 있게끔 만들어져서 각 교회가 큰 변경 없이 그대로 쓸 수 있다. 그러므로 예전예식서를 사용하면 예배가 질서 있을 뿐 아니라 풍성하면서도 엄중하고 생명이 있을 것이다.

성경의 충족성과 일반 독서

네덜란드 신앙고백은 성경의 충족성을 해치는 다양한 시도들에 대하여 다음과 같이 엄중하게 경고한다. "지금 우리에게 성경을 통해 가르쳐지는 것과 다르게 가르치는 것은 심지어 사도들일지라도, 사람들에게 허용되지 않습니다. 바울 사도가 말하는 것처럼 하늘에서 온 천사라 해도 안 됩니다. 왜냐하면 하나님의 말씀에 무엇을 더하거나 빼는 것이 금지되었기 때문이요, 성경의 가르침은 그와 같이 모든 면에서 가장 온전하고 완전하다는 것을 잘 증명하기 때문입니다. 또한 누구든 결코 사람들의 책들을, 비록 그 저자들이 성자들이었다 해도, 하나님의 성경책들과 비교하지 말아야 합니다. 관습도, 절대다수도, 고전도, 시대나 인물의 전승도, 공의회들이나 법령들이나 결정들도 하나님의 진리와 비교하지 말아야 합니다."

이러한 진술은 로마 천주교의 입장에 대항한 것이다. 로마 천주교는 교황의 말과 교회의 결정에 매우 큰 권위를 부여했다. 그들은 교회가 성경을 해석한 것을 절대화했으며, 교회에서 결정하거나 반포한 사안들을 하나님의 뜻이라고 주장했다. 그러나 우리는 성경만이 절대 진리이며, 성경만이 최종 권위를 가진다고 믿는다. 성경 외의 모든 책과 결정과 교훈은 부수적이다. 그것은 성경에 의하여 판단을 받은 후에 수납되거나 활용될 수 있다. 더욱이 성경 계시는 66권으로 이미 종결되었다. 이제는 어떠한 사람이나 집단이라도 성경 목록(정경)을 변화시키거나 수정할 수 없다. 우리는 오직 66권을 성경으로 받아들인다!

그러나 성경의 충족성이 '성경만'이라는 뜻은 아니다. 성경은 가장 완전하고 온전한 책이다. 하지만 성경 외의 다른 책들도 중요하고 필요하다. 실제로, 우리는 성경 외에 다양한 책들을 읽어야 한다. 독서의 중요성을 굳이 강조할 필요가 없을 것이다. 책을 읽지 않는 사람에게서 무엇을 기대할 수 있겠는가? 목사의 경우를 생각해 보자. 목사가 책을 읽지 않으면 좋은 설교를 할 수가 없고, 목회적 통찰력을 얻을 수 없으며, 훌륭한 지도력을 갖출 수도 없다. 그래서 목사들은 책을 많이 읽어야 한다는 사실을 스스로 잘 알고 있다. 일반적으로 목사들의 서재에는 책이 가득한데, 이는 독서의 중요성을 잘 알고 있기 때문이다. 그렇지만 목사들 가운데는(일반인도 그러하지만) 독서의 기술을 모르는 바람에 독서에 많은 시간을 소비하고도 열매를 맺지 못하는 경우가 있다. 따라서 책을 읽어야 함과 동시에 책을 읽는 요령도 배워야 한다.

그렇다면 책을 어떻게 읽으면 좋을까? 여기서 두 가지를 말하고자 한다. 첫째, 좋은 책을 골라서 읽기를 바란다. 좋은 책이 아니라면 아예 읽지 않는 것이 바람직하다. 이는 음식이라고 해서 아무것이나 먹어서는 안 되는 것과 같다. 불량 식품이나 영양가 없는 식품을 먹는 것은 안 먹는 것만 못하며 오히려 해를 끼칠 수가 있다. 우리에게는 시간이나 물질이 넉넉하지 않기 때문에 읽을 만한 가치가 없는 책을 굳이 읽을 필요가 없다. 전문가가 추천하거나 많은 사람에 의해서 좋은 책이라고 평가받은 양서만을 읽기 바란다. 둘째, 필기하면서 읽기를 권한다. 책은 정독 혹은 숙독하는 것이 좋다. 대충 읽거나 읽다가 중간에 그만두는 것은 바람직하지 않다. 이를 위해서라도 반드시 읽을 만한 가치가 있다고 생각하는 책을 읽어야 한다. 책을 읽을 때 필기하면 굉장히 유익하다. 물론 워드 프로세서를 사용할 수도 있다. 가벼운 책은 그냥 읽을 수 있겠지만 전문적인 지식을 전달해 주는 책은 내용의 핵심이나 느낀 점을 적어 가면서 읽는 게 좋다. 그렇게 하면 책의 내용을 훨씬 잘 이해할 수 있고 오랫동안 기억할 수 있다.

성경의 충족성과 성경 해석

네덜란드 신앙고백 제7항은 다음과 같은 진술로 끝맺는다. "왜냐하면, 모든 사람은 스스로 속이는 거짓말쟁이들이요, 허무 자체보다 더 허무한 자들이기 때문입니다. 따라서 우리는 이런 무오류의 규칙에 어긋나는 모든 것을 우리의 온 마음으로 내던져버립니다. 우리가 사도들로부터 배운 대로 이렇게 외칩니다. '너희는 영들이 하나님께 속하였나 분별하라'(요일 4:1). 또한, '누구든지 이 교훈을 가지지 않고 너희에게 나아가거든 그를 집에 들이지도 말라'(요이 1:10)." 이 진술은 성경을 잘못 해석하는 이단들을 주의하라는 뜻이다.

기독교인들 가운데 성경이 절대 진리이며 최종 권위라는 사실을 거부하는 이들은 별로 없다. 하지만 성경 해석에서는 다양한 이견이 존재한다. 기록된 성경은 절대적 진리이나, 해석된 설명은 상대적 진리일 뿐이다. 해석은 옳을 수 있지만, 틀릴 수도 있다. 실상, 이 세상에서 성경을 절대적으로 정확하게 해석하는 사람은 없다. 사람은 누구나 연약하고 부족하다. 사람의 지식과 지혜에는 한계가 있다. 사람은 자신이 속한 문화적이고 이념적인 선입관을 가진 채 성경을 해석하기에 성경의 객관적 의미를 파악하는 일에 실패할 때가 있다. 따라서 성경을 해석하는 일에서는 언제나 겸손해야 한다. 자신의 해석만이 옳고 절대적이라는 생각을 버려야 한다. 그래서 성경주석을 'the commentary'가 아니라 'a commentary'라고 표현한다.

성경을 잘 해석하려면 어떻게 해야 할까? ① 성령께 기도해야 한다. 성경의 저자이신 성령께서 눈을 열어 말씀의 뜻을 깨닫게 해 주시기를 간구해야 한다. ② 탁월한 성경 교사에게서 배워야 한다. 좋은 선생을 곁에 둔 것은 큰 자산이며 든든한 울타리와 같다. ③ 교리를 알아야 한다. 교리는 성경 전체를 보는 시야를 갖추게 해 준다. ④ 좋은 성경주석을 참고해야 한다. 이게 정말 중요하다. 좋은 주석이란 전문가에 의해서 집필되거나 검증된 것이어야 한다. 그리고 자기 수준에 맞는 것이어야 한다. 제대로 검증되지도 않고 일관성도 없는 정체불명의 전집류를 갖추지 말라. 목사가 그런 주석을 보고 설교하다가 틀린 내용을 전할 수 있으며, 교인이 그런 주석을 참고해서 성경을 공부하다가 심각한 교리적 잘못에 빠질 수 있다. 그 분야의 전문 학자들이 추천하는 좋은 주석을 읽기 바란다. 주석은 많을 필요가 없다. 오히려 많으면 혼란스럽다. 책별로 세 권 정도만 갖추면 된다(참고. 제3항 '주석을 선택하는 방법').

삼위일체 하나님

Article VIII.

Suivant ceste verité et parole de Dieu, nous croyons en un seul Dieu, qui est une seule essence, en laquelle il y a trois personnes realement, et à la verité, et eternellement distinguées selon leurs proprieztez incommunicables, asavoir, Le Pere, Le Fils, et le S. Esprit. Le Pere estant cause, origine, et commencement de toutes choses tant visibles qu'invisibles; Le fils, qui est la Parole, la sagesse, et l'imager du Pere. Le S. Esprit la vertu et puissance eternelle procedante du Pere, et du Fils. Et cependant une telle distinction ne fait pas, que Dieu soit divisé en trois, d'autant que l'Escriture nous enseigne, que le Pere, le Fils et le S. Esprit, ont un chacun sa subsistence distincte par ses proprietez, de sorte toutefois que ces trois personnes ne sont qu'un seul Dieu. Il est donc manifeste que le Pere n'est point le Fils, et que le Fils n'est point le Pere: semblablement, que le S. Esprit n'est pas le Pere ni le Fils. Cependant ces personnes ainsi distinctes ne sont pas divisees ny aussi confondües, ni meslées. Car le Pere n'a point prins chair ni aussi le S. Esprit: pour ce que tous trois sont d'eternité esgale en une mesme essence. Il n'y a premier, ni dernir: car tous trois sont un en verité et puissance, en bonté et misericordo.

제8항. [삼위일체 하나님: 비공유적 속성에 따른 삼위, 동일한 본질에 따른 일체]

우리는 하나님의 이 진리와 말씀에 따라 유일하신 한 분 하나님을 믿는다. 그분은 유일한 하나의 본질이시고, 그 [본질] 속에 세 위격이 계시는데, 비공유적 속성에 따라 실제로, 진실로, 그리고 영원히 구별되는 성부와 성자와 성령이시다. 성부는 모든 것, 즉 가시적이거나 불가시적인 모든 것의 원인과 기원과 시작이십니다. 말씀이신 성자는 지혜이시며, 성부의 형상이십니다. 성령은 성부와 또한 성자로부터 나오시는 영원한 힘과 능력이십니다. 그렇지만 이 구별은 결코 하나님이 셋으로 분리되

도록 하지 못합니다. 성경이 우리에게 가르치는 것처럼, 성부와 성자와 성령은 각자의 실체를 가지시고 그 자신의 속성에 의해 구별되시지만, 그럼에도 불구하고 이 세 위격은 유일한 한 분 하나님이십니다. 따라서 성부는 성자가 아니시고 성자는 성부가 아니시며 동일하게 성령은 성부와 성자가 아니시라는 것은 명확합니다. 이 위격들은 그와 같이 구별되지만, 분리되지도 또한 혼합되지도 않습니다. 왜냐하면 성부가 육신을 취하지 않으셨고 성령도 아니셨으며 오직 성자만이 그렇게 하셨기 때문입니다. [또한] 성부는 성자 없이 계신 적이 없으시고 성령 없이 계신 적도 없으시기 때문입니다. 왜냐하면 세 분 모두 영원부터 하나의 동일한 본질 안에서 동일하시기 때문입니다. 먼저 되신 분도, 나중 되신 분도 없습니다. 왜냐하면 세 분 모두 진리와 능력으로는, 선하심과 자비하심으로는 한 분이시기 때문입니다.

관련성경

고전 1:24; 요 1:14; 요일 1:1; 행 19:13; 잠 8:22; 골 1:15; 마 28:19, 3:16-17; 요 1:14; 미 5:2.

네덜란드 신앙고백 제8항은 삼위일체 하나님을 다룬다. 삼위일체 하나님에 관한 교리는 기독교 진리 가운데 가장 중요하다. 그러나 이 교리는 이해하기가 상당히 어렵다. 삼위일체를 간단히 진술하자면 '하나님이 한 분이시면서 동시에 세 분'이라는 것이다. 그렇지만 이 교리는 너무나 심오하고 복잡하며 심지어 방대하다. 따라서 여기서 이 교리 자체를 자세히 다룰 수는 없다. 단지 기본적인 사실을 설명한 후 이 교리를 우리가 어떤 자세로 논구하는 것이 바람직한지를 언급하겠다(참고. 박재은, 『삼위일체가 알고 싶다』, 넥서스, 2018).

잘못된 삼위일체론

먼저, 잘못된 삼위일체론을 살펴보자. 상당수 사람들이 잘못된 삼위일체론을 자신도 모르게 받아들이고 있는데, 혹시 자신이 여기에 해당하지 않는지 점검해 보기를 바란다.

첫째, 삼신론(tritheism)이다. 이 이론은 하나님을 셋으로 만든다. 즉, 한 분 하나님의 본질성을 파괴한다. 따라서 삼신론은 다신론과 같다. 하지만 하나님은 '오직 유일한 여호와'시다(신 6:4). 네덜란드 신앙고백은 "성부는 성자가 아니시고 성자는 성부가 아니시며 동일하게 성령은 성부와 성자가 아니시라는 것은 명확합니다. 이 위격들은 그와 같이 구별되지만, 분리되지도 또한 혼합되지도 않습니다"라고 말한다.

둘째, 단일신론(monarchianism)이다. 이 사상은 하나님이 한 분일 뿐이라고 주장한다. 이것은 성부를 지나치게 강조함으로 성자와 성령을 약화한다. 단일신론은 '독재신론'으로 불리기도 하고, '군주신론'으로 불리기도 한다. 이는 성부가 성자와 성령에 대해서 마치 독재자 혹은 군주와 같은 힘을 발휘한다는 뜻이다. 단일신론은 여러 파생 이론을 낳았는데, 대표적으로 '역동적 단일신론'과 '양태론적 단일신론'이 있다.

셋째, 역동적 단일신론(dynamic monarchianism)이다. 이것은 '양자론'(adoptionism)이라고도 불린다. 이 주장을 펼치는 자들은 성부가 가장 우월하며, 성자가 성부보다 열등하다고 생각한다. 그들은 예수 그리스도가 초자연적으로 잉태되긴 했지만, 본래 하나님의 아들이 아니라 평범한 인간에 불과했다고 말한다. 그들은 인간 예수가 세례를 받을 때 기름 부음 받은 그리스도가 되었고, 동시에 하나님의 아들로 불리는 양자됨의 은혜를 누렸다고 주장한다. 그리고 예수 그리스도가 부활하신 이후에 하나님의 아들이라는 불변의 지위를 얻었다고 본다.

넷째, 양태적 단일신론(modalistic monarchianism)이다. 이것은 성부, 성자, 성령의 세 위격이 각각 서로 구별된 세 인격체가 아니라 단지 현현이 서로 다른 세 가지의 양태에 불과하다는 주장이다. 곧 하나님은 하나인데(단일신론), 그 하나인 하나님이 서로 다른 이름과 서로 다른 양태들로 나타난다는 것이다(양태적). 한국교회 성도들 가운데 많은 이들이 양태적 단일신론을 은연중에 받아들이고 있다. 이는 이 교리를 가르치는 자들이 잘못된 예화를 사용했기 때문이다. 즉 어떤 한 사람이 있는데, 집에서는 아빠, 교회에서는 집사, 직장에서는 과장으로 불린다는 것, 그리고 물이 때에 따라 액체(물), 기체(수증기), 고체(얼음)로 바뀐다는 등의 예화이다.

삼위일체 하나님을 논구하는 자세

그렇다면 우리가 어떤 자세로 삼위일체 하나님을 논구하는 것이 바람직할까?

첫째, 삼위일체 하나님에 관한 진리가 성경에 담겨 있다는 사실을 확고히 믿어야 한다. '여호와의 증인' 같은 이단은 삼위일체 교리를 부정하는데, 그들은 성경에 이 교리가 없다고 주장한다. 그러나 성경은 명백히 '한 분 하나님'을 말하는 동시에 '세 분 하나님', 곧 성부와 성자와 성령을 말한다. 이러한 사실은 성경 전체에 매우 분명하고도 포괄적으로 드러난다. 하나님은 성경을 통해서 자신을 나타내셨는데, 자신의 존재를 있는 그대로, 곧 삼위일체 하나님으로 계시하셨다. 그것도 매우 명확하고 풍부하게 말이다. 우리가 성경을 깊이 있고 주의 깊게 연구하면 할수록 삼위일체 하나님을 발견할 수밖에 없다. 만일 그렇지 못했다면 그의 성경 연구가 잘못된 것이다. 하나님은 자신이 존재하시고 활동하시는 데 있어서 삼위일체적이시다.

둘째, 성경에 계시된 대로의 삼위일체 하나님을 알려고 해야 한다. 이는 성경 중심적, 곧 계시 의존적으로 삼위 하나님을 알려고 해야 한다는 뜻이다. 하나님이 자신을 알려주셔야만 인간이 하나님을 알 수 있다. 하나님이 자신을 보여주신 것 외에 인간이 하나님에 대해서 알 방법은 없다. 오직 우리는 특별계시인 성경이 알려준 만큼, 그리고 성경이 알려주는 대로만 하나님을 이해할 수 있을 뿐이다. 성경을 떠나서 자기 생각과 지식에 근거하여, 혹은 성경 외의 '다른 복음'에 근거하여 하나님을 알려는 것은 큰 잘못이다. 특히 성경을 삼위일체론적(혹은 삼위완결적)으로 읽으려는 태도가 필요하다. 이것은 하나님이 삼위일체적으로 존재하시며 활동하신다는 믿음 위에 세워진 해석 방법이다.

셋째, 삼위일체론을 제대로 이해하기 위해서 '신조'의 도움을 얻을 수 있다. 현실적으로, 성경 자체만을 가지고서 삼위일체론을 이해하기란 쉽지가 않다. 따라서 신조의 도움을 얻는 것이 바람직하다. 신조는 성경의 교훈을 통전적으로 정리한 것이다. 공교회 신조들은 한결같이 삼위일체론을 명료하게 정리해 놓았다(*초대교회의 신조: 사도신경, 니케아 콘스탄티노플 신경, 아타나시우스 신경; *개혁교회의 신조: 하이델베르크 요리문답, 웨스트민스터 신앙고백서, 대.소교리문답 등). 예를 들어, 우리가 가장 잘 아는 '사도신경'은 삼위일체론적으로 기술되어 있다. 곧, 사도신경은 세 번의 '나는 믿습니다'라는 어구와 더불어 성부와 성자와 성령을 말한다. 따라서 성경과 더불어 신조를 공부한다면 삼위일체 교리를 더욱 잘 이해할 수 있을 것이다.

넷째, 인간의 이성과 지식만으로 삼위일체 교리를 완벽히 이해하기란 쉽지 않다는 점을 인정해야 한다. 유한한 인간은 무한하신 하나님과 근본적인 질적 차이를 가지고 있다. 따라서 우리는 겸손한 자세로 하나님을 알려고 해야 한다. 특별히 우리는 삼위일체 교리를 이성이나 과학으로만 접근하지 않도록 주의해야 한다. 이는 삼위일체 하나님이 이성과 과학만으로 이해되는 대상이 아니기 때문이다. 그래서인지 이 교리 이해하기를 포기하는 경우가 많고, 또 잘못된 방식으로 다루어지는 경우도 많다. 즉, 삼위일체 교리는 인간이 이해할 수 없는 영역이라고 생각해서 논하기를 지레 포기하거나, 아니면 이 교리를 설명하기 위해서 인간의 예(아버지 역할론 등)나 자연의 예(물이 고체와 액체와 기체로 변화되는 현상 등)를 사용하다가 잘못된 가르침에 빠진다. 따라서 우리는 겸손하고 의존적인 자세로 삼위일체 하나님을 논구해야 한다.

다섯째, 삼위일체 교리가 그리스도인의 믿음에 대단히 중요하면서도 결정적인 영향을 미친다는 사실을 알아야 한다. 삼위일체 교리는 모든 교리의 본질이며 핵심이다. 이 교리를 중심으로 다른 교리가 형성된다. 위대한 신학자 헤르만 바빙크는 삼위일체 교의가 기독교 신앙의 핵심 체계를 구축한다면서 "전체 기독교 신앙의 체계가 하나님이 삼위일체이심에 대한 고백과 함께 서거나 넘어진다. 삼위일체는 기독교 신앙의 중심이고, 모든 교의의 뿌리이고, 새 언약의 근본 내용이다"라고 말했다. 즉 기독교 신앙의 핵심은 삼위일체 하나님을 믿는 것이고, 모든 기독교 교리에 대한 신앙은 삼위일체론에 있다는 것이다(*fides omnium Christianorum in Trinitate consistit*)(참고. 손재익, 『벨기에 신앙고백서 강해』, 디다스코, 2019). 따라서 삼위일체 교리를 이해하는 것 없이 기독교 신앙에 입문하려는 것은 헛되다.

삼위일체론이 우리의 신앙과 삶에 미치는 영향

첫째, 삼위일체론은 인간의 구원에 지대한 도움을 준다. 구원은 삼위일체 하나님의 은혜와 공로로 이루어진다. 즉, 구원은 성부와 성자와 성령의 동역 결과이다. 인간은 성부의 계획과 성자의 실천과 성령의 적용으로 구원을 얻는다. 구원에 있어서 인간이 한 일은 없다. 인간이 구원받는 것은 전적으로 삼위일체 하나님의 은혜 덕분이다(엡 2:8-9).

둘째, 삼위일체론은 우리가 하나님을 어떻게 섬겨야 하는지를 가르쳐 준다. 우리는 삼위일체 하나님을 탐구함으로써 하나님께 찬양과 경배를 올려드린다. 어떤 면에서 삼위일체 하나님은 인간의 탐구대상이 아니다. 다른 말로 하면, 하나님은 인간이 해석할 수 있는 존재가 아니다. 하나님은 온 세상의 창조자요 온 우주의 통치자이시다. 하나님은 우리를 지으신 분이시며, 우리를 다스리시는 분이다. 따라서 우리가 하나님을 탐구하려는 시도는 교만하며 어리석다. 단지, 우리는 하나님을 알려고 노력해야 한다. 그리고 하나님을 알면 알수록 그분의 위대하심과 영광스러우심과 우리를 향한 사랑을 찬양하고 경배하게 된다.

셋째, 삼위일체론은 하나님의 동역 관계를 이해하게 하며, 이를 통해서 우리 상호간의 관계가 어떠해야 하는지에 대한 교훈을 준다. 성부와 성자와 성령은 독립적이면서 상호적이다. 즉 성부와 성자와 성령은 각자의 본질을 유지하시면서도 서로를 사랑하시며, 또 서로 간에 완벽한 조화를 이루신다. 이러한 사실은 우리가 이 세상에서 다른 사람들과 어떠한 관계를 맺으면서 살아야 하는지를 일깨워준다. 우리는 불화와 갈등과 전쟁에서 떠나야 한다. 삼위 하나님처럼 서로 간에 일체감을 가지고 조화롭고 평화롭게 살아야 한다.

넷째, 삼위일체 교리가 이해하기 어려운 것이라 하더라도 모든 그리스도인은 이 교리를 잘 이해해야 하고, 또 그것을 적절하고 유효한 방식으로 다른 사람에게 설명할 수 있어야 한다. 그러기 위해서는 앞에서 언급했듯이 '신조'를 진지하게 공부하거나 이 교리를 잘 설명해 놓은 훌륭한 책을 숙독해야 한다. 삼위일체 교리를 제대로 공부하면 감사와 감격이 넘칠 것이다.

삼위일체 교리를 믿고 보존한 과정

Article IX.

Nous cognoissons toutes ces choses tant par les tesmoignages de la S. Escriture, que par les effects, et principalement par ceux-là que nous sentons en nous. Les tesmoignages des Escritures sainctes qui nous enseignent de croire cette S. Trinité sont escrits en plusieurs lieux de l'Ancien Testament, qui n'ont point besoin de denombrement, mais de choix et de discretion. Au livre de Genèse Dieu dit: Faisons l'homme à nostre image, et selon nostre semblance, etc.: Dieu donc crea l'homme à son image, il le crea, di-je, masle et femelle. Item: Voicy Adam est fait comme l'un de nous. Il appert par cela, qu'il y a pluralité de personnes en la Deité, quand il dit, Faisons l'homme à nostre image. Et puis il monstre l'unite, quand il dit, Dieu crea. Il est vray qu'il ne dit point là combien il y a de personnes; mais ce qui nous est aucunement obscure au Viel Testament, nous est tresclair au Nouveau. Car quand nostre Seigneur fust baptizé au Iordain, la voix du Pere a esté ouië, disant: Cestuy est mon fils bienaymé; le Fils est veu en l'eᵃᵘ; et le S. Esprit apparoist en forme d'une colombe. Et aussi au Baptesme de tous fideles cette façon a esté ordonnée de Christ: Baptizez toutes gens au nom du Pere et du Fils et du S. Esprit. En l'Evangile selon S. Luc, l'Ange Gabriel parle ainsi à Marie, mere de nostre Seigneur: Le S. Esprit suviendra en toy, et la Vertu du Souverain t'enombrera, et pourtant cela aussi qui naistra de toy sainct, sera appelé le Fils de Dieu. Item, la grace de nostre Seigneur Iesus Christ, et la charite de Dieu, et la communication du S. Esprit soit avec vous. Il y en a trois qui donnet tesmoignages au ciel: Le Pere, La Parole, et le S. Esprit, et ces trois sont u. En tous ces lieux là sommes nous à plein enseignez des trois peronnes, en une seule essence divine. Et jaçoit que cette doctrine outrepasse les entendemens humains, cependant nous la croyons maintenant par la parole, attendans, d'en avoir plein cognoissance et jouyssance au ciel. Or il fault aussi noter les Offices et Effects particuliers des trois personnes

envers nous. Le Pere est appelé nostre Createur par sa vertu; le fils est nostre Sauveur et Redempteur, par son sang. Le S. Esprit est nostre sanctificateur par sa demeurance en nos coeurs. Cette doctrine de la S. Trinité a tousjours esté maintenuë en la vraye Eglise depuis le temps des Apostres jusques à present contre les Iuifs, Mahumetistes, et contre aucuns Faux Chrestiens et Heretiques, comme Marcion, Manes, Praxeas, Sabellius, Samosatenus, Arrius, et autres semblables, lesquels à bon droict ont esté condamnez par les S. Peres. Parainsi nous recevons volontiers en ceste matiere les trois Symboles, celuy des Apostres, celuy de Nice, et d'Athanase, et semblablement ce qui en a esté determiné par les Anciens conformement à iceux.

제9항. 삼위일체 교리를 믿고 보존한 과정

우리는 이 모든 것을 성경의 증거들에 의해 알게 될 뿐만 아니라, 또한 그 효력들에 의해서도, 특히 우리가 우리 속에서 인지하는 것들에 의해서도 [알게 됩니다.] 우리에게 이 삼위일체를 믿으라고 가르치는 성경의 증거들은 구약의 수많은 곳에 기록되어 있는데, [그 많은 구절에 대한] 열거는 불필요하지만 선택과 분별력은 [필요합니다.] 창세기에서는 "하나님이 이르시되, 우리의 형상을 따라 우리의 모양대로 우리가 사람을 만들고..."[1:26] 등등, "하나님이 자기 형상 [곧 하나님의 형상]대로 사람을 창조하시되 남자와 여자로 창조하시고,"[1:27] 또한 "보라, 이 사람이 선악을 아는 일에 우리 중 하나같이 되었으니..."[3:22] [라고 되어 있습니다.] 이것들로부터 신성 안에 위격의 복수성이 있다는 것이 [명백하게] 드러나는데, "우리의 형상을 따라 사람을 만들자"라고 하나님께서 말씀하실 때 [그렇습니다.] 곧 이어서 그분은 통일성을 지적하시는데, "하나님이 창조하셨다"라고 말씀하실 때 [그렇습니다.] 얼마나 많은 위격이 계시는지에 대해 말씀하지 않는 것은 사실입니다. 구약에서 조금이라도 우리에게 애매모호한 것이 신약에서는 우리에게 아주 명료합니다. 왜냐하면 우리 주님이 요단[강]에서 세례 받으셨을 때, "말씀하시되 이는 내 사랑하는 아들이요..."[마 3:17]라는 성부의 음성이 들렸고,

성자가 물에서 올라오셨으며 성령이 비둘기 모양으로 나타나셨기 때문입니다. 그리고 모든 신자들의 세례에서도 이 양식이 그리스도에 의해 세워졌습니다. "모든 민족을 제자로 삼아 아버지와 성자와 성령의 이름으로 세례를 베풀고…"[마 28:19]. 누가복음에서는 가브리엘 천사가 우리 주님의 모친 마리아에게 그와 같이 이르기를, "성령이 네게 임하시고 지극히 높으신 이의 능력이 너를 덮으시리니 이러므로 나실 바 거룩한 이는 하나님의 아들이라 일컬어지리라"[1:35]. 동일하게, "주 예수 그리스도의 은혜와 하나님의 사랑과 성령의 교통하심이 너희 무리와 함께 있을지어다"[고후 13:13]. "하늘에서 증언하시는 이가 셋이 계신데, 아버지와 말씀과 성령이시요, 이 셋은 하나이시라"[요일 5:7-8]. 이 모든 곳에서 우리에게 충분히 가르쳐진 것은 세 위격이 하나의 유일한 신적 본질 안에 계신다는 것이다. 비록 이 교리가 인간의 이해력을 훨씬 넘어서는 것임에도 불구하고, 우리는 지금 그것을 하나님의 말씀을 통해 믿으며 [장차] 이 진리에 대한 완벽한 지식과 향유를 하늘에서 누리게 될 것이라 기대합니다. 나아가 우리는 우리를 향한 세 위격의 개별적 직무와 효력에 주목해야 합니다. 성부는 자신의 능력으로 우리의 창조주라 불리십니다. 성자는 자신의 피로 우리의 구주와 구원자이십니다. 성령은 우리 마음속에 친히 거하심으로 우리의 성화자이십니다. 거룩한 삼위일체라는 이 교리는, 유대인들과 무슬림들에 대항하여, 그리고 거룩한 교부들에 의해 정당하게 정죄 되었던, 마르키온, 마니교, 프락세아스, 사벨리우스, 사모사테누스, 아리우스 및 유사한 다른 자들과 같은 거짓 그리스도인들과 이단들에 대항하여, 사도시대 이래로 오늘에 이르기까지 항상 참된 교회에 의해 보존되어 왔습니다. 그러므로 우리는 이 주제에 있어서 세 가지 신경을 기꺼이 받아들이는데, 그것은 사도신경, 니케아신경, 아타나시우스신경입니다. 그리고 이 신경들에 부합하는, 고대에 결정된 것들도 마찬가지로 [받아들입니다].

관련성경

창 5:21; 마 3:16; 마 28:19; 눅 1:35; 행 2:32; 고후 13:13; 요일 5:7; 행 2:32-33; 벧전 1:2; 요일 4:13-14; 갈 4:6; 엡 3:14, 16; 딛 3:4-6; 유 1:20-21; 롬 (6장) 8:9; 행 10:38, 8:29, 37; 요 14:16, 15:26, 1:33; 잠 25:27.

네덜란드 신앙고백 제8항은 삼위일체 하나님에 관하여 다루었는데, 이제 제9항은 삼위일체 교리의 성경적 근거와 역사적 정당성에 관하여 말한다. 우리가 삼위일체 교리를 믿는 이유는 그것이 성경에 기록되었기 때문이다. 또한, 그 기록을 우리의 선배들이 잘 정리해서 보존해 놓았기 때문이다. 즉 성경의 가르침이 시대를 관통하면서 보편적으로 전해졌기 때문이다. 따라서 삼위일체 교리를 성경이 어떻게 말하고 있으며, 우리의 선배들이 그것을 어떻게 보존했는지를 살펴봄으로써 우리가 얻을 수 있는 통찰이 무엇인지를 논하겠다.

삼위일체 교리에 대한 성경적 근거 제시가 주는 통찰

성경은 '하나님의 자기 계시'를 기록한 책이다. 구약과 신약에서 하나님은 지속적으로 자신을 드러내신다. 특히 하나님은 자신이 삼위일체로 존재하신다는 점을 분명히 보여주신다. 따라서 우리가 성경을 믿는다면 삼위일체 하나님을 믿어야 한다. 게다가 성경의 가르침에 근거하여 하나님이 삼위일체로 존재하신다는 사실뿐 아니라 삼위일체 하나님이 각각 어떤 속성과 사역을 하시는지도 알아야 한다. 이미 언급했듯이, 하나님을 아는 지식은 신앙과 삶에 가장 결정적인 영향을 미친다.

네덜란드 신앙고백은 다음과 같이 말한다. "이 모든 것들을 우리는 성경의 증거들에 의해 알게 될 뿐만 아니라, 또한 그 효력들에 의해서도, 특히 우리가 우리 속에서 인지하는 것들에 의해서도 알게 됩니다. 우리에게 이 삼위일체를 믿으라고 가르치는 성경의 증거들은 구약의 수많은 곳에 기록되어 있는데, 그 많은 구절에 대한 열거는 불필요하지만 선택과 분별력은 필요합니다." 이렇게 진술한 후에 신앙고백은 삼위일체 교리에 관련된 구약과 신약의 차이와 관련 구절들을 열거하면서 간략한 설명을 제공한다.

삼위일체 교리는 구약에서 시작되었으며, 신약에서 진전되었다. 곧 삼위일체에 대한 계시는 구약에서 희미하지만, 신약에 이르러서 선명해졌다. 그래서 신앙고백은 "구약에서 조금이라도 우리에게 애매모호한 것이 신약에서는 우리에게 아주 명료합니다"라고 진술한다. 구약은 하나님을 1인칭 복수('우리')로 말하는 정도로 삼위일체를 제시한다. 예를 들어, 창세기에는 "하나님이 이르시되, 우리의 형상을 따라 우리의 모양대로 우리가 사람을 만들고"(1:26)와 "하나님이 자기 형상 곧 하나님의 형상대로 사람을 창조하시되 남자와 여자로 창조하시고"(1:27)라는 언급이 있으며, 또 "보라, 이 사람이 선악을 아는 일에 우리 중 하나같이 되었으니"(3:22)라는 말씀이 있다. 하지만 신약은 삼위 하나님의 세 위격이 하나의 본질 안에 계신다는 사실을 분명히 언급한다. 예를 들어, 주님이 요단강에서 세례를 받으셨을 때 "말씀하시되 이는 내 사랑하는 아들이요..."(마 3:17)라는 성부의 음성이 들렸고, 성자가 물에서 올라오셨으며 성령이 비둘기 모양으로 나타나셨다. 그리고 주님은 세례의 양식을 세우셨는데, "모든 민족을 제자로 삼아 아버지와 성자와 성령의 이름으로 세례를 베풀고..."(마 28:19)라고 말씀하셨다. 또한, 가브리엘 천사가 우리 주님의 모친 마리아에게 "성령이 네게 임하시고 지극히 높으신 이의 능력이 너를 덮으시리니 이러므로 나실 바 거룩한 이는 하나님의 아들이라 일컬어지리라"(눅 1:35)라고 말한 장면이 있으며, 바울이 "주 예수 그리스도의 은혜와 하나님의 사랑과 성령의 교통하심이 너희 무리와 함께 있을지어다"(고후 13:13)라고 선언한 예도 있다. 그리고 사도 요한은 "하늘에서 증언하시는 이가 셋이 계신데, 아버지와 말씀과 성령이시요, 이 셋은 하나이시라"(요일 5:7-8)라고 분명히 말한 적이 있다.

네덜란드 신앙고백이 다음과 같이 진술한 것을 주목하라. "비록 이 교리가 인간의 이해력을 훨씬 넘어서는 것임에도 불구하고, 우리는 지금 그것을 하나님의 말씀을 통해 믿으며 장차 이 진리에 대한 완벽한 지식과 향유를 하늘에서 누리게 될 것이라 기대합니다." 그리스도인들은 성경을 정확하고 오류가 없는 하나님의 말씀으로 받아들인다. 우리는 성경이 신성하고 거룩한 책으로, 성령이 인간 저자들에게 영감을 주셔서 기록하게 하셨음을 믿는다. 이는 성경에 사용된 모든 단어와 표현이 성령의 인도와 뜻에 따라 기록되었기에 무의미하거나 그냥 간과해도 되는 것이 하나도 없음을 시사한다. 따라서 바른 성경관을 가지고 있다면 삼위일체 하나님에 관한 성경의 직접적이거나 간접적인 서술을 중요하게 여기고 의심 없이 받아들여야 한다.

그러므로 네덜란드 신앙고백이 삼위일체 교리에 관하여 성경적 근거를 제시한 것은 우리에게 중요한 통찰을 준다. 그것은 우리가 어떤 사실을 주장할 때, 즉 그것이 옳으냐 그르냐를 논할 때 반드시 성경에 기반해야 한다는 점을 가르쳐준다. 물론 성경이 이 세상에서 일어나는 모든 현상이나 사안에 대하여 말하는 것은 아니기에 항상 일일이 성경적 근거를 제시하기란 쉽지 않다. 그러나 성경이 인생과 세상에 대하여 포괄적이고 보편적인 지침을 주는 것은 분명하기에 성경을 성실히 공부하고 이해하여 현실에서 시의적절하게 적용할 필요가 있다. 더욱이 절대적 진리에 관하여 말할 때는 반드시 성경에 기반해야 한다. 오직 성경이 진리의 기준이다.

삼위일체 교리에 대한 교회사적 논의 제시가 주는 통찰

성경에 삼위일체 교리가 분명히 드러나 있지만, 인간이 삼위일체를 온전히 이해하기란 쉽지가 않다. 이로 인해 교회 역사에서 이 신비를 풀어보려고 많은 시도가 있었다. 하지만 어떤 시도도 삼위일체 교리를 온전히 설명하지 못했다. 오히려 이 교리에 대하여 잘못 이해한 자들이 많았다. 오직 바른 교회만이 이 교리를 정리하고 보존했다. 신앙고백은 이에 대하여 다음과 같이 말한다. "거룩한 삼위일체라는 이 교리는, 유대인들과 무슬림들에 대항하여, 그리고 거룩한 교부들에 의해 정당하게 정죄 되었던 마르키온과 마니교, 프락세아스, 사벨리우스, 사모사테누스, 아리우스 및 유사한 다른 자들과 같은 거짓 그리스도인들과 이단들에 대항하여 사도시대 이래로 오늘에 이르기까지 항상 참된 교회에 의해 보존되어 왔습니다."

유대교와 이슬람교는 일신론에 빠져 있다. 유대교는 여호와 한 분 하나님을 주장한다. 그들은 구약성경을 믿지만, 정작 구약이 지시하는 예수 그리스도를 믿지 않는다. 그들은 예수 그리스도에 대한 바른 지식을 가지고 있지 않다. 따라서 유대교에는 삼위일체론이 없다. 이슬람교도들은 알라만이 유일한 신이라고 생각한다. 또한, 그들은 유대인들처럼 예수 그리스도가 메시아라는 사실을 부정하고 그분을 위대한 선지자 정도로 여긴다. 따라서 이들은 반삼위일체론자들이다. 마르키온(Marcion)은 2세기에 활동했는데, 이원론적 영지주의(Gnosticism)에 근거한 가현설(Docetism)에 근거하여 그리스도의 성육신을 부정함으로써 그리스도의 인성을 오해했다. 마니교(Manichaeism)는 3세기에 활동한 페르시아의 선지자 마니(Mani)가 창시했는데, 이들도 가현설을 받아들이면서 하나님이신 예수님이 인간이 되셨다는 것은 환영(幻影)일 뿐이라고 주장했다. 프락세아스(Praxeas)는 200년 전후 활동한 자로 하나님이 인간이 되신 성육신 사건을 '성부가 성자로 오신 것'이라고 설명함으로써 성부와 성자를 동일시했다. 사벨리우스(Sabellius)는

250년 전후 활동한 자로 성부와 성자와 성령이란 한 분 하나님의 세 이름에 불과하다는 양태론을 주장했다. 사모사테누스(Samosatenus)는 260년 전후 안디옥(Antioch)의 감독이었는데, 예수님의 선재성을 부인했다. 아리우스(Arius)는 311년 이후 알렉산드리아(Alexanderia)의 장로로 활동했는데, 성자의 영원성과 선재성을 부정하다가 325년 콘스탄티누스 황제가 니케아(Nicaea)에서 소집한 최초의 공의회를 통해 이단으로 정죄되었다.

이처럼 이단들은 온갖 이유를 대면서 삼위일체 교리를 부정했다. 그러나 사도시대 이후로 오늘에 이르기까지 참된 교회는 이 교리를 보존해 왔다. 곧 초대교회는 이 주제에 있어서 세 가지 신경을 작성하고 채택했는데, 그것은 사도신경, 니케아신경, 아타나시우스신경이다. 그들은 이 신경들을 통해서 기독교의 진리를 굳건히 세웠으며, 그것을 훼손되거나 왜곡됨 없이 후세대에 전수해 줌으로써 참된 교회의 줄기를 유지할 수 있게 했다. 그리고 그 덕분에 오늘 우리는 바른 교리의 터 위에 바른 교회를 세우고 바른 신앙을 가질 수 있게 되었다.

그러므로 교회사에 이단들이 출현하여 기독교 진리를 공격한 것은 안타까운 일이었으나, 오히려 그들의 공격으로 인하여 우리의 선배들이 교리를 체계적으로 정립할 수 있었다. 그리고 선배들은 그렇게 보존한 교리를 후손에게 전수해 주는 일에 힘썼다. 교회사에 나타난 이단들의 주장과 그들에 맞서 싸운 선배들의 모습은 우리가 바른 교리를 잘 알고 있어야 한다는 사실과 더불어 우리가 잘못된 주장을 펼치는 자들에 맞설 때 지혜로운 자세와 처신을 갖추어야 한다는 사실을 가르쳐준다. 우리가 성경에 근거한 정확한 교리를 익힌다면 어떠한 이단 사상에도 흔들리지 않을 것이다.

교리를 수호한 이들의 수고와 공적

기독교의 진리는 값없이 수호되는 것이 아니며, 아무런 대가 없이 전수되는 것도 아니다. 사탄은 하나님의 말씀이 후세대에 전해지지 않게 하려고 온갖 수단을 동원한다. 그러나 하나님께서는 항상 그분의 신실한 종들을 사용하셔서 그 말씀이 잘 보존되게 하시고 후세대에 전해지게 하신다. 교회 역사를 살펴보면 얼마나 많은 이들이 진리를 위해서 고난을 겪고 자신을 희생했는지 알 수 있다. 그런데 이것은 우리에게 사명감을 심어준다. 우리도 선배들로부터 전해 받은 진리의 말씀을 다음 세대에 바로 전해 줄 수 있도록 최선을 다해야 한다는 각오를 다지게 한다. 말씀을 수호하고 보존하며 계승하는 것은 무엇보다도 중요한 책무이며 사명이다.

제10항

하나님이신 예수님

Article X.

Nous croyons que Iesus Christ quant à sa nature divine est le Fils unique de Dieu, eternellement engendré, n'estant point fait ne creé (car il seroit Creature); mais d'une essence avec le Pere coeternel, la marque engraveé de la personne du Pere, et la resplendeur de la gloire d'iceluy, estant en tout semblable à luy: lequel est le Fils de Dieu, non point seulement depuis qu'il a prins nostre mature, mais de toute eternité, comme ces temoignages nous enseignent estant rapportez l'un à l'autre. Moyse dit: Que Dieu a creé le monde; S. Iohan dit, que toutes choses ont esté creées par la Parole, laquelle il appelle Dieu. L'Apostre dit, que Dieu a fait les siecles par son Fils. Item que Dieu a creé toutes choses par Iesus Christ. Il fault donc que celuy qui est nommé Dieu, Parole, Fils, et Iesus Christ ait desia esté, lorsque toutes choses ont esté creées par luy. Et pourtant dit le Prophete Michée: Son issue, est des les jours d'Eternité. Et l'Apostre: Il est sans commencement de jour, sans fin de vie. Il est donc le vray Dieu eternel, le tout-puissant, lequel nous invoquons, adorons et servons.

제10항. [인간이신 예수 그리스도의 신성]

예수 그리스도께서 자신의 신성에 따라 하나님의 독생자이시며, 영원부터 나셨고, 지음 받거나 창조되지 않으셨고 (왜냐하면 만일 그럴 경우 그분은 피조물이 되셔야 할 것이기 때문에), 성부와 함께 영원히 공존하는 동일한 본질이시며, 성부의 위격이 새겨진 형상이시며, 그분의 영광의 광채이시고, 모든 면에서 그분과 동등하신 분이심을, 우리는 믿습니다. 그분은 우리의 본성을 취하실 때부터가 아니라, 영원 전부터 하나님의 아들이셨습니다. 우리가 다음 성경 구절의 증거들을 비교할 때 이것을 알 수 있습니다. 모세는 하나님이 세상을 창조하셨다고 말합니다[창 1:1]. 사도 요한도 또한 말씀이신 하나님이 만물을 지으셨다고 말합니다[요 1:1-3]. 히브리서 기자는 하나님이 예수 그리스도로 말미암아

모든 세계를 지으셨다고 말합니다[히 1:2]. 또한, 사도 바울도 하나님이 예수 그리스도로 말미암아 만물을 창조하셨다고 말합니다[고전 8:6; 골 1:16]. 그러므로 하나님, 말씀, 아들, 예수 그리스도라고 불리시는 분은 만물이 그분으로 말미암아 창조될 때 이미 계셨다는 사실이 반드시 따라옵니다. 그러므로 미가 선지자는 그분의 출발이 태초부터이며 영원부터라고 말합니다. 또한, 사도는 그가 날의 시작도 없으시고 생의 끝도 없으신 분이라고 말합니다. 그러므로 그분은 참되고 영원하신 하나님이시며, 전능하신 분이시고, 우리가 기도하고 예배하고 섬기는 분이십니다.

관련성경

요 1:18, 49 (1:24), 1:14; 골 1:15; 히 1:3; 마 3:17, 17:5; 요 8:24,10:30 (9:36); 행 8:34; 사 7:14; 롬 (9장) 4:5; 살전 3:11; 빌 2:11; 고후 5:19; 행 20장; 엡 3:9; 롬 14장; 딛 2장; 고전 8:6; 히 1:1, 3:4; 요 1:3; 요일 5장; 요 20장, 14장, 7장; 행 1-6장; 요 8:58, 17:5; 고전 10:9; 갈 4:4; 미 5:2; 시 2:7, 12; 히 13:8.

네덜란드 신앙고백 제10항은 예수 그리스도에 관하여 말한다. 예수 그리스도를 바르게 이해하는 것은 대단히 중요하다. 그것은 성경을 보는 관점을 설정하며, 신앙과 생활의 방향을 결정한다. 예수 그리스도는 누구신가? 가장 단순한 답은 성경에 나오는 대로 예수 그리스도가 하나님이시라는 것이다. 즉, 인간의 몸을 입고 세상에서 사셨던 예수님은 바로 하나님이시라는 것이다. 그래서 예수님께 신성과 인성이 모두 있다는 것이다. 그렇다면 인간 예수님이 하나님이시라는 사실은 우리의 삶에 어떤 영향을 미치는가? 이에 대해서 논해보자.

예수님은 하나님이시다

우선, 예수님이 하나님이시라는 사실을 좀 더 자세히 설명하겠다. 성경은 예수님께서 하나님이시라고 말한다. 이를 언급하는 성구가 많으나 그중 몇 가지만 제시하고자 한다. 요한복음 1:18은 "본래 하나님을 본 사람이 없으되 아버지 품속에 있는 독생하신 하나님이 나타내셨느니라"라고 말한다. 로마서 9:5는 "조상들도 그들의 것이요 육신으로 하면 그리스도가 그들에게서 나셨으니 그는 만물 위에 계셔서 세세에 찬양을 받으실 하나님이시니라"라고 진술한다. 요한일서 5:20은 "또 아는 것은 하나님의 아들이 이르러 우리에게 지각을 주사 우리로 참된 자를 알게 하신 것과 또한 우리가 참된 자 곧 그의 아들 예수 그리스도 안에 있는 것이니 그는 참 하나님이시요 영생이시라"라고 기록한다.

네덜란드 신앙고백은 예수님의 신성에 대해 다음과 같이 진술한다. "예수 그리스도께서 자신의 신성에 따라 하나님의 독생자이시고 영원부터 나셨으며, 지음 받거나 창조되지 않으셨고, … 그분은 우리의 본성을 취하실 때부터가 아니라 영원 전부터 하나님의 아들이셨습니다." 또한, 네덜란드 신앙고백은 "그러므로 하나님, 말씀, 아들, 예수 그리스도라고 불리시는 분은 만물이 그분으로 말미암아 창조될 때 이미 계셨다는 사실이 반드시 따라옵니다"라고 진술함으로써 예수님의 선재성, 곧 예수님의 초월성을 언급한다.

성경은 하나님께서 예수님으로 말미암아 만물을 창조하셨다고 말한다. 요한복음 1:1-3은 "태초에 말씀이 계시니라 … 만물이 그로 말미암아 지은 바 되었으니 지은 것이 하나도 그가 없이는 된 것이 없느니라"라고 선언한다. 고린도전서 8:6은 "그러나 우리에게는 한 하나님 곧 아버지가 계시니 만물이 그에게서 났고 우리도 그를 위하여 있고 또한 한 주 예수 그리스도께서 계시니 만물이 그로 말미암고 우리도 그로 말미암아 있느니라"라고 말한다. 골로새서 1:16은 "만물이 그에게서 창조되되 하늘과 땅에서 보이는 것들과 보이지 않는 것들과 혹은 왕권들이나 주권들이나 통치자들이나 권세들이나 만물이 다 그로 말미암고 그를 위하여 창조되었고"라고 기록한다. 그리고 히브리서 1:2는 "이 모든 날 마지막에는 아들을 통하여 우리에게 말씀하셨으니 … 또 그로 말미암아 모든 세계를 지으셨느니라"라고 언급한다.

예수님이 하나님이시라는 사실은 우리에게 어떤 교훈을 주는가

첫째, 예수님의 전능하심을 믿어야 한다는 교훈을 준다. 성경은 예수님께서 이 땅에 오셔서 말씀과 행동과 이적으로 그분의 신적 정체를 보여 주고, 또 구속 사역을 수행하셨다고 알려준다. 하지만 많은 현대 신학자들은 예수님의 이적을 신화로 취급한다. 또한, 비신자들은 성경을 교양을 위한 책으로 읽으면서 이적을 부정하는 경향을 지닌다. 그러나 성경에 기록된 이적은 모두 사실이다. 예수님은 실제로 놀라운 일을 행하셨는데, 병든 자를 고치시고, 물 위를 걸으시며 마귀를 쫓으시고 먹을 것을 주시며 죄를 용서하시고 심지어 죽은 자를 살리셨다.

우리가 성경 일부만을 믿는다든지, 성경을 취사선택하여 받아들인다든지 하는 것은 옳지 않다. 하나님께서는 신구약 66권, 전체 1185장을 우리에게 성경으로 주셨는데, 이 모든 것이 사실이고 필요하며 충분하다고 여기셨다. 따라서 구약과 신약에는 초자연적인 이적과 역사가 많이 언급되어 있는데, 이것들 역시 우리가 인정해야 할 대상이 된다. 그런데 예수님은 영원토록 동일하신 분이다. 과거에 이적을 베푸신 주님은 지금도 그러한 일을 행하실 수 있다. 참으로 주님은 전능하셔서 못하실 일이 없다. 그러나 주님은 현대 사회와 우리 개인의 형편을 고려하여 그분의 뜻에 따라 행하신다. 그러므로 믿음을 가지고 주님께 나아가자.

둘째, 예수님이 어느 곳에나 계신다는 사실을 인식해야 한다는 교훈을 준다. 우리는 예수님의 영원성과 편재성을 믿는다. 네덜란드 신앙고백은 "사도는 그가 날의 시작도 없으시고 생의 끝도 없으신 분이라고 말합니다"라고 진술한다. 예수님은 지금 하늘에 계시지만, 온 세상에 계시며, 또 우리 안에 계신다. 따라서 예수님이 계시지 않는 곳은 없다. 예수님은 세상을 떠나시기 전 제자들에게 "내가 너희를 고아와 같이 버려두지 아니하고 너희에게로 오리라"라고 약속하셨으며(요 14:18), "조금 있으면 너희가 나를 보지 못하겠고 또 조금 있으면 나를 보리라"라고 약속하셨다(요 16:16). 그리고 그 약속에 따라서 예수님은 지금 우리 가운데 계신다.

예수님의 편재성, 곧 무소부재성은 우리에게 많은 깨달음을 주지만 여기서 세 가지를 언급하겠다. ① 예수님이 어디나 계시기에 우리는 안심할 수 있고 그분을 의지할 수 있다. 즉 우리는 언제 어디서나 예수님께 우리의 연약함을 아뢸 수 있으며 필요한 것을 구할 수 있다. ② 예수님이 어디나 계시기에 우리가 죄를 지어서는 안 된다는 생각을 가질 수 있다. 비록 사람들이 없는 곳이라도 예수님이 계시기에 우리는 예수님을 경외하는 가운데 의롭게 말하고 행동해야 한다. ③ 예수님이 어디나 계시기에 우리는 기도할 수 있다. 예수님은 "두세 사람이 내 이름으로 모인 곳에는 나도 그들 중에 있느니라"라고 친히 말씀하셨다(마 18:20).

셋째, 예수님께서 우리를 위하여 간구하고 계신다는 사실을 깨닫게 해 준다. 예수님은 지금 하나님 우편에서 우리를 위해 중보기도하고 계신다. 로마서 8:34는 "누가 정죄하리요 죽으실 뿐 아니라 다시 살아나신 이는 그리스도 예수시니 그는 하나님 우편에 계신 자요 우리를 위하여 간구하시는 자시니라"라고 말한다. 예수님은 이 세상에서 인간의 삶을 살아보셨기에 인간을 잘 이해하신다. 이에 대하여 히브리서 4:14-16은 다음과 같이 말한다. "그러므로 우리에게 큰 대제사장이 계시니 승천하신 이 곧 하나님의 아들 예수시라 우리가 믿는 도리를 굳게 잡을지어다 우리에게 있는 대제사장은 우리의 연약함을 동정하지 못하실 이가 아니요 모든 일에 우리와 똑같이 시험을 받으신 이로되 죄는 없으시니라 그러므로 우리는 긍휼하심을 받고 때를 따라 돕는 은혜를 얻기 위하여 은혜의 보좌 앞에 담대히 나아갈 것이니라."

예수님의 중보기도는 우리에게 주어지는 일상적 은혜에 감사해야 한다는 점을 알게 한다. 우리가 구원받고 주님을 섬기며 양식을 얻고 필요한 것을 공급받는 것은 모두 주님의 중보기도 덕분이다. 만일 하나님이 우리의 행함대로 우리를 대하셨다면 우리는 벌써 멸망했을 것이다. 그러나 하나님은 예수님의 의로움을 보시고 우리를 용서하시며 받아주시고 하루하루의 삶을 영위하게 하신다. 즉 하나님은 예수님이 우리를 위해서 간구하시는 것을 들으시고 우리에게 사랑과 자비를 베풀어 주신다. 이런 중보기도는 앞으로도 계속될 것이다. 예수님은 우리의 연약함을 아시실 것이며 우리를 위해 변호하실 것이고 우리의 온전한 구원을 보증해 주실 것이다. 결국, 우리에게 주어진 모든 좋은 것은 하나님의 은혜이며 예수님의 중보기도 때문이다.

넷째, 우리도 예수님처럼 겸손해야 한다는 교훈을 준다. 예수님은 하나님이시지만 인간이 되셨다. 예수님은 타락한 인간을 구원하시기 위해서 영광스러운 자리를 떠나서 비천한 자리로 내려오셨다. 그분은 가장 천하고 낮은 사람들과 교제하기를 즐기셨으며 섬김과 봉사를 실천하셨고 죄인들을 위해서 자신의 모든 것을 내어주셨다. 이에 대하여 빌립보서 2:6-8은 다음과 같이 말한다. "그는 근본 하나님의 본체시나 하나님과 동등됨을 취할 것으로 여기지 아니하시고 오히려 자기를 비워 종의 형체를 가지사 사람들과 같이 되셨고 사람의 모양으로 나타나사 자기를 낮추시고 죽기까지 복종하셨으니 곧 십자가에 죽으심이라."

예수님은 스스로 "인자가 온 것은 섬김을 받으려 함이 아니라 도리어 섬기려 하고 자기 목숨을 많은 사람의 대속물로 주려 함이니라"라고 말씀하셨다(마 20:28). 따라서 우리는 주님을 본받아서 자신을 낮추고 다른 사람을 섬기는 종이 되어야 한다. 우리가 주님을 따라가는 '제자'(follower)라고 한다면 주님의 섬김과 희생을 실천하는 것이 당연하다. 그리스도인들이 서로 높은 자리에 앉으려고 하며 섬김을 받으려고 하는 것은 그리스도께서 걸어가신 길이 아니다. 제자는 주님처럼 섬기며 봉사하는 사람이다.

주님과의 교제

하나님이신 예수님은 인간인 우리와 교제하기를 원하신다. 예수님은 "볼지어다 내가 문 밖에 서서 두드리노니 누구든지 내 음성을 듣고 문을 열면 내가 그에게로 들어가 그와 더불어 먹고 그는 나와 더불어 먹으리라"라고 친히 말씀하신다(계 3:20). 따라서 우리는 예수님과 연합해야 한다. 그렇게 할 때 열매를 많이 맺을 것이다(요 15장). 그러나 유의할 것이 있다. 우리가 예수님과 교제한다고 해서 예수님처럼 되는 것은 아니다. 분명히 우리가 그리스도와 연합하는 것이 그리스도의 신적 실체에 참여하는 것은 아니다. 단지 우리는 그리스도의 사랑을 실존적으로 경험할 따름이다. 네덜란드 신앙고백은 다음과 같은 문구로 끝맺는다. "그분은 참되고 영원하신 하나님이시며, 전능하신 분이시고, 우리가 기도하고 예배하고 섬기는 분이십니다." 영광의 자리에서 비천한 자리로 내려오신 예수님을 본받자. 비천한 우리를 영화로우신 예수님 안에 있게 하심으로 낮은 곳에서 높은 곳으로 데리고 올라가신 하나님께 감사하자.

성령의 위격과 사역

Article XI.

Nous croyons et confessons aussi, que le S. Esprit procede eternellement du Pere et du Fils, n'estant point fait ni creé ni aussi engendré, ains seulement procedant des deux: lequel est la troisiesme Personne de la Trinité en ordre, d'une mesme essence et majesté et gloire avec le Pere et le Fils, estant vary et eternel Dieu, comme nous enseignent les Escritures Sainctes.

제11항. [성령 하나님]

우리는 또한 성령이 영원으로부터 성부와 성자에게서 나오신다는 것을 믿고 고백합니다. 성령은 지음 받으시거나 창조되시거나 출생하신 분이 아니라, 오직 두 분 [즉 성부와 성재로부터 나오시는 분이십니다. 그러므로 성경이 우리에게 가르치는 것처럼, 성령은 질서상 삼위일체의 세 번째 위격이시며, 성부와 성자와 하나의 동일한 본질과 위엄과 영광으로 계시며, 참되고 영원한 하나님이십니다.

관련성경

창 1:1; 히 1:3, 11:3; 요 1:3; 시 33:6, 101:3; 렘 32:17; 말 2:10 (요 1:3); 요 15:26; 시 104편; 암 4:13; 요 14:16, 26.

네덜란드 신앙고백 제8-9항은 삼위일체 하나님을 다루었는데, 이어서 제10항은 성자를, 제11항은 성령을, 그리고 제12항은 성부를 다룬다. 그래서 삼위일체의 총론과 각론을 균형과 순서를 갖추어 설명한다. 삼위 하나님을 아는 지식은 가장 중요하다. 우리는 삼위일체 교리를 정확히 이해해야 하고, 성부와 성자와 성령을 바르게 인지해야 한다. 예수님은 "영생은 곧 유일하신 참 하나님과 그가 보내신 자 예수 그리스도를 아는 것이니이다"라고 말씀하셨다(요 17:3). 그런데 하나님과 예수님을 아는 방법은 성령을 통해서이다. 예수님은 "보혜사 곧 아버지께서 내 이름으로 보내실 성령 그가 너희에게 모든 것을 가르치고 내가 너희에게 말한 모든 것을 생각나게 하리라"라고 말씀하셨다(요 14:26). 그러므로 이제 네덜란드 신앙고백 제11항에 제시된 성령에 관해 언급하고자 한다. 성령을 알면 성부와 성자를 알 수 있고, 따라서 삼위일체 교리를 이해할 수 있다.

성령의 강림(사도행전 2장)

성령을 알기 위해서는 우선 성령의 강림에 관하여 알아야 한다. 이를 위해서 사도행전 2장을 주해하겠다(참고. 황원하, 『사도행전』, 총회출판국, 2019, 61p 이하). 유대인의 명절인 오순절이 이르자 120명의 제자들은 "한 곳에" 모였다. 여기서 '한 곳'(τὸ αὐτό, 토 아우토)이 구체적으로 어디를 가리키는지가 분명하지 않다. 1절의 "한 곳"은 2절에 나오는 '집'(τὸν οἶκον, 톤 오이콘)과 같은 장소인데, 두 단어에 각각 관사가 붙어 있는 것으로 보아 특별한 장소이거나 제자들이 잘 아는 장소이다. 그런데 이곳은 일반적으로 알려진 가정집의 '다락방'(혹은 '마가의 다락방')이 아니다.

성령께서 한정되고 폐쇄된 다락방에 임하셨다면 120명의 제자가 다른 언어들로 말할 때 여러 나라에서 온 사람들이 모여들 수 없었을 것이다. 더욱이 오순절은 유대인들이 성전에서 제사를 지내는 날인데, 여전히 유대의 규례를 존중했던 베드로와 제자들이 이러한 명절에 성전에 머물러 있었다고 보는 것이 옳지 가정집에 있었다고 보는 것은 자연스럽지 않다. 또한, 제자들이 성령의 충만함을 받고 다른 언어들로 말하자 조롱하는 자들이 있었고, 이에 베드로가 성령 강림의 의미를 설교했을 때 그 말을 듣고 세례받은 사람이 3,000명이나 되었는데(41절), 이렇게 많은 사람이 말씀을 듣고 세례를 받는 일이 개인의 집(다락방)에서 일어났다고 보는 것은 어색하다. 따라서 120명의 제자 공동체가 오순절에 기도 모임을 하던 곳은 성전이며, 바로 이 성전에서 성령의 강림을 체험했다고 보는 것이 합리적이다. 실제로, 성령께서 오시는 장소로 가장 적합한 곳은 그분의 '집'인 성전이 아니겠는가! 아마도 이곳은 성전에 딸린 '넓은 방'(chamber)이거나 '성전 뜰'(courtyard)일 것이다.

성령의 오심은 극적인 현상을 동반했다. 구약에서 하나님은 언제나 눈에 보이고 귀에 들리는 분명한 징표와 함께 나타나셨는데, 이는 자신이 나타나신 것을 그분의 백성들에게 알려주시기 위해서였다. 마찬가지로 성령도 하나님이시기에 사람들이 알 수 있는 징표와 함께 오셨다. 그리고 성령이 임하시자 두 가지 현상이 발생했다. 먼저, 그곳에 모인 사람들이 다 "성령의 충만함"을 받았다. 다음으로, 그곳에 모인 사람들이 "성령이 말하게 하심을 따라 다른 언어들로 말하기를 시작"했다. 이러한 현상은 성령이 임하시면 권능을 받고 증인이 될 것이라는 말씀이 실현될 것을 보증해 주었다(1:8). 4절은 "그들이 다(πάντες, 판테스) 성령의 충만함을 받고"라고 서술한다. 구약 시대에 성령은 특별한 사람에게만 임하셨으나, 이제 신약 시대에 성령은 모든 사람에게 임하셨다. 참으로, 모여 있는 모든 사람이 성령께서 오셨다는 사실을 명확하게 인지할 수 있었고, 강력하게 경험할 수 있었다.

5절은 "그 때에 경건한 유대인들이 천하 각국으로부터 와서 예루살렘에 머물러 있더니"라고 말한다. 이는 여러 지역과 나라에 흩어져 살던 유대인들이 오순절을 맞이하여 예루살렘 성전을 찾았다는 뜻이다. 9-11절에는 오순절에 예루살렘을 방문한 민족의 목록이 나온다. 여기에는 사람들(바대인, 메대인, 엘람인, 로마인, 그레데인, 아라비아인)과 땅들(메소보다미아, 유대, 갑바도기아, 본도, 아시아, 브루기아, 밤빌리아, 이집트, 리비야)이 섞여 있다. 따라서 오순절의 '언어 일치' 현상은 창세기 11장에서 바벨탑 사건으로 인해 언어가 갈라짐으로 사람들이 흩어졌던 일을 상기해 준다. 이는 9-11절에 나오는 민족들의 목록이 창세기 10장의 셈과 함과 야벳으로 대표되는 민족들의 목록과 유사하기 때문이다. 그러므로 사도행전 2장은 창세기 11장에서 일어난 하나님의 진노가 성령 강림으로 사해졌다는 사실을 보여준다. 이제 인류는 성령의 오심을 통해 예수님을 중심으로 하는 새로운 공동체(하나님 나라)를 이루게 된다. 이것은 "각 나라와 족속과 백성과 방언에서" 하나님께 나아와 예배하는 것을 예시한다(계 7:9).

12-13절에서 누가는 성령의 강림 현상을 접한 사람들의 두 가지 반응을 소개하는데, 12절은 사람들의 놀람(이해하지 못함)을 묘사한 것이고, 13절은 사람들의 조롱을 언급한 것이다. 따라서 성령의 오심을 접한 사람들의 반응은 놀람과 조롱이었다. 이는 사람들이 아직 적극적으로 성령의 오심을 이해하고 받아들이지 못했음을 뜻한다. 이러한 현상은 믿음 없는 사람의 보편적인 반응이다. 그들은 하나님을 믿었으나 바로 믿지 못했고, 성경을 알았으나 바로 알지 못했기 때문에 성령의 오심을 믿지 못하고 알지 못했다. 그런데 이는 이어지는 14절 이하에서 제시되는바

베드로에게 성령의 오심이 어떠한 구속사적 의미를 지니는지를 설교해야 할 필요성을 마련한다. 성령은 언제나 말씀을 매개체로 사용하셔서 사람에게 믿음을 주시는데, 이제 강림하신 성령께서 베드로의 설교를 통하여 사람들에게 믿음을 주시고 회개하게 하신다.

성령의 발출

네덜란드 신앙고백은 "우리는 또한 성령이 영원으로부터 성부와 성자에게서 나오신다는 것을 믿고 고백합니다. 성령은 지음 받으시거나 창조되시거나 출생하신 분이 아니라, 오직 두 분 즉 성부와 성자로부터 나오시는 분이십니다"라고 진술한다. 교회사에서 이 진술은 '필리오케'(filioque) 논쟁이라고 불리는 중요한 사건을 낳았다. 즉, 이 진술로 인하여 1054년 동방교회와 서방교회가 분열하게 되었다. 동방교회는 성령이 성부로부터만 나오신다고 주장했고, 서방교회는 성령이 성부와 성자로부터 나오신다고 고백했다. 우리는 서방교회의 전통을 따라 '성령은 성부와 성자로부터' 나오신다고 믿는다. 하지만 우리는 이 진술의 의미를 충분히 이해하지 못한다. 성령이 성부와 성자로부터 나오신다(발출, 發出)라는 말의 의미를 제대로 파악하기란 매우 어렵다. 다만 성령이 성부에게서만 나오시고 성자에게서 나오시지 않는다고 하면 성령께서 성자가 이루신 구속사역을 우리에게 적용하시는 분이라는 사실이 어긋나게 된다.

성령의 위격과 사역

네덜란드 신앙고백은 "그러므로 성경이 우리에게 가르치는 것처럼 성령은 질서상 삼위일체의 세 번째 위격이시고, 성부와 성자와 하나의 동일한 본질과 위엄과 영광으로 계시며, 참되고 영원한 하나님이십니다"라고 고백한다. 이것은 성령의 위격에 관한 진술이다. 우리가 이미 살펴본 대로, 삼위일체 하나님은 완전히 동등하시다. 그러나 삼위일체 속에는 엄격한 질서가 있다. 그에 따르면, 성령은 세 번째 위격이시다. 이는 성령이 성부와 성자를 드러내신다는 사실을 시사한다. 즉, 성부와 성자로부터 나오시는 성령은 성부와 성자의 속성과 사역을 우리에게 알려주시고 적용하신다. 성령의 사역은 무수히 많으나 대표적으로 다음과 같다.

1) 성령을 통해서 성부가 계획하시고 성자가 이루신 구속사역이 우리에게 적용된다.
2) 성령은 우리가 하나님을 아버지로 믿게 한다. "너희가 아들이므로 하나님이 그 아들의 영을 우리 마음 가운데 보내사 아빠 아버지라 부르게 하셨느니라"(갈 4:6; 참고. 롬 8:15).
3) 성령은 우리가 하나님의 뜻을 깨닫게 해 주신다. "오직 하나님이 성령으로 이것을 우리에게 보이셨으니 성령은 모든 것 곧 하나님의 깊은 것까지도 통달하시느니라 사람의 일을 사람의 속에 있는 영 외에 누가 알리요 이와 같이 하나님의 일도 하나님의 영 외에는 아무도 알지 못하느니라"(고전 2:10-11).
4) 성령은 우리를 위로하신다. 성령은 '보혜사'이신데, '보혜사'는 '위로자', '돕는 자'를 의미한다. 성령은 상처받고 실패한 우리를 고치시고 위로해 주시며 힘과 용기를 심어주신다. "내가 아버지께 구하겠으니 그가 또 다른 보혜사를 너희에게 주사 영원토록 너희와 함께 있게 하리니"(요 14:16).
5) 성령은 우리를 가르치시고 깨닫게 하신다. "보혜사 곧 아버지께서 내 이름으로 보내실 성령 그가 너희에게 모든 것을 가르치고 내가

너희에게 말한 모든 것을 생각나게 하리라"(요 14:26).

6) 성령은 우리의 연약함을 도우시고 우리를 위하여 친히 성부께 간구하신다. "이와 같이 성령도 우리의 연약함을 도우시나니 우리는 마땅히 기도할 바를 알지 못하나 오직 성령이 말할 수 없는 탄식으로 우리를 위하여 친히 간구하시느니라 마음을 살피시는 이가 성령의 생각을 아시나니 이는 성령이 하나님의 뜻대로 성도를 위하여 간구하심이니라"(롬 8:26-27).

7) 성령은 우리를 증인이 되게 하신다. "마땅히 할 말을 성령이 곧 그 때에 너희에게 가르치시리라"(눅 12:12). "오직 성령이 너희에게 임하시면 너희가 권능을 받고 예루살렘과 온 유대와 사마리아와 땅 끝까지 이르러 내 증인이 되리라"(행 1:8).

8) 성령은 우리를 거룩하게 하신다. "너희 안에서 행하시는 이는 하나님이시니 자기의 기쁘신 뜻을 위하여 너희에게 소원을 두고 행하게 하시나니"(빌 2:13).

9) 성령은 우리에게 은사를 주신다(고전 12-14장).

10) 성령은 우리가 열매 맺게 하신다. "오직 성령의 열매는 사랑과 희락과 화평과 오래 참음과 자비와 양선과 충성과 온유와 절제니 이같은 것을 금지할 법이 없느니라"(갈 5:22-23).

창조, 천사, 마귀

Article XII.

Nous croyons que le Pere a creé de rien le ciel et la terre et toutes autres creatures, quand bon luy a semblé, par sa Parole, cest à dire, par son Fils, donnant à chacune creature leur estre, forme et figure, et divers offices pour servir à leur Createur: Aussi que maintenant mesmes il les soutient et gouverne toutes selon sa providence eternelle, et par sa vertu infinie, pour servir à l'homme, afin que l'homme serve à son Dieu. Il a aussi creé les Anges bons, pour estre ses messagers, et pour servir à ses ésleus: desquels les uns sont trebuschez de l'excellence, en laquelle Dieu les avoit creez, en perdition eternelle, et les autres ont persisté et demeuré en leur premier estat par la grace de Dieu. Les diables et esprits malins sont tellement corrompus, qu'ils sont ennemis de Dieu et de tout bien, aguettans l'Eglise comme brigands de tout leur pouvoir, et chacun membre d'icelle, pour tout destruire et gaster par leurs tromperies, et pourtant par leur propre malice sont condamnez à perpetuelle damnation, attendans de jour en jour leurs tourmens. Et sur cecy nous detestons l'erreur des Sadduciens, qui nient qu'il y ait des esprits et des anges. Et aussi l'erreur des Manicheens, qui disent, que les diables ont leur origine d'eux-mesmes, estans mauvais de leur nature propre, sans avoir esté corrompus.

제12항. [하나님의 선한 창조와 악의 기원]

성부께서 자신의 아들이신 말씀을 통하여 보시기에 좋은 대로, 하늘과 땅, 그리고 다른 모든 피조물들을 무로부터 창조하시되, 각각의 피조물에게 그들 자신의 존재와 모양과 형태뿐만 아니라 다양한 직무도 부여하심으로 그들의 창조자를 섬기도록 [창조하셨다는] 것을 우리는 믿습니다. 또한 성부께서 자신의 영원한 섭리와 무한한 능력에 따라 그 모든 [피조물들]을 지금도 유지하시고 통치하신다는 것을 [우리는 믿습니다], [이는 모든 피조물들이] 인간을 섬기도록, [그래서] 결국 인간이 자신의 하나님을 섬기도록 하기 위함입니다. 그분은 또한 천사들을 선하게 창조하셔서 자신의 사자로 삼으시고, 자신이 선택하신 자들을 섬기도록 [하셨습니다]. 그들 중 일부는, 하나님께서 그들을 창조하신 탁월함으로부터 실족하여 영원한 파멸로 떨어졌으나, 다른 [천사들은] 하나님의 은혜로 그들의 처음 지위를 고수하고 그대로 남아 있습니다. 마귀들과 악한 영들은 하나님과 선한 모든 것들의 원수가 될 정도로 심각하게 타락했습니다. [그들은] 속임수들로 모든 것을 망가뜨리고 파멸하기 위해 [마치] 강도처럼 자신들의 모든 능력을 다하여 교회와 교회 각 지체를 노립니다. 그리고 [그들은] 자신들의 사악함 때문에 영원한 저주의 형벌을 받아 날마다 [끔찍한] 고통을 기다리고 있습니다. 그러므로 우리가 배격하는 것은 영들과 천사들이 있다는 것을 부인하는 사두개인들의 오류와, 또한 마귀들이 자신들로부터 그들 자신들의 기원이 있으며 타락하는 일을 겪지 않고 그들의 본성상 악하다고 말하는 마니교도들의 오류입니다.

관련성경

사 40:26; 단 14:4; 마 28:19; 요일 5장:15; 행 5:3; 고전 3:16, 6:11; 롬 8:9; 골 1:16; 딤전 4:3; 히 3:4; 계 4:11, 11:16; 히 1:14; 시 103:21, 34:8; 요 8:44; 벧후 2:4; 눅 8:31; 마 25:41; 행 23:8; 마 4장.

네덜란드 신앙고백은 제8-11항에서 삼위일체 하나님에 관하여 다루었다. 곧 삼위일체 하나님의 본질과 위격을 말했다. 이제 제12항에서는 성부 하나님의 창조에 관하여 서술한다. 신앙고백이 삼위 하나님을 언급한 후 성부의 창조를 다루는 것은 적절하다. 이는 창조가 모든 것의 출발이기 때문이다. 창조에서부터 세상이 시작되었다. 창조가 있으므로 역사가 존재하게 되었다. 하나님께서 세상을 창조하신 일은 성경에 명백히 기록되어 있다. 창세기 1:1은 "태초에 하나님이 천지를 창조하시니라"라는 장엄한 선언으로 시작된다. 물론 창조는 성부 혼자만의 일이 아니다. 성경은 성자(참고. 요 1:3; 히 1:2; 골 1:16; 계 3:14)와 성령(참고. 창 1:2; 시 104:30; 욥 33:4)도 창조에 관여하셨다고 말한다. 단지 성부께서 주도적으로 이 일을 하셨기에 우리는 창조를 성부의 사역이라고 부른다. 그러나 창조론에는 많은 의문점과 난점이 존재한다. 따라서 성경과 신앙고백이 이에 관해 무엇이라고 가르치는지 살펴볼 필요가 있다.

창조의 원리

네덜란드 신앙고백은 "성부께서 자신의 아들이신 말씀을 통하여, 보시기에 좋은 대로, 하늘과 땅, 그리고 다른 모든 피조물들을 무로부터 창조하시되"라고 말한다. 이것은 성경의 창조론에 관한 집약적인 진술이다. 곧, 하나님께서 세상을 만드신 방법과 원리를 알려준다. 그렇지만 성경은 하나님이 세상을 어떻게 만드셨는지 구체적으로 설명하지 않는다. 많은 사람이 과학이나 기술이나 문학을 가지고 하나님의 창조 사역에 관한 성경의 서술을 파악하려고 노력했으나 여전히 만족스러운 대답이 나오지 않았다. 인간이 과학 기술이나 이성적 논리를 가지고 하나님의 창조를 증명하려거나 반박하려는 시도는 한계를 지닌다. 우리는 오로지 성경이 가르쳐주는 대로 믿을 뿐이다. 그러면 하나님께서 세상을 만드신 세 가지 원리를 살펴보자.

첫째, 하나님은 "말씀을 통하여" 세상을 창조하셨다. 창세기 1장은 하나님이 "말씀으로" 세상을 만드셨다는 사실을 반복적인 문구를 사용하여 기록한다(참고. 1:6, 9, 11, 14, 20, 24, 26, 29). 그리고 시편 33:6은 "여호와의 말씀으로 하늘이 지음이 되었으며 그 만상을 그의 입 기운으로 이루었도다"라고 선포한다. 하나님이 말씀으로 세상을 만드신 것은 하나님의 전능하심을 시사한다. 우리는 사도신경의 첫 문구처럼 "전능하셔서 천지를 만드신 하나님"을 믿는다. 하나님이 모든 일을 하실 수 있다는 믿음은 우리에게 매우 중요하다. 이것은 우리가 하나님을 전적으로 의지해야 함을 암시한다. 하나님은 말씀으로 모든 일을 행하실 수 있다.

둘째, 하나님은 "보시기에 좋은 대로" 세상을 창조하셨다. 창세기 1장에는 "보시기에 좋았더라"는 말씀이 반복해서 나온다(참고. 1:4, 10, 12, 18, 21, 25, 31). 특히 1장 마지막 절(31절)에는 "하나님이 지으신 그 모든 것을 보시니 보시기에 심히 좋았더라"는 언급이 있다. 이는 하나님의 창조가 선한 것이었음을 의미한다. 사탄이 아담과 하와를 꾀어서 죄를 지었기에 세상이 망가진 것이지 원래 하나님의 창조는 심히 좋았다. 그러므로 우리의 사명은 하나님이 만드신 선한 세상을 회복하는 것이다. 타락하고 패역한 세상을 올바르게 되돌려 놓는 것이다. 물론 이는 성령께서 하시는 일이지만, 성령께서 우리의 수고와 노력을 사용하신다는 사실을 기억해야겠다.

셋째, 하나님은 "무(無)로부터" 세상을 창조하셨다. 하나님은 이미 존재하던 어떤 것으로부터 세상을 만드신 것이 아니라 아무것도 없는 상태에서 만드셨다. 그래서 세상은 하나님의 발명품이 아니라, '하나님의 창조물'이다. 그런데 이것은 우리가 진화론을 비롯한 일체의 비성경적 창조론을 배격해야 한다는 사실을 가르쳐준다. 하나님은 전능하셔서 없는 것을 있게 하시고, 불가능한 것을 가능하게 하신다. 유한한 인간이 무한하신 하나님을 판단하려는 것은 어리석기 짝이 없다. 인간은 단지 하나님의 절대성과 무한성 앞에서 경배하고 복종할 뿐이다. 하나님이 세상을 만드신 일에 왈가왈부할 것이 아니다. 그냥 믿고 받아들이라.

창조의 목적

네덜란드 신앙고백은 창조의 목적을 다음과 같이 진술한다. "각각의 피조물에게 그들 자신의 존재와 모양과 형태뿐만 아니라 다양한 직무도 부여하심으로 그들의 창조자를 섬기도록 창조하셨다는 것을 우리는 믿습니다." 하나님은 모든 피조물에게 직무를 부여하셔서 그들의 창조자를 섬기게 하셨다. 곧 창조의 목적은 창조자 하나님을 섬기는 것이다. 우리가 이 땅에 태어나서 살아가는 궁극적인 목적은 하나님을 섬기는 데 있다. 하나님은 우리에게 다양한 재능과 직무를 부여하셨는데, 이를 활용하여 하나님을 섬기는 것이 우리의 본분이다.

웨스트민스터 소요리문답 제1문은 "사람의 주된 목적은 무엇입니까"라고 물은 후, "사람의 주된 목적은 하나님을 영화롭게 하는 것과, 그분을 영원토록 즐거워하는 것입니다"라고 대답한다. 하나님을 영화롭게 한다는 것은 내가 하나님을 영화롭게 만든다는 뜻이 아니다. 하나님은 스스로 계시는 여호와로서 이미 스스로 영화로우신 분이시다. 우리가 하나님을 영화롭게 하지 않아도 하나님은 이미 영화로우시다. 그러나 하나님은 우리가 하나님을 영화롭게 할 수 있도록 기회를 주셨다. 따라서 하나님을 영화롭게 한다는 것은 우리에게 주어진 커다란 특권이다. 과연 우리의 존재와 생애와 업적이 하나님의 영광을 위하고 있는지를 진지하게 생각해 보자.

우리가 하나님을 영화롭게 해야 하는 이유는 하나님이 우리를 만드신 분이기 때문이다. 즉 하나님이 우리의 주인이시기 때문이다. 바울은 "값으로 산 것이 되었으니 그런즉 너희 몸으로 하나님께 영광을 돌리라"라고 권면했으며(고전 6:20), 요한은 "우리 주 하나님이여 영광과 존귀와 권능을 받으시는 것이 합당하오니 주께서 만물을 지으신지라 만물이 주의 뜻대로 있었고 또 지으심을 받았나이다"라고 고백했다(계 4:11). 우리는 하나님께 무엇을 드릴 수 있을지를 고민해야 한다. 하나님이 나에게 주신 직무와 재능이 무엇이며, 그것을 가지고 여호와께 어떻게 나아가서 그분을 섬길 수 있을까를 생각해야 한다. 바울의 중요한 권고를 기억하자. "그런즉 너희가 먹든지 마시든지 무엇을 하든지 다 하나님의 영광을 위하여 하라"(고전 10:31).

네덜란드 신앙고백은 "성부께서 자신의 영원한 섭리와 무한한 능력에 따라 그 모든 피조물들을 지금도 유지하시고 통치하신다는 것을 우리는 믿습니다. 이는 모든 피조물들이 인간을 섬기도록, 그래서 결국에는 인간이 자신의 하나님을 섬기도록 하기 위함입니다"라고 진술한다. 이는 모든 피조물이 인간을 섬기는 존재이므로 인간이 더욱 큰 책임감을 가지고 하나님을 섬겨야 한다는 뜻이다. 이 세상에서 인간은 가장 큰 혜택을 입으면서 살아간다. 세상의 모든 것이 인간의 생존과 번영을 위해서 존재한다고 해도 과언이 아니다. 따라서 인간은 혜택을 받은 만큼 막중한 사명감을 가지고 하나님을 섬겨야 한다. 나태와 권태는 전혀 바람직하지 않다.

천사의 창조와 마귀의 기원

우리는 천사와 마귀의 존재와 활동을 믿는다. 하지만 그들에 관하여 우리가 아는 지식은 제한적이다. 그들을 아는 지식이 우리에게 허락되어 있지 않다. 천사가 언제부터 존재했는지, 그들이 어떻게 생겼는지, 그들이 어떤 정신과 의지를 지니고 있는지, 그들의 힘이 어느 정도인지 가늠하기가 어렵다. 하나님께서 천사를 만드신 것은 분명하다. 그렇다면 언제 만드셨을까? 성경은 천사의 창조 시기에 관하여 명시적으로 말하지 않는다. 아마도 하나님이 세상을 만드시던 어느 시점에 천사도 만드셨을 것이다. 그러면 마귀는 어떤가? 천사 중 일부가 타락하여 마귀가 되었다고 추정된다(참고. 요일 3:8; 유 1:6). 하지만 그런 일이 언제 일어났는지, 또 어떤 식으로 일어났는지 알 수 없다. 성경이 말하지 않으니 우리가 알아낼 방도가 없다.

네덜란드 신앙고백이 천사의 창조와 마귀의 기원에 관하여 말하는 것을 정리하면 다음과 같다. 천사는 원래 선하게 창조되었고, 하나님의 사자로 일하면서 하나님이 선택하신 사람들을 섬기라고 보내심을 받았다. 그들 중 일부는 하나님께서 그들을 창조하신 탁월함으로부터 실족하여 영원한 파멸로 떨어졌으나, 다른 천사들은 하나님의 은혜로 그들의 처음 지위를 고수하고 그대로 남아 있다. 마귀들과 악한 영들은 하나님과 선한 모든 것들의 원수가 될 정도로 심각하게 타락했다. 그들은 속임수들로 모든 것을 망가뜨리고 파멸하기 위해 강도들처럼 자신들의 모든 능력을 다하여 교회와 교회 각 지체를 노린다. 그러나 그들은 자신들의 사악함 때문에 영원한 저주의 형벌을 받아 날마다 끔찍한 고통을 기다리고 있다(참고. 벧후 2:4; 유 1:6).

예수님을 대적했던 사두개인들은 영들과 천사들이 있다는 것을 부인했고, 오래전 중동에서 유행했던 마니교도들은 마귀들이 피조된 것이 아니라 그 자체에 기원이 있으며 인간이 마귀에 의해 타락한 것이 아니라 그의 본성상 악할 뿐이라고 주장했다. 하지만 이러한 생각은 마귀의 속임수에 넘어간 것이다. 천사와 마귀는 분명히 존재한다. 천사는 우리를 섬기기 위해서 보내심을 받았으며(참고. 히 1:14), 마귀는 우리를 속이기 위해서 갖은 노력을 다한다(참고. 요 8:44). 따라서 천사는 우리가 숭배할 대상이 아니다. 단지 천사를 통해서 우리가 도움을 받을 뿐이다. 그리고 우리는 마귀를 조심해야 한다. 마귀의 유혹에 넘어가지 말아야 한다. 하나님께서 마귀로부터 우리를 지켜 주시도록 기도해야 한다.

창조론을 대하는 자세

첫째, 우리는 하나님이 세상을 만드셨고 통치하시며 유지하신다는 사실을 믿어야 한다.
둘째, 성경이 말하는 창조론을 믿어야 하고, 성경이 말하는 것까지만 받아들여야 한다.
셋째, 성경이 말하지 않는 것을 다룰 때는 아무리 그럴듯한 이론이라도 유의해야 한다.
넷째, 하나님이 피조물을 만드신 이유는 하나님을 섬기는 데 있다. 따라서 우리가 가진 것들을 사용하여 하나님을 섬겨야 한다.
다섯째, 천사와 마귀는 분명히 존재한다. 천사는 하나님과 인간을 섬기며, 마귀는 하나님과 인간을 대적한다.

섭리 교리가 주는 유익

Article XIII.

Nous croyons, que ce bon Dieu, apres avoir creé toutes choses, ne les a pas abondonnées à l'adventure, ni à fortune; mais les conduit et gouverne de telle façon selon sa saincte volonté, que rien n'advient en ce monde sans son ordonnance: combien toutesfois que Dieu n'est point autheur, ni coulpable du peché qui advient. Car sa puissance et bonté est tellement grande et incomprehensible, que mesme il ordonne et prehensible, que mesme il ordonne et fait tresbien et justement son oeuvre, quand mesmes les Diables et les meschans font injustement. Et quant à ce qu'il fait outre passant le sens humain, nous ne voulons nous en enquerir curieusement, plus que nostre capacité ne porte, ains en toute humilite et reverence nous adrons les justes jugemens de Dieu, qui nous sont cachez, nous contentans d'estre disciples de Christ pour apprendre seulement ce qu'il nous monstre par sa parole, et ne point outrepasser ces bornes. Ceste doctrine nous apporte une Consolation indicible, quand nous sommes apprins par icelle que rien ne nous peut venir à l'adventure; ains par l'ordonnance de nostre bon Pere celeste, lequel veille pour nous par un soing paternel, tenant toutes creatures subjettes a soy, de sorte, que pas un des cheveux de nostre teste (car ils sont tous nombrez) ni mesmes un petit oiseau, ne peut tomber en terre sans la volonté de nostre Pere: en quoy nous reposons, sachans, qu'il tient les Diables en bride, et tous nos ennemis, qui ne nous peuvent nuire sans son congé et volonté. Sur cela nous rejettons l'erreur damnable des Epicuriens, qui disent que Dieu ne se mesle de rien, et laisse aller toutes choses à l'adventure.

제13항. [하나님의 섭리: 보살피시는 관리와 다스리시는 통치]

이런 선하신 하나님께서 만물을 창조하신 후에, 그들을 우연이나 운명에 방치하지 않으시고, [오히려] 자신의 법령 없이는 이 세상에 어떤 일도 일어나지 않는 것과 같은 방식으로 자신의 거룩한 뜻에 따라 그들을

관리하시고 통치하신다는 것을 우리는 믿습니다. 그럼에도 불구하고 하나님께서는 결코 발생하는 범죄들의 창시자도 당사자도 아니십니다. 왜냐하면 심지어 마귀들과 악인들이 불의하게 행할 때조차도, 그분은 매우 탁월하고 정의롭게 자신의 일을 결정하시고 수행하실 정도로 그분의 능력과 선하심이 너무나 위대하고 불가해하기 때문입니다. 그리고 그분이 사람의 지각을 초월하여 행하시는 것에 관하여 우리의 능력이 도달하지 못하는 이상 우리는 결코 호기심으로 조사하기를 원하진 않습니다. 다만 우리는 우리에게 감추어져 있는 하나님의 공의로운 판단을 모든 겸손과 존경으로 숭배하고, [또한] 오직 그분이 자신의 말씀으로 우리를 가르치시는 것만 배우기 위해, 그리고 결코 이런 경계석을 벗어나지 않기 위해, 우리는 그리스도의 제자들이 되는 것으로 만족합니다. 이 [섭리] 교리는 우리에게 말로 표현할 수 없는 위로를 주는데, 이는 우리가 이 [교리]를 통해 어떤 일도 우리에게 우연히 일어날 수 없고, 오직 우리의 선하신 하늘 아버지의 법령에 의해서만 일어난다는 것을 알 때 [그렇습니다]. 그분은 우리를 위하여 부성적 돌보심으로 깨어계셔서, 자신의 능력 아래 만물을 붙잡으시고, 또한 우리 아버지의 뜻 없이는 우리의 머리털 하나도 -그 [머리카락] 모두가 계수되었기 때문에- 참새 한 마리도 땅에 떨어질 수 없습니다. 그러므로 우리는 편히 지냅니다. [왜냐하면] 우리는 하나님께서 마귀들과 우리의 모든 원수를 올가미에 붙잡으셔서 그들이 그분의 허락과 뜻 없이는 우리를 해할 수 없도록 하신다는 것을 알기 [때문입니다]. 그러므로 우리는 에피쿠로스파의 가증스러운 오류를 거절하는데, 그들이 하나님께서는 친히 아무 것도 간섭하시지 않고 모든 일을 우연에 맡기신다고 말하기 [때문입니다].

관련성경

요 5:17; 히 1:3; 잠 16장; 엡 1:11; 약 4:13, 19; 욥 1:21 (약 1:13) 왕하 22:20; 행 4:28; 행 2:23; 삼상 2:25; 시 115:13; 사 45:7; 암 3:6; 신 19:5; 잠 21:1; 시 105:25; 사 10:9; 살후 2:11; 엡 14:9; 마 10:29; 롬 1:28; 왕상 11:23; 창 45:8, 50:20; 삼하 16:10; 마 8:31; 요일 2:16; 시 5:5; 요일 3:8; 창 1:26; 골 3:10; 골 1:15.

네덜란드 신앙고백 제12항은 하나님의 창조를 말했는데, 이제 제13항은 하나님의 섭리를 언급한다. 창조와 섭리는 밀접하게 연결되어 있다. 우리는 창조를 믿으면서 동시에 섭리를 믿어야 한다. 이는 세상을 만드신 하나님께서 세상을 다스리시기 때문이다. 네덜란드 신앙고백 제13항은 다음과 같이 시작한다. "이런 선하신 하나님께서 만물을 창조하신 후에, 그들을 우연이나 운명에 방치하지 않으시고, 오히려 자신의 법령 없이는 이 세상에 어떤 일도 일어나지 않는 것과 같은 방식으로 자신의 거룩한 뜻에 따라 그들을 관리하시고 통치하신다는 것을 우리는 믿습니다." 칼빈은 섭리에 대하여 "성경 역사의 가장 주된 목적은 주께서 성도들의 길을 부지런히 보살피셔서 그들이 돌에 걸려 넘어지는 일조차도 없도록 하신다는 것을 가르치기 위한 것이다"라고 표현한다. 참으로, 섭리 교리를 올바로 이해하는 것은 중요하며, 그것이 주는 유익 역시 대단히 크다. 그러므로 이 글에서는 섭리가 무엇이며, 섭리를 통해 우리가 배울 수 있는 것이 무엇인지를 설명하고자 한다 (참고. 칼빈, 『기독교 강요』 1권 16-17항).

섭리란 무엇인가?

'섭리'(攝理, providence)란 이 세상에 대한 하나님의 돌보심을 뜻한다. 하나님은 그분이 만드신 세상을 권능으로 양육하시고 유지하시며 다스리시고 보존하신다. 시편 33편은 창조와 섭리를 동시에 말한다. 먼저, 6절은 창조에 관하여 "여호와의 말씀으로 하늘이 지음이 되었으며 그 만상을 그의 입 기운으로 이루었도다"라고 고백한다. 이어서 13-15절은 "여호와께서 하늘에서 굽어보사 모든 인생을 살피심이여 곧 그가 거하시는 곳에서 세상의 모든 거민들을 굽어살피시는도다 그는 그들 모두의 마음을 지으시며 그들이 하는 일을 굽어살피시는 이로다"라고 노래한다. 하나님은 세상을 만드신 후 세상을 내버려 두지 않으시고 끊임없이 돌보신다. 이에 대해서 칼빈은 "하나님께서는 그의 공의와 지혜의 순결한 빛으로 모든 움직임 하나하나를 통제하시고 주관하셔서 올바른 목적을 향하여 질서 있게 나아가도록 하신다"라고 표현한다.

섭리 교리에 대한 오해

섭리 교리를 공부하다 보면, 여러 가지 회의적인 생각에 빠질 수 있다. 하나님께서 자기 뜻대로 세상을 움직이신다면 인간은 하나님의 조종을 받는 꼭두각시에 불과한가? 하나님이 알아서 일하시는데 인간이 굳이 일할 필요가 있는가? 인간의 노력과 수고가 무슨 가치를 지니는가? 하나님의 섭리에서 제외된 것이나 영역이 있을 수 있지 않은가? 이런 생각이 꼬리에 꼬리를 물고 일어난다. 그러나 섭리 교리를 믿어야 하지만, 섭리 교리에 관해서 온전히 이해할 수 없다는 것을 명심해야 한다. 하나님은 너무나 크고 넓으신 분이지만, 인간은 지성과 이해에 명확한 한계를 가지고 있는 존재이다. 따라서 인간은 하나님의 통치를 해석하거나 분석할 것이 아니라 경외하는 마음으로 관찰해야 한다.

특별히 섭리 교리에 반발하는 사람들은 하나님이 모든 것을 다스리신다면 악에 대해서도 책임을 지셔야 하는 것 아니냐고 주장한다. 그러나 요한일서 2:16은 "이는 세상에 있는 모든 것이 육신의 정욕과 안목의 정욕과 이생의 자랑이니 다 아버지께로부터 온 것이 아니요 세상으로부터 온 것이라"라고 말한다. 그리고 네덜란드 신앙고백은 "하나님께서는 결코 발생하는 범죄들의 창시자도 당사자도 아니십니다. 왜냐하면 심지어 마귀들과 악인들이 불의하게 행할 때조차도 그분은 매우 탁월하고 정의롭게 자신의 일을 결정하시고 수행하실 정도로 그분의 능력과 선하심이 너무나 위대하고 불가해하기 때문입니다"라고 진술한다. 칼빈은 사람들이 죄를 지어 놓고 죄에 대한 책임을 하나님께 뒤집어씌우려 하는 경향이 있다고 지적하면서, 다음과 같이 묘사한다. "썩어 있는 시체가 태양 빛 아래 그대로 놓여 있을 경우, 그 시체의 악취는 대체 어디서 오는 것인가? 태양광선 때문에 악취가 생겨난다는 것은 모든 사람이 다 아는 것이다. 그러나 그렇다고 해도 그 광선이 악취를 풍긴다고 말하는 사람은 아무도 없다. 이와 마찬가지로, 악의 문제와 그것에 대한 죄책은 분명 악한 사람에게 있다."

섭리 교리의 적용

첫째, 우리는 섭리 교리를 온전히 이해할 수 없다. 우리는 연약하고 부족한데, 지성과 이해에서도 그러하다. 네덜란드 신앙고백은 다음과 같이 말한다. "그분이 사람의 지각을 초월하여 행하시는 것에 관하여 우리의 능력이 도달하지 못하는 이상 우리는 결코 호기심으로 조사하기를 원하진 않습니다. 다만 우리는 우리에게 감추어져 있는 하나님의 공의로운 판단을 모든 겸손과 존경으로 숭배하고, 또한 오직 그분이 자신의 말씀으로 우리를 가르치시는 것만 배우기 위해, 그리고 결코 이런 경계석을 벗어나지 않기 위해, 우리는 그리스도의 제자들이 되는 것으로 만족합니다." 그러므로 우리는 겸손한 마음으로 하나님의 통치와 보호를 간구해야 한다.

둘째, 하나님의 섭리에서 제외된 대상이나 영역은 없다. 이 세상에서 운명이나 우연은 결코 없다. 어떤 일도 아무런 이유 없이 일어나지 않는다. 예수님은 "참새 두 마리가 한 앗사리온에 팔리지 않느냐 그러나 너희 아버지께서 허락하지 아니하시면 그 하나도 땅에 떨어지지 아니하리라"라고 말씀하셨다(마 10:29). 네덜란드 신앙고백 역시 다음과 같이 말한다. "이 섭리 교리는 우리에게 말로 표현할 수 없는 위로를 주는데, 이는 우리가 이 교리를 통해 어떤 일도 우리에게 우연히 일어날 수 없고, 오직 우리의 선하신 하늘 아버지의 법령에 의해서만 일어난다는 것을 알 때 그렇습니다. 그분은 우리를 위하여 부성적 돌보심으로 깨어 계셔서, 자신의 능력 아래 만물을 붙잡으시고, 또한 우리 아버지의 뜻 없이는 우리의 머리털 하나도 - 그 머리카락 모두가 계수되었기 때문에 - 참새 한 마리도 땅에 떨어질 수 없습니다."

셋째, 하나님의 섭리는 특별히 인간과 관련이 있다. 섭리를 아는 것은 인간에게 큰 유익을 준다. 그래서 칼빈은 "하나님의 섭리에 대한 확신이 없는 한 우리는 비참한 존재이다"라고 말한다. 하나님은 우리를 사랑하셔서 돌보시며 유지하신다. 그러나 때로 하나님은 우리를 책망하시거나 우리를 연단하시기 위해서 시련을 주신다. 하나님은 우리를 높이기도 하시고 낮추기도 하신다. 이때 인간은 하나님께 영광을 돌리거나, 혹은 자신을 돌아보면서 회개해야 한다. 그렇게 할 때 하나님은 그에게 은혜와 복을 주실 것이다. 그러나 안타깝게도 그렇지 않은 경우가 있다. 연약한 인간은 그 순간에 자칫 교만해지거나, 혹은 회의감에 빠져버린다. 이것은 사탄에게 자신을 내어주는 것이다. 우리는 하나님의 사랑을 의심하지 말아야 한다. 하나님이 우리에게 좋은 것을 주시기 위해서 우리의 상태나 환경을 바꾸신다는 것을 알아야 한다.

넷째, 하나님은 자연 현상들까지도 주관하신다. 칼빈은 세상의 모든 일을 실질적으로 지배하시는 하나님의 섭리를 언급하는 가운데, "하나님의 섭리는 개개의 사건들을 지도하신다. 하나님의 확실한 명령이 없이는 단 한 방울의 비도 떨어지지 않는다는 것이 분명하다"라고 말한다. 또한, 그는 "하나님의 명확한 명령이 없이는 결코 바람이 불거나 강해지는 일이 없다"라고 주장하며, "하늘과 땅, 그리고 생명이 없는 피조물들은 물론 사람들의 계획과 의도들까지도 하나님의 섭리의 다스림을 받아 그 정해진 목적을 곧바로 이루게 된다"라고 진술한다. 하나님은 이 세상 자연 만물을 친히 만드셨고, 또 친히 돌보신다. 우리는 세상에서 일어나는 모든 변화가 하나님의 은밀한 손길에 의해서 이루어진다는 사실을 의심 없이 받아들여야 한다.

다섯째, 섭리 교리는 우리에게 위로와 평안을 준다. 섭리 교리는 하나님이 세상을 다스리시고 보존하신다는 가르침이다. 예수님은 "너희에게는 머리털까지 다 세신 바 되었나니 두려워하지 말라 너희는 많은 참새보다 귀하니라"라고 말씀하셨다(마 10:30-31). 네덜란드 신앙고백은 다음과 같이 고백한다. "그러므로 우리는 편히 지냅니다. 왜냐하면 우리는 하나님께서 마귀들과 우리의 모든 원수를 올가미에 붙잡으셔서 그들이 그분의 허락과 뜻 없이는 우리를 해할 수 없도록 하신다는 것을 알기 때문입니다." 또한, 칼빈은 다음과 같이 언급한다. "만일 피조물들이 우리를 위협하거나 강제로 우리를 해칠 때마다 마치 그것들이 우리를 해칠 수 있는 독자적인 능력이 그것들에게 있기라도 한 것처럼, 혹은 우리에게 우연히 해를 끼칠 수 있기라도 할 것처럼, 혹은 우리를 도와서 그런 해로운 일을 당하지 않게 할 하나님의 능력이 모자라기라도 하는 것처럼 두려워 떤다면, 그것은 정말 미신적으로 심약한 상태가 아닐 수 없다. 하나님의 은밀하신 계획에 지배를 받지 않는 그런 피조물의 비정상적인 힘이나 활동이나 움직임은 결코 존재하지 않으며, 따라서 하나님께서 스스로 아시고 뜻을 정하신 일 이외에는 어떠한 일도 일어나지 않는다는 것을 항상 기억해야 한다." 그러므로 하나님의 섭리를 믿는 자녀들은 무한한 위로를 얻을 수 있다, 섭리 교리를 통해서 하나님이 그분의 자녀들을 얼마나 사랑하시고 얼마나 극진히 돌보시는지를 배울 수 있다. 어려움이 닥칠 때마다 하나님을 바라보라. 하나님의 도우심을 기대하라. 하나님께서 위로와 평안을 주실 것이다.

여섯째, 하나님의 섭리는 인간의 책임을 강화한다. 어떤 사람들은 하나님께서 모든 것을 다스리시고 주관하신다면 인간이 할 일이 무엇이냐고 반문한다. 그런 반문은 일리가 있어 보인다. 그러나 신비하게도 하나님의 섭리를 믿는 사람은 더욱 열심히 일한다. 이는 하나님께서 사람의 수고와 노력을 사용하기를 기뻐하신다는 것을 알기 때문이다. 물론, 하나님은 독자적으로 일을 수행하실 수 있다. 하나님은 전능하시기에 못하시는 일이 없으며, 완전히 자족하시기에 어떤 부족함이나 아쉬움도 느끼지 않으신다. 하지만 하나님은 사랑하시는 사람을 통해서 일하기를 원하신다. 이것은 하나님이 우리를 필요로 하시기 때문이 아니다. 이것은 오히려 우리에게 영광이며 감사이다. 우리처럼 어설픈 존재의 미약한 활동을 하나님이 귀하게 사용해 주시니 그 자체가 영광스럽고 감사한 것이다. 그러므로 우리는 더욱 충성해야 한다. 하나님이 일할 기회를 주실 때 적극적으로 참여해야 한다. 그리고 모든 영광을 하나님께 돌려야 한다.

제14항

하나님의 선한 창조에 역행하는 인간의 악한 타락

Article XIV.

Nous croyons, que Dieu a creé l'homme du limon de la terre, et l'a fait et formé à son image et semblance, bon,, juste et sainct, pouvant par son vouloir accorder en tout au vouloir de Dieu: mais quand il a esté en honneur il ne l'a pas entendu, et n'a pas recognu son excellence; ains s'est volontairement assujetti à Peché, et par consequent à mort et malediction, en prestant l'oreille à la parole du Diable. Car il a transgressé le commandement de vie, qu'il avoit receu, et s'est retranché de Dieu, qui estoit sa vraye vie, par son peché, ayant corrompu toute sa nature, dont il s'est rendu coulpable de mort corporelle et spirituelle, et estant devenu meschant, pervers, corrompu en toutes ses voyes, a perdu tous ses excellens dons qu'il avoit receus de Dieu, et ne luy est demeuré de reste sinon des petites traces d'iceux, qui sont suffisantes pour rendre l'homme inexcusable, d'autant que tout ce qui est de lumiere en nous est converti en tenebres, comme l'Escriture nous enseigne, disant: La lumiere luit és tenebres, et les tenebres ne l'ont point comprise, oú sanict Iehan appele les hommes, tenebres. Parquoy nous rejettons tout ce qu'on enseigne au contraire du franc arbitre de l'homme, parce qu'il n'est que serf de Peché, et ne peut aucune chose s'il ne luy est donné du ciel. Car qui est ce qui se vantera de pouvoir faire quelque bien comme de soy-mesme, puis que Christ dit: Nul ne peut venir à moi si mon Pere, qui m'a envoyé, ne l'attire? Qui alleguera sa volonté, entendant, qu'l'affection de la chair est inimitié contre Dieu? Qui parlera de sa cognoissnce, voyant, qu'l'homme sensuel ne comprend point le choses, qui sont de l'Esprit de Dieu? Bref, qui mettra en avant une seule penseé, veu qu'il entend, que nous ne sommes pas suffisans de penser quelque chose de nous mesmes: mais que nostre suffisance est de Dieu? Et pourtant ce que dit l'Apostre, doit à bon droict de meurer ferme et arresté, que Dieu fait en nous le vouloir et le parfaire selon son bon-plaisir. Car il n'y a entendement, ne volonté conforme à celle de Dieu, que Christ n'y ait besogné, ce qu'il nous enseigne, disant: Sans moy vous ne pouvez rien faire.

제14항. [하나님의 선한 창조에 역행하는 인간의 악한 타락]

우리는 하나님께서 땅의 흙으로 사람을 창조하시고, 자신의 형상과 모양에 따라 선하고 의롭고 거룩하게 그를 만드셨고 형성하셨다는 것을 믿습니다. [그는] 자신의 의지로 모든 면에서 하나님의 뜻과 일치할 수 있는 [존재였습니다]. 하지만 그는 이 영예[로운 상태에 있었을 때 그것을 이해하지도 못했고, 자신의 탁월함을 인식하지도 못했습니다. 오히려 그는 죽음과 저주에 부합함으로써, 또한 사탄의 말에 귀 기울임으로써 자발적으로 죄에 예속되었습니다. 왜냐하면 그는 자신이 받았던 생명의 계명을 범했고 자신의 죄로 인해 자신의 참된 생명이신 하나님에게서 스스로 잘려나갔기 때문입니다. [결국] 그는 자신의 본성 전부를 부패시켰습니다. 따라서 그는 육적이고 영적인 죽음이라는 유죄를 범했습니다. 또한 그는 자신의 모든 길에서 불경건하고 사악하며 타락함으로써 그가 하나님으로부터 받았던 자신의 탁월한 은사들을 모두 잃어버렸습니다. 그것들 가운데 작은 흔적들 외에는 달리 아무 것도 그에게 남아 있지 않았는데, 이것들은 인간에게 변명할 여지가 없도록 하기에 충분합니다. 왜냐하면 성경이 우리에게 가르치는 것처럼 우리 안에 있는 빛이 모두 어둠으로 변했기 때문입니다. 가라사대, "빛이 어둠에 비춰되 어둠이 깨닫지 못하더라"[요 1:5]. 여기서 성 요한은 인간을 어둠이라 부릅니다. 그러므로 우리는 사람의 자유의지가 [성경과] 반대로 가르치는 모든 것을 거절하는데, 사람이 죄의 종에 불과하여, 하늘에서 주어진 것이 아니라면 아무 것도 할 수 없기 때문입니다[요 3:27]. 그리스도께서 "나를 보내신 아버지께서 이끄시지 않으면 아무도 내게 올 수 없다"[요 6:44]고 말씀하시는데도 불구하고, 마치 스스로 선을 행할 수 있는 듯이 자기 자신을 자랑하는 자는 실제로 누구입니까? "육신의 생각은 하나님과 원수가 되는"[롬 8:7] 것을 인정하면서도 자기 의지를 내세우는 자는 어떤 사람일까요? "육에 속한 사람은 하나님의 성령의 은사를 받지 아니하는"[고전 2:14] 것을 알면서도 자신의 지식을 말하는 자는 어떤 사람일까요? 요컨대, "우리가 무슨 일이든지 우리에게서 난 것 같이 스스로 만족할 것이 아니니, 우리의 만족은 오직 하나님으로부터 나느니라"[고후 3:5]는 [말씀을] 이해함에도 불구하고 [자신의] 유일한 생각을 고집하는 자는 어떤 사람일까요? 그러므로 "너희 안에서 행하시는 이는 하나님이시니, 자기의 기쁘신 뜻을 위하여 너희로 소원을 두고 행하

게 하시느니라"[빌 2:13]라고 사도가 말하는 것은 당연히 확실하고 굳건히 잘 보존되어야만 합니다. 왜냐하면 그리스도께서 역사하시지 않고는 하나님께서 그들에게 주신 [어떤] 지식도 의지도 없을 것이기 때문입니다. 그분은 "나를 떠나서는 너희가 아무 것도 할 수 없음이라"[요 15:5]라고 말씀하시면서 우리를 가르치십니다.

관련성경

벧전 2:9; 전 12:7; 시 8:5; 시 49:21; 사 59:2; 창 3:17, 19; 전 7:30; 롬 5:12; 요 8:7; 엡 4:24; 롬 12:2; 롬 3:10, 8:6; 행 14:17; 롬 1:20-21; 행 17:27; 엡 4:18, 5:8; 요 1:5; 시 37:9; 사 26:12; 시 94:11; 롬 8:3; 왕상 20:9; 시 28:8; 사 45:25; 요 3:27; 요 6:44 (고전 2:14); 고후 3:5; 빌 2:13.

네덜란드 신앙고백 제12항은 하나님의 창조를 말했고, 제13항은 하나님의 섭리를 다루었는데, 이제 제14항은 인간의 타락에 관하여 언급한다. 이러한 순서는 창세기 앞부분에 기록된 것들과 일치한다. 하나님은 세상과 인간을 선하게 창조하셨으나 인간은 사탄의 유혹에 빠져 타락했다. 그리하여 인간에게 불행한 일이 생기기 시작했다. 그러므로 하나님께서 인간을 만드신 목적을 살피는 것과 인간이 하나님의 뜻을 저버리고 타락한 일을 파악하는 것은 인생의 본분이 무엇인지를 이해하는 데 도움을 준다. 즉 우리가 어떻게 살아야 하는지를 깨닫게 해 준다.

하나님의 선한 창조

하나님은 세상을 창조하시면서 사람을 가장 마지막에 만드셨다. 이는 하나님께서 사람이 살 수 있는 환경을 조성하신 후 사람을 만드셨음을 의미한다. 그리고 하나님께서는 세상 만물을 말씀으로 창조하셨으나, 사람에 대해서는 땅의 흙으로 빚으셨으며, 특별히 자신의 형상과 모양에 따라 선하고 의롭고 거룩하게 만드셨다(창 1:26-28). 그러므로 창조 이야기에서 가장 중요한 것은 사람이다. 실로, 사람은 세상에서 가장 존귀한 존재이다. 하나님은 사람에게 많은 것을 선물로 주셨다. 무엇보다도 하나님을 대신하여 세상을 다스릴 수 있게 해 주셨다.

네덜란드 신앙고백은 원래의 사람에 대하여 "그는 자신의 의지로 모든 면에서 하나님의 뜻과 일치할 수 있는 존재였습니다"라고 설명한다. 그러므로 원래의 사람은 하나님의 뜻을 알 수 있었으며, 하나님의 말씀에 전적으로 순종할 수 있었고, 하나님의 영광을 드러낼 수 있었다. 사람은 생명 있는 모든 피조물 가운데 선과 의와 거룩함을 추구할 수 있는 유일한 존재였다. 하나님께서 오직 사람만을 자신의 형상과 모양에 따라 창조하셨기에 사람에게만 선과 의와 거룩함을 요구하시는 것은 당연했다. 사람은 하나님을 대신하여 세상을 통치할 자로서 이러한 본분을 지키며 살아야 했다. 실제로 첫 사람 아담은 세상 만물의 이름을 지어주었으며 그것들을 선하게 관리함으로써 이를 실천했다.

인간의 악한 타락

그러나 첫 사람 아담은 타락했다. 사탄은 아담이 하나님의 뜻을 거역하도록 유혹했고, 아담은 그 유혹에 넘어갔다. 사람의 타락에 대해서 네덜란드 신앙고백은 다음과 같이 말한다. "하지만 그는 이 영예로운 상태에 있었을 때 그것을 이해하지도 못했고, 자신의 탁월함을 인식하지도 못했습니다. 오히려 그는 죽음과 저주에 부합함으로써, 또한 사탄의 말에 귀 기울임으로써 자발적으로 죄에 예속되었습니다. 왜냐하면, 그는 자신이 받았던 생명의 계명을 범했고 자신의 죄로 인해 자신의 참된 생명이신 하나님에게서 스스로 잘려나갔기 때문입니다."

그렇다면 아담이 그의 아내 하와와 더불어 지은 죄 때문에 어떤 일이 일어났는가? 크게 세 가지 일이 일어났다. 그리고 그 일들은 모두 후손들에게 유전되었다.

첫째, 전적으로 부패하게 되었다. 네덜란드 신앙고백은 "결국 그는 자신의 본성 전부를 부패시켰습니다. 따라서 그는 육적이고 영적인 죽음이라는 유죄를 범했습니다. 또한 그는 자신의 모든 길에서 불경건하고 사악하며 타락함으로써 그가 하나님으로부터 받았던 자신의 탁월한 은사들을 몽땅 잃어버렸습니다. 그것들 가운데 작은 흔적들 외에는 달리 아무것도 그에게 남아 있지 않았는데, 이것들은 인간에게 변명할 여지가 없도록 하기에 충분한 것입니다"라고 진술한다. 이것을 인간의 '전적부패'(Total depravity)라고 부른다. 이에 대하여 로마서 3:10-12는 다음과 같이 말한다. "기록된바 의인은 없나니 하나도 없으며 깨닫는 자도 없고 하나님을 찾는 자도 없고 다 치우쳐 함께 무익하게 되고 선을 행하는 자는 없나니 하나도 없도다."

인간이 부패했다는 가장 큰 증거는 끊임없이 죄를 짓는 것이다. 인간은 죄의 성향을 가지고 있으며, 실제로 죄를 짓는다. 어느 시대건 인간은 다양한 죄악 가운데서 살아간다. 우리는 매 순간 수많은 범죄를 직간접으로 목격한다. 오늘날 하루에 쏟아지는 뉴스 가운데 상당수는 범죄와 관련된다. 그것들은 이 세상에 자연스럽게 들어와 있다. 사람들은 범죄를 당연한 것으로 받아들인다. 어느 순간에 우리는 작은 범죄에 관심을 두지 않고 강력범죄만 죄로 여긴다. 게다가 오늘날 새로운 범죄들이 끊임없이 생겨나고 있다. 거의 매일 첨단 과학을 동원한 범죄, 과학 기술의 맹점을 파고든 범죄, 더욱 잔인하고 변태적인 범죄 등을 접한다. 이러한 모습을 보면서 인간 타락의 결과가 얼마나 끔찍하고 집요한지를 깨닫는다. 세상에서 일어나는 범죄는 당연한 것이 아니다. 하나님은 인간을 그렇게 만들지 않으셨다. 그것은 타락의 결과다. 그리고 그 책임은 전적으로 인간에게 있다.

둘째, 선을 행할 수 없게 되었다. 네덜란드 신앙고백은 "우리는 사람의 자유의지가 성경과 반대로 가르치는 모든 것을 거절하는데, 사람이 죄의 종에 불과하여 하늘에서 주어진 것이 아니라면 아무것도 할 수 없기 때문입니다"라고 말한다. 인간은 타락으로 말미암아 하나님께서 주신 모든 좋은 것을 상실했다. 그는 자기 의지로 하나님의 말씀에 순종할 수 있었지만, 하나님의 말씀보다 "사탄의 말에 귀 기울임으로써 자발적으로 죄에 예속"되어 버렸다. 그리하여 아무런 선한 일도 행할 수 없는 상태에 이르게 되었다. 즉 스스로 헤어나올 수 없게 되었다.

그런데도 인간은 대단한 존재인 양 착각한다. 그들은 모든 것을 할 수 있다고 믿는다. 그러나 신앙고백은 다음과 같이 꼬집는다. "그리스도께서 '나를 보내신 아버지께서 이끄시지 않으면 아무도 내게 올 수 없다'(요 6:44)라고 말씀하시는데도 불구하고, 마치 스스로 선을 행할 수 있는 듯이 자기 자신을 자랑하는 자는 실제로 누구입니까? '육신의 생각은 하나님과 원수가 되는'(롬 8:7) 것을 인정하면서도 자기 의지를 내세우는 자는 어떤 사람일까요? '육에 속한 사람은 하나님의 성령의 은사를 받지 아니하는'(고전 2:14) 것을 알면서도 자신의 지식을 말하는 자는 어떤 사람일까요?" 인간은 이제 자신들이 얼마나 비참하고 가련한지를 깨달아야 한다.

셋째, 죽음에 이르게 되었다. 하나님은 범죄한 아담에게 "반드시 죽으리라"라고 말씀하셨다(창 2:17). 따라서 원래 사람은 '죽을 수 없는 존재'였으나, 죄 때문에 '죽지 않을 수 없는 존재'가 되었다. 흔히 사람들은 육적인 죽음만을 죽음이라고 생각한다. 또한, 육적인 죽음을 원래 피할 수 없는 인간의 운명이라고 여긴다. 그러나 성경이 말하는 죽음은 '하나님과의 영원한 분리(단절)'를 뜻한다. 그리고 그것은 원래의 운명이 아니라 죄로 인한 결과이다. 네덜란드 신앙고백은 이를 "왜냐하면 그는 자신이 받았던 생명의 계명을 범했고 자신의 죄로 인해 자신의 참된 생명이신 하나님에게서 스스로 잘려나갔기 때문입니다"라고 설명한다.

죽음은 생의 마지막 순간에만 경험되는 것이 아니다. 그것은 호흡하고 있는 동안에도 다양한 비참함으로 드러난다. 즉 죽음은 미래형일 뿐 아니라 현재형이다. 인간이 세상에서 겪는 온갖 고통과 질병과 재난과 전쟁 등은 모두 죽음의 카테고리에 속한다. 인간은 공허와 허무를 종종 경험하는데, 그것은 죽음을 느끼는 것이다. 하나님과 분리되었으니 그러한 감정이 생기는 것은 당연하다. 이런 가운데 인간은 죽음에서 벗어나고자 시도해 보지만 인간에게는 그런 힘이 없다. 시편 기자의 말을 들어보라. "누가 살아서 죽음을 보지 아니하고 자기의 영혼을 스올의 권세에서 건지리이까"(시 89:48).

그런데 죽음은 인간에게만 나타나는 것이 아니라 자연 만물에도 나타난다. 인간의 타락으로 말미암아 인간이 죽음에 이르게 되었을 뿐 아니라, 자연 만물도 부패하고 파괴되어서 죽은 상태가 되었다. 따라서 인간은 자연의 파괴에 대하여 책임을 져야 한다. 바울은 "피조물이 다 이제까지 함께 탄식하며 함께 고통을 겪고 있는 것을 우리가 아느니라 그뿐 아니라 또한 우리 곧 성령의 처음 익은 열매를 받은 우리까지도 속으로 탄식하여 양자 될 것 곧 우리 몸의 속량을 기다리느니라"라고 말한다(롬 8:22-23). 이것은 인간의 범죄로 인해 저주를 받은 피조물이 예수님의 재림을 통해 궁극적인 회복과 부활을 겪을 것을 바란다는 뜻이다.

회복의 방법

타락의 결과는 오늘날에도 여전히 유효하다. 분명히, 예수 그리스도를 통해서 거듭나지 않은 모든 사람은 여전히 타락한 상태에 있다. 그렇다면 어떻게 해야 하는가? 답은 간단하다. 예수 그리스도를 구주로 영접하고 거듭나야 한다. 그것만이 타락의 저주에서 벗어나는 길이다. 바울은 다음과 같이 권고한다. "너희는 유혹의 욕심을 따라 썩어져 가는 구습을 따르는 옛 사람을 벗어 버리고 오직 너희의 심령이 새롭게 되어 하나님을 따라 의와 진리의 거룩함으로 지으심을 받은 새 사람을 입으라"(엡 4:22-24).

예수 그리스도는 우리를 선한 존재로 변화시키시고, 우리가 선한 일을 하게 하신다. 네덜란드 신앙고백이 말하는 것을 들어보라. "그러므로 '너희 안에서 행하시는 이는 하나님이시니, 자기의 기쁘신 뜻을 위하여 너희로 소원을 두고 행하게 하시느니라'(빌 2:13)라고 사도가 말하는 것은 당연히 확실하고 굳건히 잘 보존되어야만 합니다. 왜냐하면, 그리스도께서 역사하시지 않고는 하나님께서 그들에게 주신 어떤 지식도 의지도 없을 것이기 때문입니다. 그분은 '나를 떠나서는 너희가 아무것도 할 수 없음이라'(요 15:5)라고 말씀하시면서 우리를 가르치십니다."

제15항

원죄의 의미와 우리의 의무

Article XV.

Nous croyons, que par la desobeissance d'Adam le Peche Originel a esté espandu par tout le genre humain; lequel est une corruption de toute la nature, et un vice hereditaire, duquel mesme sont entachez le petits enfans au ventre de leur Mere, et qui produit en l'homme toute sorte de peche, y servant de racine: dont il est tant vilain et enorme devant Dieu, qu'il est suffisant pour condamner le genre humain, et n'est pas aboli mesme par le Baptesme ou desraciné du tout, veu que tousjours les bouillons en sortent comme d'une malheureuse source: combien toutesfois qu'il ne soit point imputé à condamnation aux enfans de Dieu; ains pardonné par sa grace et misericorde, non point afin qu'ils s'endorment, mais afin que le sentiment de ceste corruption face souvent gemir les fideles, desirans d'estre delivrez du corps de ceste mort. Sur cela nous rejettons l'erreur des Pelagiens, qui disent, que ce pech"e n'est aultre chose qu'vne imitation.

제15항. [아담의 불순종: 원죄]

우리는 아담의 불순종으로 원죄가 인류 전체에 퍼졌다고 믿습니다. [원죄는] 인간 본성 전부의 타락이자 유전적 악덕인데, 이것으로 어머니 배 속의 태아들조차도 오염될 [정도]입니다. 또한 [원죄는] 근원의 역할로 사람 안에 온갖 종류의 죄를 생산합니다. 그러므로 그것은 하나님 앞에서 그토록 추악하고 엄청나서 인류를 정죄하기에 충분하며 결코 세례에 의해서도 박멸되거나 전부 근절되지 않습니다. 왜냐하면 [원죄는] 항상 끓는 물주전자처럼 분출하기 때문인데, 마치 일종의 불행한 원천으로부터 [솟아나는 것과] 같습니다. 이 모든 것에도 불구하고 [원죄가] 하나님의 자녀에게는 정죄에 이르도록 전가되지 않고, 이렇게 그분의 은혜와 자비로 용서됩니다. 그것은 평안히 잠들게 하려는 것이 아니라, 타락에 대한 의식이 신자들로 하여금 이 죽음의 몸으로부터 해방되는 것을 소망하도록 자주 탄식하게 하는 것입니다. 이와 관련하여 우리는 이 죄가 일종의 모방과 다르지 않다고 말하는 펠라기우스주의자들의 오류를 거절합니다.

관련성경

시 51:5; 롬 3:10; 요 3:6; 창 6:3; 엡 2:5; 욥 14:4; 롬 5:14, 7:18-19.

네덜란드 신앙고백 제15항은 원죄(原罪)를 다룬다. 원죄는 아담이 저지른 인류 최초의 죄를 가리킨다. 아담의 죄는 창세기 2-3장에 기록되어 있다. 아담은 하나님의 말씀에 불순종했다. 그런데 죄의 대가는 가혹했다. 아담은 에덴에서 쫓겨났고 사망이라는 형벌을 받았다. 그런데 이것은 아담에게만 국한하지 않고 인류 전체에 퍼졌다. 즉 아담으로 인해 인류 전체가 죄인이 된 것이다. 이것이 원죄 교리다. 원죄 교리는 기독교에서 대단히 중요하다. 원죄 교리를 부정하면 이단이 된다. 그러므로 성경이 말하는 원죄 교리에 대해서 자세히 이해할 필요가 있다.

원죄의 의미

네덜란드 신앙고백서는 원죄에 대해서 다음과 같이 진술한다. "우리는 아담의 불순종으로 원죄가 인류 전체에 퍼졌다고 믿습니다. 원죄는 인간 본성 전부의 타락이자 유전적 악덕인데, 이것으로 어머니 배 속의 태아들조차도 오염될 정도입니다. 또한, 원죄는 근원의 역할로 사람 안에 온갖 종류의 죄를 생산합니다." 그렇다면 아담은 어떤 죄를 지었는가? 아담은 하나님이 먹지 말라고 하신 '선악을 알게 하는 나무'의 열매를 먹었다. 그래서 어떤 사람은 아담의 죄를 무절제한 식욕이라고 생각한다. 그러나 이것은 유치한 해석이다. 에덴에는 온갖 먹을 것이 가득했다. 또한, 어떤 사람은 아담의 죄를 성적인 죄라고 이해한다. 그러나 이것도 말이 되지 않는다. 그 밖에도, 교회사에 나타나는 대로 다양한 사람들이 다양하게 원죄 교리를 곡해해 왔다.

창세기 2-3장이 기술하는 대로, 아담이 지은 죄는 하나님의 말씀을 어긴 것이었다. 곧 하나님의 명령에 대한 불순종이었다. 아담은 하나님을 멸시했다. 즉, 하나님을 향한 경외심을 버렸다. 그는 하나님의 말씀을 가볍게 여겼다. 그런데 문제는 원죄가 모든 인류에게 유전된다는 것이다. 아담 이후 모든 인간은 죄인이 되었다(롬 5:12). 그리고 아담의 죄를 물려받은 인간들은 아담과 같은 습성을 가지게 되었다. 아담처럼, 인간은 하나님의 말씀을 귀담아듣지 않으려고 한다. 하나님의 말씀을 곡해하려는 속셈을 지니고 있다. 하나님이 명령하신 것을 온갖 핑계를 대며 순종하지 않으려는 고약함을 가지고 있다. 이러한 성향은 모두 원죄 때문에 발생했다.

아담의 죄가 인류 전체에게 퍼지므로 사람 안에 온갖 종류의 죄가 생산되었다. 더욱이 칼빈이 『기독교 강요』에서 언급한 대로 아담이 잃어버린 은사들은 그 자신만이 아니라 우리를 위해서 받았던 것이고, 따라서 그 재능들은 한 사람에게 주어진 것이 아니라 온 인류에게 주어졌던 것인데, 그의 죄 때문에 그 모든 것이 사라져버렸다. 그러므로 우리는 인간이 죄를 가지고 있으며, 그 죄가 인간을 사망으로 이끈다는 사실을 명심해야 한다. 네덜란드 신앙고백이 진술하듯이 원죄는 하나님 앞에서 그토록 추악하고 엄청나서 인류를 정죄하기에 충분하며 결코 세례에 의해서도 박멸되거나 전부 근절되지 않는다. 이러한 죄악된 상태는 하나님의 탓이 아니라 오로지 인간의 책임이다. 전도자는 다음과 같이 말한다. "내가 깨달은 것은 오직 이것이라. 곧 하나님은 사람을 정직하게 지으셨으나 사람이 많은 꾀들을 낸 것이니라"(전 7:29).

우리가 해야 할 일

그렇다면 원죄 교리 앞에서 우리는 어떤 이해를 지녀야 하며 무엇을 실천해야 할까?

첫째, 원죄가 인간 본성의 각 부분을 타락하고 부패하게 했다는 사실을 인정해야 한다. 인간에 죄는 끊이지 않는다. 죄는 인간이 육신을 입고 이 세상에 있는 한 절대로 사라지지 않는다. 이것을 칼빈은 『기독교 강요』에서 다음과 같이 말한다. "원죄는 항상 끓는 물 주전자처럼 분출하며, 마치 일종의 불행한 원천으로부터 솟아나는 것과 같다. 또한, 원죄는 불타는 용광로에서 불꽃과 화염이 계속 튀어나오며 샘에서 물이 끊임없이 솟아 나오듯이 계속해서 새로운 육체의 열매들을 맺는다. 우리는 사람의 전부가 머리부터 발끝까지 완전히 죄에 압도되어서 죄에서 벗어나 있는 부분이 하나도 없으며, 사람에게서 나오는 모든 것이 다 죄로 물들어 있음을 알아야 한다."

둘째, 이 모든 것에도 불구하고 원죄가 하나님의 자녀에게 전가되지 않고, 그분의 은혜와 자비로 용서된다는 사실을 명심해야 한다. 하나님은 예수 그리스도를 보내주셔서 우리가 죄와 죄의 책임에서 벗어날 수 있게 해 주셨다. 이것은 가장 중요한 진리이다. 인간이 해야 할 가장 긴급하고도 우선적인 일은 예수 그리스도를 영접하고 구원받는 것이다. 이것은 하나님의 은혜로 이루어진다. 기억하라. 구원은 인간의 노력과 하나님의 능력이 결합하여 생긴 것이 아니다. 구원은 전적으로 하나님이 하시는 일이다. 인간은 하나님의 은혜에 의하여 믿음으로 말미암아 구원받는데, 이는 인간에게서 난 것이 아니라 하나님의 선물이다(엡 2:8). 예레미야는 "만물보다 거짓되고 심히 부패한 것은 마음이라"라고 말했다(렘 17:9). 그러나 하나님은 우리를 사랑하셔서 우리에게 구원의 소망을 주셨다. "또 새 영을 너희 속에 두고 새 마음을 너희에게 주되 너희 육신에서 굳은 마음을 제거하고 부드러운 마음을 줄 것이며 또 내 영을 너희 속에 두어 너희로 내 율례를 행하게 하리니 너희가 내 규례를 지켜 행할지라"(겔 36:26-27).

셋째, 구원받은 이후 계속해서 성장해야 한다는 사실을 기억해야 한다. 바울은 "너희 안에서 착한 일을 시작하신 이가 그리스도 예수의 날까지 이루실 줄을 우리는 확신하노라"라고 말한다(빌 1:6). 칼빈은 『기독교 강요』에서 이 구절을 다음과 같이 설명한다. "하나님은 우리 마음에 의를 향한 사랑과 욕망과 열정을 불러일으키심으로, 좀 더 정확히 말하자면, 우리의 마음을 돌이키시고, 훈련하시며, 인도하셔서 의를 향하도록 하심으로 우리 속에서 착한 일을 시작하신다. 그리고 더 나아가서 우리를 끝까지 인내하도록 확정하심으로 그분의 일을 완성하신다. 그러나 사탄은 우리를 그냥 놔두지 않는다. 그는 끊임없이 우리를 미혹하고 우리가 타락하거나 적어도 우리가 성장하지 못하도록 방해한다. 필시 아무리 좋은 기질을 지닌 사람이라도 수많은 요인으로 인하여 산란해져 있기에 끝까지 인내하도록 힘을 얻지 못하면 곧바로 무너진다. 그러므로 우리는 하나님의 은혜가 항상 우리 속에 머물도록 기도해야 한다."

넷째, 하나님께서 인간 속에 자연적인 은사들을 남겨 두셨음을 알아야 한다. 비록 인간이 죄를 지어서 타락하고 부패했으나 하나님은 인간을 쓸모없는 존재가 되게 하지 않으시고 인간에게 이성과 능력이 있게 하셨다. 물론 인간의 이성과 능력은 죄로 인해 오염되었기에 완전하지 않고 정결하지도 않다. 그러나 그것은 인간이 이 세상을 살아가는 데 필요한 수단이 된다. 이것이 하나님의 자비와 사랑이다. 하지만 근본적으로 타락한 인간은 이것을 잘못된 방향으로 사용하는 수가 많다. 반드시 기억하라. 하나님은 인간을 여전히 사랑하셔서 인간이 생존하고 번성할 수 있도록 은혜를 베푸신다. 따라서 자신에게 남아 있는 지성과 능력에 감사해야 하며, 그것을 하나님의 뜻에 맞게 사용해야 한다.

다섯째. 하나님께서 사람의 본성적인 악의 발동을 억제하시는 은혜를 베푸신다는 것을 깨달아야 한다. 칼빈은 『기독교 강요』에서 "만일 주님이 인간의 욕심이 이끌리는 대로 마구 방황하도록 허락하신다면 과연 어떤 일이 일어나겠는가"라고 질문을 제기한 후 다음과 같이 답변한다. "아무리 미친 짐승도 그처럼 마구 날뛰지는 않을 것이고, 아무리 거세게 흘러내려 가는 강물도 그처럼 미친 듯이 홍수로 돌변하지 않을 것이다. 따라서 하나님은 사람들을 억제하신다. 어떤 사람들은 부끄러움 때문에 파렴치한 짓을 하지 못하고, 어떤 사람들은 법에 대한 두려움을 지닌다. 그리고 어떤 사람들은 남보다 위대해지려는 야망 때문에, 또는 사람들의 눈총 때문에 죄를 억제한다. 그러므로 우리는 권세자의 칼을 두려워해야 하며, 세상의 법과 사회의 질서를 준수해야 한다. 그것은 하나님이 인간의 본성적 사악함을 억제하셔서 그것이 행동으로 터져 나오지 못하게 하시는 수단이다."

바른 복음을 전파해야 함

원죄 교리는 항상 이단들의 공격 대상이 되었다. 교회사에서 원죄 교리 곡해를 가장 먼저 한 사람 가운데 한 명은 펠라기우스(AD 360년?~420년?)이다. 펠라기우스는 "죄가 일종의 모방과 다르지 않다"라고 주장했다. 이것은 인간의 범죄가 아담의 범죄를 단순히 모방하는 행위 정도라는 뜻이다. 펠라기우스는 인간의 원죄를 부정하면서 동시에 인간의 자범죄를 가볍게 여겼다. 그는 인간이 백지상태로 무흠하게 태어나므로 죄를 짓지 않을 수 있기에 얼마든지 자력으로 구원을 이룰 수 있다고 말했다. 이것은 예수 그리스도의 구속 사역이 굳이 필요하지 않음을 시사한다. 그러나 그의 말은 거짓이다. 인간은 태어날 때부터 이미 전적으로 타락한 상태이기에 자력으로 구원받을 수 없고 반드시 하나님의 은혜와 능력으로 구원받을 수 있다.

사도 바울은 갈라디아 지역에 들어온 거짓 교사들에 맞서서 '다른 복음'을 전하는 자가 저주를 받을 것이라고 엄중하면서도 단호하게 경고한다(갈 1장). 교회사를 들여다보면 너무나도 다양한 이단들이 등장하여 예수 그리스도가 전수해 주신 '바른 복음'에서 이탈한 '다른 복음'을 가르친 것을 알 수 있다. 다른 복음은 대단히 위험하다. 그것은 인간을 구원받지 못하게 하며, 이미 구원받은 자들의 생각과 마음을 혼미하게 하여 어그러진 길로 가게 한다. 그리하여 기독교를 심각하게 파괴한다. 복음은 정확하고 정교하다. 따라서 복음에서 조금이라도 벗어나도 되는 것은 없다. 우리는 주님이 주신 '바로 그 복음'을 수용해야 하고 전파해야 한다. 특히 원죄 교리는 바른 복음의 출발점이다. 전도자는 인간이 죄인이며 그 결과가 죽음이라는 사실을 말한 후 예수 그리스도가 이 문제를 해결했다는 사실을 가르쳐야 한다.

제16항

하나님의 선택과 유기

Article XVI.

Nous cryons, que toute la lignée d'Adam estant ainsi precipitée en perdition et ruine par la faulte du premier homme, Dieu s'est demonstré tel qu'il est, a savoir, misericordieux et juste. Misericordieux en retirant et sauvant de ceste perdition ceux, lesquels en son conseil eternel et immuable il a esleus et choisis par sa pure bonté en Iesus Christ nostre Seigneur, sans aucun esgard de leurs oeuvres, Iuste, en laissant les autres en leur ruine et tresbuschement, oú ils se sont precipitez.

제16항. 하나님의 선택과 유기

우리는 아담의 후손 전체가 첫 사람의 범죄로 인해 멸망과 몰락에 빠졌을 때, 하나님께서 자신이 자비로우시고 공의로우신 분이심을 친히 증명하셨다고 믿습니다. 자비로우신 분이란 [하나님께서] 저 멸망으로부터 그들을 구출하시고 구원하신다는 것인데, 그들은 그분이 자신의 영원하고 불변하는 작정 안에서 자신의 순수한 선하심에 의해, 그들의 행위에 대한 어떤 고려도 없이, 우리 주 예수 그리스도 안에서 택하신 자들입니다. 공의로우신 분이란 다른 사람들을 그들의 몰락과 파멸 속에 내버려두신다는 것인데, 그곳으로 그들은 스스로 곤두박질쳤습니다.

관련성경

롬 9:16, 3:12; 신 32:8; 삼상 12:22; 시 65:5; 말 1:2; 딤후 1:9; 롬 9:29; 딛 3:4-5; 엡 1:4-5; 롬 11:5; 행 2:47, 13:48; 딤후 2:20; 롬 9:11; 벧전 1:2; 롬 9:21, 15:16; 롬 11:34-35; 요 18:20, 15:19; 딛 1:1; 엡 1:3; 요 10:29; 마 15:24, 20:23.

네덜란드 신앙고백 제16항은 하나님의 선택과 유기를 다룬다. 선택(選擇)이란 하나님께서 구원하실 자들을 예정해 놓으셨다는 것이고, 유기(遺棄)란 선택받지 못한 자들이 버림을 받는다는 것이다. 이것은 기독교에서 매우 중요한 교리이다. 하지만 어떤 사람들은 이 교리가 하나님의 성품에 부합하지 않는다고 생각한다. 그들은 하나님께서 인간을 사랑하시는데 어떻게 인간을 차별하시겠느냐고 반문한다. 그러나 성경은 분명히 선택과 유기를 말한다. 이것은 하나님의 성품에 전혀 위반되지 않는다. 선택은 하나님의 자비를, 그리고 유기는 하나님의 공의를 보여준다. '이중예정'이란 것이 있는데, 이는 선택도 예정하셨고, 유기도 예정하셨다는 뜻이다.

선택: 하나님의 자비

네덜란드 신앙고백은 "우리는 아담의 후손 전체가 첫 사람의 범죄로 인해 멸망과 몰락에 빠졌을 때 하나님께서 자신이 자비로우시고 공의로우신 분이심을 친히 증명하셨다고 믿습니다"라고 진술한다. 아담이 범죄한 이후 모든 인류가 그 죄과를 이어받았다. 그리하여 인류는 멸망과 몰락에 빠졌다. 인간은 더 이상 하나님과 교제할 수 없게 되었다. 그리하여 인간은 하나님께 나아갈 수 없으며 하나님의 은덕을 입을 수도 없다. 인간의 현세적 삶은 비참이며 내세적 삶은 절망이다. 이에 대해서는 이미 제15항 아담의 원죄에서 설명했으니 더 설명하지 않겠다.

그런데 하나님께서 인간을 향해 자비를 보여주셨다. 네덜란드 신앙고백은 하나님의 자비를 다음과 같이 설명한다. "자비로우신 분이란 하나님께서 저 멸망으로부터 그들을 구출하시고 구원하신다는 것인데, 그들은 그분이 자신의 영원하고 불변하는 작정 안에서 자신의 순수한 선하심에 의해, 그들의 행위에 대한 어떤 고려도 없이, 우리 주 예수 그리스도 안에서 택하신 자들입니다." 하나님의 자비란 하나님의 선택을 암시한다. 복음은 모든 사람에게 동등하게 전해지지 않으며, 또 그것을 들은 사람들이 같은 반응을 보이지도 않는다. 오직 하나님의 선택을 받은 사람만이 합당한 믿음의 반응을 보인다.

선택 교리가 주는 깨달음

첫째, 하나님의 선택은 오직 하나님의 주권적인 뜻에 따라 결정된다. 하나님은 구원의 대상을 선정하실 때 인간의 자격이나 조건을 보지 않으신다. 그분이 알아서 결정하신다. 이를 '무조건적 선택'이라고 한다. 로마서 9:15-16은 "모세에게 이르시되 내가 긍휼히 여길 자를 긍휼히 여기고 불쌍히 여길 자를 불쌍히 여기리라 하셨으니 그런즉 원하는 자로 말미암음도 아니요 달음박질하는 자로 말미암음도 아니요 오직 긍휼히 여기시는 하나님으로 말미암음이니라"라고 말한다. 따라서 우리는 구원이 하나님의 전적인 선물임을 알고 하나님께 감사해야 한다.

둘째, 선택 교리는 우리가 큰 책임감을 지니게 한다. 자칫 이 교리를 오해하여 '하나님이 나를 선택하셔서 구원하셨다면 어차피 죽어서도 천국에 갈 것이니 책임감이나 사명감을 가지고 살 일도 없다'라고 생각할 수 있다. 그러나 이것은 전혀 옳지 않다. 선택받은 자들은 하나님이 자신들을 선택해 주셨으니 감사하고 찬송하며 살아야 한다는 책임감을 가지게 된다. 아무런 자격이나 공로가 없는 자를 친히 선택하셔서 구원해 주셨으니 너무나 감사하고 영광스럽기 때문이다. 분명히, 선하게 살겠다는 강렬한 열망은 선택받았다는 확신에서 온다. 시편 65:4는 "주께서 택하시고 가까이 오게 하사 주의 뜰에 살게 하신 사람은 복이 있나이다 우리가 주의 집 곧 주의 성전의 아름다움으로 만족하리이다"라고 노래한다.

셋째, 선택 교리는 우리에게 전도의 사명을 불러일으킨다. 어떤 사람들은 하나님께서 선택하신 자를 구원하신다면 하나님이 알아서 구원받게 하실 것이니 우리가 전도할 필요가 없다고 생각한다. 그러나 이것은 오해다. 하나님은 구원하실 자를 정해 놓으셨으나 인간의 전도라는 방법을 사용하셔서 그분의 뜻을 이루신다. 그래서 선택 교리를 믿는 우리는 하나님의 뜻이 이루어지도록 열심히 전도해야 한다. 사도들은 목숨을 내놓고 지역들을 다니면서 전도했고, 그리하여 "영생을 주시기로 작정된 자는 다 믿더라"라는 역사가 일어났다(행 13:48). 우리는 사도들의 사역을 계승해야 한다. 바울의 권면을 기억하자. "그런즉 그들이 믿지 아니하는 이를 어찌 부르리요 듣지도 못한 이를 어찌 믿으리요 전파하는 자가 없이 어찌 들으리요 보내심을 받지 아니하였으면 어찌 전파하리요 기록된 바 아름답도다 좋은 소식을 전하는 자들의 발이여 함과 같으니라"(롬 10:14-15).

유기: 하나님의 공의

하나님은 선택하지 않은 자들을 유기하셨다. 네덜란드 신앙고백은 이에 대해서 다음과 같이 진술한다. "공의로우신 분이란 다른 사람들을 그들의 몰락과 파멸 속에 내버려 두신다는 것인데, 그곳으로 그들은 스스로 곤두박질쳤습니다." 유기는 내버려 두는 것이다. 이것은 죄의 결과를 그냥 받게 하는 것이다. 곧 모든 인간은 죄의 결과를 받게 되어 있는데, 선택받은 자들은 그 결과에서 제외되지만, 그렇지 않은 자들은 그 결과를 고스란히 받게 된다. 그러므로 선택과 유기는 항상 같이 있다. 즉, 유기는 선택에 필수적으로 수반된다. 선택 교리를 믿으면 유기 교리도 믿어야 한다. 선택은 인정하나 유기를 인정할 수 없다는 논리란 있을 수 없다.

유기는 타락한 인간이 당연히 받게 되는 결과다. 사람이 멸망과 몰락에 빠지게 된 유일한 원인은 그가 하나님의 순결한 창조 상태에서 타락하여 악하고 불순한 부패 상태로 빠져들어 갔다는 데 있다(『기독교 강요』 3권 23장). 그러므로 유기는 하나님의 책임이 아니다. 그것은 인간이 타락해서 얻게 된 결과이므로 인간이 책임져야 할 일이다. 하나님이 누구를 선택하시든 하지 않으시든 인간이 불평할 수 없다. 로마서 9:20-23은 다음과 같이 말한다. "이 사람아 네가 누구이기에 감히 하나님께 반문하느냐 지음을 받은 물건이 지은 자에게 어찌 나를 이같이 만들었느냐 말하겠느냐 토기장이가 진흙 한 덩이로 하나는 귀히 쓸 그릇을, 하나는 천히 쓸 그릇을 만들 권한이 없느냐 만일 하나님이 그의 진노를 보이시고 그의 능력을 알게 하고자 하사 멸하기로 준비된 진노의 그릇을 오래 참으심으로 관용하시고 또한 영광 받기로 예비하신 바 긍휼의 그릇에 대하여 그 영광의 풍성함을 알게 하고자 하셨을지라도 무슨 말을 하리요."

유기 교리가 주는 깨달음

첫째, 유기 교리는 두려움과 겸허함을 심어준다. 하나님은 유기한 자들을 심판하신다. 그들은 영원한 멸망에 빠질 것인데, 그러한 운명은 이 땅에서 비참함으로 나타난다. 더욱이 그들에게는 회개의 기회가 없다. 회개는 성령의 은혜로 가능하지만, 성령의 은혜가 없으니 회개할 수 없다. 하나님은 버리기로 예정하신 자들에게서 듣는 귀를 빼앗으시며 보는 눈을 멀게 하시고 똑같은 말씀으로도 그 마음을 오히려 강퍅하게 하신다(『기독교 강요』 3권 24장). 따라서 우리는 유기 교리를 통하여 하나님의 공의로움과 진노를 더욱 강하게 생각하게 된다. 곧 유기 교리를 통하여 전능하신 하나님 앞에서 더욱 주의하게 되며 날마다 은혜를 구하게 된다.

둘째, 교회에 다니는 자들 가운데 유기된 자들이 있음을 알아야 한다. 어떤 사람들은 복음을 노골적으로 박해하므로 유기된 자의 증거를 분명히 보여준다. 하지만 어떤 사람들은 교회에 오래 다니면서 예배에 잘 참석하고 봉사도 많이 했으나 구원에 이르지 못한다. 왜 이런 일이 일어나는가? 한번 구원받았으면 영원히 구원받은 것이 아닌가? 하지만 안타깝게도 성경과 교회사에는 배도한 자들에 관한 이야기가 많이 나온다. 분명히 하자. 그들은 믿다가 낙심한 것이 아니다. 그들은 아예 믿은 적이 없다. 즉, 한 번도 마음을 다하는 신뢰로 그리스도를 붙잡은 적이 없다. 따라서 그들을 예정한 것이 취소되거나 번복된 것이 아니다. 그들이 처음부터 믿지 않은 것이다. 요한일서 2:19는 다음과 같이 말한다. "그들이 우리에게서 나갔으나 우리에게 속하지 아니하였나니 만일 우리에게 속하였더라면 우리와 함께 거하였으려니와 그들이 나간 것은 다 우리에게 속하지 아니함을 나타내려 함이니라."

셋째, 믿는 자들을 더욱 공고히 하고 믿지 않는 자들을 전도하기 위해서 노력해야 한다. 교회에 잘 다니다가 세상으로 떨어져 나가지 않도록 말씀을 잘 가르쳐야 한다. 어린 시절 함께 주님을 믿던 이들 중 지금 보이지 않는 이들이 얼마나 많은가. 앞에서 말했듯이, 하나님의 선택은 우리의 전도를 통해서 실현된다. 물론, 어떤 사람에 대한 구원 여부는 하나님이 결정하시는 일이지 우리가 할 수 있는 일이 아니다. 하지만 우리는 모든 사람의 구원 가능성을 열어 두어야 한다. 모든 사람을 구원받을 수 있는 사람처럼 생각하고 모두에게 믿음을 권하고 거룩한 삶을 살도록 격려해야 한다. 그러한 전도자들에게 주님은 복을 주실 것이다. 주님은 다음과 같이 말씀하셨다. "만일 평안을 받을 사람이 거기 있으면 너희의 평안이 그에게 머물 것이요 그렇지 않으면 너희에게로 돌아오리라"(눅 10:6).

결론: 선택 교리는 구원의 확신을 심어준다

만일 구원이 나에게 달려 있다면 불안할 것이다. 나의 조건과 공적에 따라 구원이 결정된다면 하나님의 지고한 기준에 비해 나의 수준이 형편없기에 구원이 처음부터 실현 불가능할 뿐 아니라 언제든지 취소될 수 있을 것이다. 그래서 구원의 확신을 가질 수 없게 될 것이다. 그러나 구원이 하나님의 선택에 기인하기에 나의 구원은 가능해지며, 더군다나 끝까지 보장받는다. 나의 구원이 신실하지 못한 나 자신에게 달려 있지 않고, 신실하시고 불변하시는 하나님께 달려 있기에 나의 구원은 확실하다. 그러므로 아무도 나의 구원을 흔들 수 없다. 더욱이 성령께서 부르신 자들의 마음을 강퍅하지 않고 부드럽게 하시기에 그들이 계속해서 하나님께 열린 자세를 취할 수 있게 된다. 그리하여 성령의 유효한 역사 가운데 우리는 말씀을 기꺼이 받으며, 부지런히 기도하고, 자발적으로 전도하며, 기쁨으로 봉사하고, 즐겁게 구제하게 된다.

제17항

인간을 지극히 사랑하시는 하나님

Article XVII.

Nous croyons que nostre bon Dieu par sa merveilleuse sagesse et bonté, voyant que l'homme s'estoit ainsi precipité en la mort tant corporelle que spirituelle et rendu du tout malheureux s'est luy mesme mis à le cercher, lors qu'il s'enfuyoit de luy tout tremblant, et l'a console luy faisant promesse de luy donner son Fils fait de femme pour briser la teste du serpent, et le faire bienheureux.

제17항. 인간을 지극히 사랑하시는 하나님

우리가 믿는 것은 인간이 [스스로] 자신을 영적이고도 육적인 죽음에 던져버리고 완전히 비참하게 된 것을 보신 우리의 선하신 하나님께서, 그가 너무 두려워하여 자신으로부터 도망쳤을 때, 자신의 경이로운 지혜와 선으로 친히 그를 찾으셨을 뿐만 아니라, 뱀의 머리를 상하게 하시고, 그를 복 받는 자로 만드시기 위해, 한 여자에게서 태어나게 되실 자신의 [친] 아들을 주신다고 그에게 약속하심으로 또한 그를 위로하셨다는 [사실]입니다.

관련성경

창 3:15, 22:18; 사 7:14; 요 7:42; 딤후 2:8; 히 7:14; 요 1:14; 창 3장. 갈 4:4.

네덜란드 신앙고백 제17항은 에덴동산에서 아담이 사탄의 유혹을 받아 타락함으로 비참한 처지에 놓였을 때 하나님께서 그를 찾아오셔서 구원을 약속하심으로 위로하신 일에 관하여 말한다. 아담은 사탄의 유혹을 받아 죄를 지으므로 절망에 빠졌다. 단 한 번의 죄는 그를 완전히 무너뜨렸다. 그는 하나님과 완전히 단절되어서 어떠한 회복의 가능성도 가질 수 없었다. 그러나 하나님께서는 사랑과 은혜가 풍성하셔서 하나님에게서 숨어 있던 그를 찾아오시고 위로하셨다. 하나님의 위로는 유효하고 영원한 구원에 대한 약속이었다. 훗날 하나님의 위로는 예수 그리스도를 통해서 성취되었다. 이 장에서는 이 일이 주는 의미를 살펴보겠다.

명령에 불순종한 인간

네덜란드 신앙고백은 타락한 아담에게 하나님이 찾아오셨을 때를 "인간이 스스로 자신을 영적이고도 육적인 죽음에 던져버리고 완전히 비참하게 된 것을 보신 우리의 선하신 하나님께서 그가 너무 두려워하여 자신으로부터 도망쳤을 때"라고 묘사한다. 에덴동산에서 범죄한 아담과 하와에게 여호와 하나님이 찾아가신 것을 창세기 3:9는 다음과 같이 서술한다. "여호와 하나님이 아담을 부르시며 그에게 이르시되 네가 어디 있느냐?" 이것은 하나님이 인간을 버리지 않으셨음을 보여준다. 인간은 하나님을 불순종하여 자신을 육적인 죽음에 던져버리고 완전히 비참해졌으나 지극히 선하신 하나님은 자신으로부터 도망친 아담과 하와에게 찾아가셨다.

아담이 지은 죄는 실로 엄청난 결과를 가져왔다. 그의 내면에 죄가 침투하자 탁월했던 성품들은 변질되고 부패했으며, 지혜와 거룩함과 의와 진실은 파괴되었고, 무지와 무기력과 불의와 허영만 가득해졌다(『기독교 강요』 2권 1장). 구체적으로 말하자면, 타락 이전에 인간은 본래적 의를 가지고 있었고, 질병과 고통과 죽음을 겪지 않았으며, 정확하고 빈틈없고 혼란이 없는 이성과 정신을 지니고 있었고, 연약함과 부족함이 없는 건강한 육체를 가지고 있었다. 그러나 타락 이후에는 본래적 의가 사라져서 불의한 인간이 되었고, 하나님과의 교제가 끊어짐으로 철저한 고독과 불행을 겪게 되었으며, 하나님과 완전히 단절되어 영원한 멸망에 빠지게 되었고, 영혼과 육체가 전적으로 더러워졌다.

더욱이 아담의 죄는 자신에게 한정되지 않고 모든 후손에게 전달되었다. 이것을 바울은 "한 사람으로 말미암아 죄가 세상에 들어오고"(롬 5:12)라고 묘사한다. 웨스트민스터 신앙고백 제6장 4절은 "사람은 원래의 부패로 말미암아 모든 선을 전적으로 싫어하고, 그것을 행할 수 없으며 거역하고 전적으로 모든 악에 기울어지며, 이 원래의 부패로부터 모든 자범죄가 나옵니다"라고 진술한다. 이제 인간은 태생적으로 사악하고 부패한 성향을 지니게 되었다. 즉 자연적인 인간은 본성적으로 죄를 짓는 기질과 성향을 가지므로 이 세상을 살아가는 동안에 항상 죄를 범하게 되었다. 그래서 모든 인간은 죄인이라는 사실이 분명해졌다(롬 3:23).

『기독교 강요』 2권 1장은 '원죄'를 "영혼의 모든 부분에 퍼져 있어서 우리를 하나님의 진노 아래 있게 만들고 또한 성경이 말씀하는 '육체의 일'(갈 5:19)을 우리 속에 일으키는바 우리 본성의 유전적 타락성과 부패성"이라고 묘사한다. 그리고 '우리가 명심해야 할 일'을 두 가지로 말한다. 첫째, 우리 본성의 각 부분이 다 타락하고 부패했으므로 이런 크나큰 부패로 말미암아 우리가 하나님 앞에서 당연히 정죄를 받고 유죄를 선고받은 상태에 있으니 이는 하나님에게 오직 의와 무죄와 순결 외에 그 어떤 것도 용납되지 않기 때문이다. 둘째, 이러한 부패성은 절대로 우리 속에서 사라지지 않고, 마치 불타는 용광로에서 불꽃과 화염이 계속 튀어나오며 샘에서 물이 끊임없이 솟아 나오듯이 계속해서 새로운 열매들, 곧 육체의 일들을 맺는다.

인간은 하나님의 일반은총(양심과 교육)에 의해 어느 정도 선을 행할 수 있으나, 여전히 하나님께서 원하시는 절대적인 선을 행할 수 없고 그렇게 할 마음도 없다. 인간 본성의 부패는 거듭난 신자들에게도 이 세상에서 사는 동안에 여전히 남아 있다. 비록 이 부패가 그리스도로 말미암아 용서받고 죽임당했으나 종말이 오기까지는 계속된다. 그러므로 신자들은 이 세상에서 사는 동안 끊임없이 죄와 싸워야 한다. 그런데 신비하게도 죄와의 싸움, 즉 말씀에 대한 순종은 기쁨을 가져온다. 하나님께 순종하는 것은 우리를 괴롭게 하거나 부담을 지우거나 고통을 주지 않는다. 오히려 하나님께 순종하는 것은 기쁨을 주는데, 이 기쁨을 그 어떤 것으로도 대체할 수 없다. 순종은 인간 영혼의 가장 깊은 갈망과 필요를 진정으로 만족시켜 준다.

구원을 약속하신 하나님

네덜란드 신앙고백은 하나님께서 타락한 아담에게 찾아가신 일을 "자신의 경이로운 지혜와 선으로 친히 그를 찾으셨을 뿐만 아니라, 뱀의 머리를 상하게 하시고 그를 복 받는 자로 만드시기 위해, 한 여자에게서 태어나게 되실 자신의 친아들을 주신다고 그에게 약속하심으로 또한 그를 위로하셨다는 사실입니다"라고 진술한다. 창세기 3:15에서 하나님은 "내가 너로 여자와 원수가 되게 하고 네 후손도 여자의 후손과 원수가 되게 하리니 여자의 후손은 네 머리를 상하게 할 것이요 너는 그의 발꿈치를 상하게 할 것이니라"라고 말씀하신다. 여기서 '여자의 후손'은 예수 그리스도를 의미한다. 이는 갈라디아서 3:16, 19; 4:4를 통해 확인된다.

인간이 구원을 받기 위해서는 죄가 전혀 없어야 한다. 그러나 죄가 전혀 없는 인간은 한 명도 없다. 모든 인간이 약간이라도 죄를 짓는다. 그렇다면 구원받을 수 있는 사람은 없다. 그러므로 하나님은 인간이 스스로를 구원할 수 없기에 구원자를 이 땅에 보내주셨다. 즉, 예수님을 보내셔서 완전한 의를 이루셨고, 예수님 안에 우리가 거하게 하심으로 우리를 완전한 의로움의 상태에 이르게 하셔서 구원하셨다. 이런 과정에서 예수님은 엄청난 대가를 지불하셨다. 곧 예수님은 인간의 죄에 대한 모든 책임을 지셨다. 죄 없으신 예수님은 엄청난 희생을 치르시고야 비로소 하나님의 공의를 만족시키실 수 있었다. 그리고 그 결과로 우리가 하나님과 화목하게 되어서 하나님의 자녀가 될 수 있었다. 이것을 '대속'(代贖)이라고 한다.

웨스트민스터 신앙고백 제8장 5절은 다음과 같이 말한다. "주 예수님께서는 영원하신 성령으로 말미암아 단번에 하나님께 올려드린 자기의 완전한 순종과 자기희생으로 아버지의 공의를 완전히 속상(贖償)하셨고, 아버지께서 자기에게 주신 모든 이들을 위하여 화목뿐만 아니라 하늘나라의 영원한 유업까지 획득하셨습니다." 여기서 우리가 명심해야 할 사실은 구약 시대의 사람들과 신약 시대의 사람들이 각각 다른 방식으로 구원받은 것이 아니라는 것이다. 구약 시대에는 행함으로 구원받고, 신약 시대에는 믿음으로 구원받는 것이 아니다. 구약 시대 사람들은 오실 메시아를 믿음으로 구원을 받았고 신약 시대 사람들은 오신 메시아를 믿음으로 구원을 받는다. 시대와 장소를 초월하여 구원의 유일한 방법은 그리스도의 대속 사역이다.

웨스트민스터 신앙고백 제9장 5절은 다음과 같이 말한다. "사람의 의지는 영광의 상태에서만 완전하고 변함없이 자유롭게 되어 선을 행할 수 있습니다." 이는 사람이 이 땅에서 완전한 상태에 이르지 못한다는 뜻이다. 이 세상에서 사는 사람은 회개한 성도라 하더라도 죄의 욕망에서 자유롭게 될 수 없다. 이것을 우리는 현실적으로 절감한다. 그래서 넘어지고 회개한 후 또 넘어지는 것이다. 오로지 예수님의 재림을 통해서 이루어지는 영광의 상태에서만 완전하고 변함없이 자유롭게 되어 선을 행할 수 있다. 우리가 장차 천국에 가면 죄의 욕구와 성향이 완전히 없어질 것이다. 그렇기에 이 땅에서 사는 우리에게는 하나님의 지속적인 은혜가 필요하다.

우리가 해야 할 일

첫째, 인간이 태생적으로 죄인임을 알아야 한다. 인간은 태어나면서부터 죄의 기질과 성향을 가지고 있다. 곧 죄를 지어서 죄인이 된 것이 아니라 죄인이기에 죄를 짓는다. 죄는 전인을 부패시켰다. 사람의 전부가 머리부터 발끝까지 완전히 죄에 압도되어서 죄에서 벗어나 있는 부분이 하나도 없으며, 사람에게서 나오는 모든 것이 다 죄로 물들었다. 그러므로 우리는 사람에 대한 지나친 기대감을 버려야 한다. 사람에 대해서 실망할 수 있음을 명심해야 한다. 인간에게 선함을 기대하는 것은 바람직하지 않다. 괜히 누군가를 기대했다가 그의 약점과 허물을 발견하고서 실망하거나 상처받는 수가 있다.

둘째, 자신의 선행을 자신의 영광과 칭찬 거리로 만들지 말아야 한다. 하나님께서 우리에게 선한 마음을 주셨고 선을 행할 힘과 여건을 주셔서 선을 행한 것이니 모든 영광을 하나님께 돌려야 한다. 참으로, 선을 행한 후에 하나님의 영광을 가로채는 것은 합당하지 않다. 선함의 유일한 근원은 하나님이시다. 모든 일을 이루신 분은 하나님이심을 기억하라.

셋째, 구원받은 성도라 하더라도 이 세상에서 사는 동안에는 죄의 욕구와 기질로부터 완전히 자유로울 수 없음을 염두에 두어야 한다. 아무리 훌륭하고 거룩한 성도라 하더라도 이 세상에서 육신을 입고 있는 동안에 죄를 짓지 않고 완전히 거룩해지지는 않는다. 그러므로 성도에게는 하나님의 은혜와 성령의 도우심이 필요하다. 날마다 죄를 짓지 않고 점점 더 거룩해져 가도록 기도하며 노력해야 한다.

넷째, 인간이 태생적으로 죄인이기 때문에 모든 인간을 구원의 대상으로 여겨야 한다. 우리는 부지런히 다니면서 복음을 전해야 한다. 그리스도의 공로가 사람들에게 적용되게 해야 한다. 그 사람이 하나님의 택함을 받았는지 그렇지 않은지 우리는 모른다. 우리는 다만 복음을 전할 뿐이고 하나님께서 우리가 전하는 복음을 수단으로 삼아 그를 구원하시기를 바랄 뿐이다.

다섯째, 구원의 유일한 방법은 예수 그리스도이심을 명심해야 한다. 하나님은 다른 구원 방법을 우리에게 주신 적이 없다. 예수님이 오시기 전에 태어난 사람들은 '오실 예수님'을 믿음으로 구원받았고, 예수님이 오신 이후에 태어난 사람들은 '오신 예수님'을 믿음으로 구원받았다. 우리는 오직 예수님을 통해서 구원받는다는 사실을 명심해야 한다. 그리고 예수님의 복음을 손상이나 왜곡 없이 전수하는 일을 힘써야 한다.

인간이 되신 하나님의 아들

Article XVIII.

Nous confessons donc, que Dieu a accompli la promesse qu'il avoit faite aux Peres anciens par la bouche de ses saincts Prophetes en envoyant son propre Fils unique et eternel au monde au temps ordonné par luy, lequel a prins la forme de serviteur fait à la semblance des hommes prenant vrayement à soy une vraye nature humaine avec toutes les infirmitez d'icelle (excepté Peché) estant conceu ventre de la bienheureuse vierge Marie par la vertu du S. Esprit sans oeuvre d'homme, et non seulement a prins la nature humaine quant au corps; mais aussi une vraye ame humaine, afin qu'il fust vray homme. Cor puis que l'ame estoit aussi bien perdue que le corps, il falloit qu'il prinst à soy tous les deux, pour les sauver ensemble. Pourtant nous confessons, contre l'heresie de Anabaptistes, nians, que Christ a pris chair humaine de sa mere, que Christ a participé la mesme chair et sang des enfans, qu'il est fruict des reins de David selon la chair, fait de la semence de David selon la chair, fruict du ventre de la vierge Marie, fait de femme, germe de David, jetton de la racine de Iesse, sorti de Iuda, descendu des Iuifs selon la chair, de la semence d'Abraham et a esté fait semblable à ses freres, excepté le Peché, de sorte qu'il est par ce moyen vrayement nostre Emanuel, c'est à dire Dieu avec nous.

제18항. [인간이 되신 하나님 예수 그리스도]

그러므로 우리는 하나님께서 정하신 때에 자기 자신의 유일하고 영원한 아들을 세상에 보내심으로, 자신의 거룩한 선지자들의 입을 통해 선조들에게 친히 하신 약속을 성취하셨다는 것을 고백합니다. 그분은 (죄 이외의) 모든 연약함을 가진 참된 인성을 취하시고, 복된 동정녀 마리아의 태에서 인간의 행위 없이 성령의 능력으로 잉태되심으로써 종의 형체를 취하셨고 인간과 동일하게 되셨습니다. 그리고 참 인간이 되시기 위해 육체와 관련한 인성뿐만 아니라, 인간의 참 영혼도 취하셨습니다. 왜냐하

면 인간은 영혼에다가 육체까지도 상실되었기 때문에, 그 둘을 함께 구원하기 위해서는 그분이 그 둘 모두 취하실 필요가 있었습니다. 그러므로 우리는 그리스도께서 자신의 어머니의 인간 몸을 취하신 것을 부인하는 제세례파 이단과 반대로, 그리스도께서 유아들의 동일한 피와 몸을 분담하셨다는 것을 고백합니다. [또한] 그분이 육신을 따라 다윗 허리의 열매, 즉 육신을 따라 다윗 씨의 [열매]이시요, 동정녀 마리아 태의 열매, 즉 여자의 [열매]이시며 다윗의 싹이시고 이새의 뿌리에서 난 순이시며 유다 [가]문의 출신에 속하시고 육신을 따라 유대 후손에 속하시며, 아브라함의 씨를 취하셨기 때문에 아브라함의 씨에 속하시고, 죄 이외에는 자신의 형제들과 동일하게 되신 분이라는 것을 [고백합니다.] 따라서 그러한 방법으로 그분은 진실로 우리의 임마누엘, 즉 우리와 함께 하시는 하나님이 되십니다.

관련성경

빌 2:7; 딤전 3:16; 눅 1:55; 창 26:4; 삼하 7:12; 시 132:11; 행 13:23; 딤전 2:5; 고전 12:3; 신 29:2; 시 119:34; 롬 7:19; 렘 33:15; 히 7:14; 롬 9:5; 갈 3:16; 히 2:16; 마 1:16.

네덜란드 신앙고백 제18항은 하나님의 아들이 인간이 되신 일에 관하여 언급한다. 하나님께서는 거룩한 선지자들의 입을 통해 선조들에게 하셨던 약속을 스스로 정하신 때에 자신의 영원한 독생자를 세상에 보내심으로 성취하셨다. 즉, 구약 시대에 하나님은 인간과 언약을 세우셨는데, 하나님이 정하신 경륜의 때가 차매 독생자 예수 그리스도를 이 세상에 보내심으로 언약을 이루셨다. 그러므로 구약성경은 하나님의 언약 예언이고, 신약성경은 언약 성취이며, 그 언약의 주인공은 예수 그리스도이시다. 즉 성경은 예수 그리스도에 관한 이야기이다.

그리스도 중심적 성경 읽기

성경은 구약과 신약으로 나누어진다. 구약은 인간의 창조와 타락, 그리고 타락 이후의 역사를 다룬다. 그러나 구약은 궁극적으로 하나님이 메시아를 세상에 보내실 것을 예언한다. 하나님은 이스라엘과 주변 국가의 정세를 통해서 오로지 메시아로 인하여 진정하고 영원한 복지 세상이 이루어질 것을 말씀하신다. 신약은 하나님의 약속에 따라 메시아, 곧 예수 그리스도가 이 땅에 오셔서 활동하신 일을 소개한다. 그리고 사도들과 제자들이 예수 그리스도에 관한 소식, 즉 복음을 전파한 일을 언급한다. 그러므로 구약과 신약의 중심인물은 예수 그리스도이다.

결코, 구약과 신약은 우리가 이 세상에서 행복과 번영을 추구하기 위해 노력해야 한다는 가르침을 주는 것을 목표로 삼지 않는다. 오히려 우리가 영원한 생명을 얻어야 한다는 점을 말하며, 그것이 자신의 힘이나 공로가 아닌, 하나님의 자비와 긍휼로 가능하다는 사실을 밝힌다. 곧 하나님께서 중보자를 세상에 보내실 것이니 그분을 알고 믿음으로 하나님이 준비하신 영원하고 불멸하는 생명을 얻을 것을 소망하라는 교훈을 준다. 그런데 성경 전체가 가르치는 구원의 유일한 방법은 예수님을 믿는 것이다. 구약은 '오실 메시아'를 믿음으로 구원받는다고 말한다. 그리고 신약은 '오신 메시아'가 유일한 구원의 방법이라고 가르친다. 사도들은 다음과 같이 단호하게 선언했다. "다른 이로써는 구원을 받을 수 없나니 천하 사람 중에 구원을 받을 만한 다른 이름을 우리에게 주신 일이 없음이라"(행 4:12).

구약은 메시아가 오시는 과정이 소상히 기록되어 있다. 창세기 3:15는 "내가 너로 여자와 원수가 되게 하고 네 후손도 여자의 후손과 원수가 되게 하리니 여자의 후손은 네 머리를 상하게 할 것이요 너는 그의 발꿈치를 상하게 할 것이니라"라고 말한다. 그리고 이사야 7:14는 "그러므로 주께서 친히 징조를 너희에게 주실 것이라 보라 처녀가 잉태하여 아들을 낳을 것이요 그의 이름을 임마누엘이라 하리라"라고 예언한다. 여기서 여자의 후손, 곧 여자가 낳을 아들은 예수님이시다. 마태복음 1장은 메시아가 오시는 계보를 언급하는데, 이는 구약성경의 요약이다. 드디어 마태복음 1:23은 "보라 처녀가 잉태하여 아들을 낳을 것이요 그의 이름은 임마누엘이라 하리라 하셨으니 이를 번역한즉 하나님이 우리와 함께 계시다 함이라"라고 선언한다. 그리고 갈라디아서 3:16은 "이 약속들은 아브라함과 그 자손에게 말씀하신 것인데 여럿을 가리켜 그 자손들이라 하지 아니하시고 오직 한 사람을 가리켜 네 자손이라 하셨으니 곧 그리스도라"라고 말한다. 그리하여 메시아 탄생 예언이 성취되었음을 알려준다.

그러므로 우리는 성경을 읽을 때 '그리스도 중심적'(Christ-centric)으로 읽어야 한다. 만일 성경에서 그리스도를 빼버리면 성경이 다른 종교의 경전과 다를 바 없어진다. 성경이 역사책이나 윤리책에 불과해진다.

하지만 성경은 그런 책이 아니다. 성경은 이스라엘과 주변 나라의 역사와 정세를 알려주기 위해서만 기록된 책이 아니다. 성경은 우리에게 선을 행해야 한다는 것만 말하기 위해서 기록된 책이 아니다. 성경은 우리에게 영원한 생명과 그것을 얻는 방법에 관하여 가르쳐주는데, 그 생명의 원천이란 예수 그리스도이다. 곧 성경은 예수 그리스도를 통해서 이루어지는 구속을 말한다. 그래서 예수님은 "너희가 성경에서 영생을 얻는 줄 생각하고 성경을 연구하거니와 이 성경이 곧 내게 대하여 증언하는 것이니라"(요 5:39)라고 말씀하셨다.

구원자의 자격

네덜란드 신앙고백은 다음과 같이 진술한다. "그분은 종의 형상을 취하시고 사람의 모양에 따라 지음 받으셨는데, 사실상 죄 외에는 인간의 모든 연약함을 가진 참 인성을 취하셨고, 사람의 행위 없이 성령의 능력으로 복된 동정녀 마리아의 태에 잉태되셨습니다. 또한, 그분은 참 인간이 되시기 위해 육신에 관하여는 인간의 본성만 취하신 것이 아니라, 인간의 참 영혼도 취하셨습니다. 왜냐하면, 육신과 같이 영혼도 잃어버린 이상, 그분이 그 둘을 구원하시기 위해 그 둘 모두를 취하시는 것은 반드시 필요하기 때문입니다."

이 진술은 예수님이 어떻게 우리의 구원자가 되시는지를 설명한다. 하나님과 사람 사이의 깊고 먼 거리를 연결할 수 있는 중보자는 아무나 될 수가 없다. 사람의 부정함과 하나님의 완전한 순결 사이의 이질성은 너무나 컸다. 사람이 불순종함으로 잃어버린 상태가 되고, 하나님의 심판을 받아 그에 따른 형벌을 치러야 하는 상황에서 오직 하나님 자신 외에는 이 문제를 해결해 줄 수가 없다. 그래서 하나님은 독생자를 보내기로 작정하셨다. 하나님과 사람을 연결해주는 유일한 중보자는 성자 밖에 없었기 때문이다. 바울은 "하나님은 한 분이시요 또 하나님과 사람 사이에 중보자도 한 분이시니 곧 사람이신 그리스도 예수라"라고 말한다(딤전 2:5).

『기독교 강요』 2권 12장은 "하나님의 아들은 우리의 몸을 취하여 자기의 몸을, 우리의 살을 취하여 자기의 살을, 우리의 뼈를 취하여 자기의 뼈를 이루서서 우리와 하나가 되셨다. 그는 기꺼이 우리의 본성을 스스로 취하시고 그의 것을 우리에게 베푸셨으며, 하나님의 아들이시며 동시에 우리와 동일하신 사람의 아들이 되셨다"라고 말하며, "죽음을 삼키는 것이 그의 사명이었으니, 스스로 생명이신 분이 아니시면 과연 누가 그런 일을 할 수 있었겠는가? 죄를 이기는 것이 그의 사명이었으니, 스스로 의가 되시는 분이 아니시면 과연 누가 그 일을 할 수 있었겠는가? 세상과 공중의 권세들을 무찌르는 것이 그의 사명이었으니, 세상과 공중보다 더 높은 권세이신 분이 아니시면 과연 누가 그 일을 감당할 수 있었겠는가?"라고 말하고, "하나님만으로는 죽음을 느끼실 수가 없고, 사람만으로는 죽음을 이기실 수가 없었으므로, 그는 신성과 인성을 동시에 취하셔서, 속죄를 위하여 자신의 인성의 연약함을 죽음에 굴복시키고 신성의 능력으로 죽음과 싸우셔서 우리를 위하여 승리를 얻고자 하셨다"라고 말한다.

예수님은 우리를 이해하신다. 히브리서 4:15는 "우리에게 있는 대제사장은 우리의 연약함을 동정하지 못하실 이가 아니요 모든 일에 우리와 똑같이 시험을 받으신 이로되 죄는 없으시니라"라고 말한다. 예수님은 우리와 같은 인간이셨으므로 우리의 연약함을 아신다. 다만 예수님에게는 죄가 없으시다. 네덜란드 신앙고백도 "죄 외에는 모든 면에서 그분의 형제들과 동일하게 되셨습니다"라고 진술한다. 그러므로 우리는 연약함과 어리석음과 고통과 질고를 예수님 앞에 가지고 나아갈 수 있다. 심지어 끊지 못하는 죄악을 예수님 앞에 가지고 나아가서 용서를 구하며 죄로부터 깨끗해지도록 간구할 수 있다. 예수님은 "수고하고 무거운 짐 진 자들아 다 내게로 오라 내가 너희를 쉬게 하리라"(마 11:28)라고 약속하셨다.

예수님을 보내주신 일의 의미

첫째, 우리를 향한 하나님의 사랑을 보여준다. 하나님께서 그분의 유일한 아들을 세상에 보내신 것은 그분이 세상을 너무나 사랑하신다는 사실을 뜻한다. 그래서 요한은 다음과 같이 말한다. "사랑은 여기 있으니 우리가 하나님을 사랑한 것이 아니요 하나님이 우리를 사랑하사 우리 죄를 속하기 위하여 화목제물로 그 아들을 보내셨음이라"(요일 4:10).

둘째, 우리를 구원하시겠다는 하나님의 의지를 보여준다. 하나님의 사랑은 구원 시행으로 나타났다. 하나님은 구원을 약속하셨고 독생자를 보내서서 십자가에 죽게 하심으로 약속을 이루셨다. 구원은 하나님이 시작하신 일이며, 그분이 홀로 이루신 일이다. 우리는 구원의 수혜자일 뿐이며 아무것도 한 일이 없다. 그러므로 하나님께 감사해야 하고 모든 영광을 돌려야 한다.

셋째, 우리에게 좋은 것을 아낌없이 주시겠다는 하나님의 뜻을 보여준다. 자신의 아들을 주신 분은 모든 것을 주실 것이다. 바울은 "자기 아들을 아끼지 아니하시고 우리 모든 사람을 위하여 내주신 이가 어찌 그 아들과 함께 모든 것을 우리에게 주시지 아니하겠느냐"(롬 8:32)라고 말한다. 따라서 하나님께 나아감으로 좋은 것을 기대하자. 기도와 간구로 은혜와 복을 구하자.

넷째, 우리가 율법과 계명을 지켜야 한다는 사실을 보여준다. 주님이 자신을 우리에게 내어주셨다면 우리 역시 주님께 자신을 내어드려야 한다. 이것이 사랑의 관계다. 그런데 주님을 사랑한다면 주님의 말씀을 지켜야 한다. 예수님은 "나의 계명을 지키는 자라야 나를 사랑하는 자니 나를 사랑하는 자는 내 아버지께 사랑을 받을 것이요 나도 그를 사랑하여 그에게 나를 나타내리라"라고 말씀하셨다(요 14:21).

다섯째, 우리와 영원히 함께 하시겠다는 하나님의 약속을 보여준다. 마태복음 1장에서 천사는 예수님의 이름을 '임마누엘'이라고 알려준다. 이는 '하나님이 우리와 함께 하신다'라는 뜻이다. 마태복음 28장 마지막 절에서 예수님은 "볼지어다 내가 세상 끝날까지 너희와 항상 함께 있으리라"(마 28:20)라고 약속하신다. 우리에게 오신 예수님은 우리를 떠나지 않으실 것이다. 그분은 영원히 우리와 함께 하시면서 우리를 인도하시며 지키시고 승리하게 하실 것이다.

제19항

참 하나님이시며
참 사람이신 예수 그리스도

Article XIX.

Nous croyons, que par ceste conception la personne du Fils a esté unie et conjointe inseparablement avec la nature humaine, de sorte qu'il n'y a point deux Fils de Dieu, ni deux personnes; ains deux natures unies en une seule personne, retenant chacune nature ses proprietez distinctes: Ainsi que la Nature divine est tousjours demeurée incrée, sans commencement des jours, ni fin de vie, remplissant le ciel et la terre. La nature humaine n'a pas perdu ses proprietez; mais est demeurée Creature ayant commencement de jours, estant d'une nature finie, et retenant tout ce qui convient à un vray corps. Et jaçoit que par sa resurrection il luy ait donné immortalité; ce neantmoins il n'a pas changé la verité de sa nature humaine, attendu que nostre salut et resurrection depend aussi de la verité de son corps. Mais ces deux natures sont tellement unies ensemble en une personne, qu'elles n'ont pas mesmes esté separées par sa mort. Cela donc qu'il a mourant commandé à son Pere c'estoit un vray esprit humain, lequel sortit hors de son corps: mais cependant la nature divine demeura tousjours unie avec l'humaine, mesme estant gisante au tombeau: et la divinité ne laissoit d'estre en luy, comme elle estoit en luy, quand il estoit petit enfant, combien que pour peu de temps elle ne se demomstra pas ainsi. Voila pourquoy nous le confessons estre vray Dieu et vray homme. Vray Dieu, pour vaincre la mort pas sa puissance: et vray homme, afin qu'il peust mourir pour nous selont l'infinrmité de sa chair.

제19항. [참 하나님과 참 인간이신 그리스도]

우리는 이 수태로 성자 [하나님]의 위격이 인간의 본성과 분리 불가능하게 하나가 되었고 결합되었다는 것을 믿습니다. 따라서 결코 하나님의 두 아들이 있는 것도 아니요, 두 위격(혹은 인격)이 있는 것도 아닙니다. 다만 두 본성은, 각 본성이 자체의 고유한 속성을 보유한 채로, 하나

의 유일한 인격(혹은 위격) 속에 하나가 되었습니다. 즉 신성(=하나님의 본성, nature divine)은 하늘과 땅에 충만하여, 날의 시작도 생명의 끝도 없이 창조되지 않은 그대로 항상 유지되는 것과 같습니다. 인성(=인간의 본성, nature humanine)도 결코 그 자체의 고유한 속성을 잃어버리지 않지만, 날의 시작이 있는 피조물로 유지되는데, 유한한 본성에 속하며, 참된 육체에 적합한 모든 것을 가지고 있습니다. 심지어 그분은 자신의 부활로 불멸성을 그 [인성에] 주셨음에도 불구하고, 결코 자신의 인성에 관한 진리를 바꾸시지 않았습니다. 왜냐하면 우리의 구원과 부활이 그분의 육체의 진리에 달려 있기 때문입니다. 그러나 이 두 본성은 심지어 그분의 죽음으로도 결코 분리되지 않았을 만큼 그와 같이 하나의 인격(혹은 위격) 안에서 완벽하게 하나가 되었습니다. 그러므로 그분이 죽으시면서 자기 아버지께 부탁하신 것은 그분의 육체로부터 나누어진 참된 인간 영혼이지만, 그 순간에도 신성은 인간의 [본성]과 항상 하나가 되어 있었는데, 심지어 그분이 무덤에 누워계실 때조차도 [그랬습니다]. 또한 신성(divinité)은, 그분이 어린아이였던 때처럼, -물론 그때에도 [신성이] 잠시 드러나지 않았지만- 그분 안에 계시는 것을 멈추지 않았습니다. 이런 이유 때문에 우리는 그분이 참 하나님과 참 사람이심을 고백합니다. 참 하나님[이심]은 자신의 능력으로 죽음을 이기시기 위함이요, 참 사람[이심]은 그분이 자기 육신의 연약함을 따라 우리를 위해 죽으실 수 있기 위함입니다.

관련성경

마 28:20; 요 10:13; 엡 4:8, 12; 히 7:3; 마 26:11; 행 1:11, 3:21; 눅 24:39; 요 20:25; 행 1:3; 마 27:50.

네덜란드 신앙고백 제19항은 예수님께서 한 위격(혹은 인격) 안에 두 개의 본성을 가지고 계신다는 사실을 말한다. 이 교리는 매우 중요하지만, 이해하기가 쉽지 않다. 어떻게 한 위격 안에 두 개의 본성이 있을 수 있겠는가? 그러나 예수님 안에는 두 개의 본성이 있다. 그것은 신성(nature divine)과 인성(nature humanine)이다. 예수님의 신성은 그분이 하나님이심을 뜻한다. 예수님의 신성은 영원 전부터 가지고 있었다. 예수님의 인성은 그분이 동정녀 마리아를 통해서 탄생하실 때 가지신 것이다. 때가 차매 그분은 사람이 되셨다(갈 4:4; 빌 2:7). 그렇다면 예수님 안에 있는 두 본성의 속성과 상호관계, 그리고 그것이 뜻하는 것은 무엇인가?

예수 그리스도의 두 본성을 부인하거나 오해한 자들

먼저, 예수 그리스도의 신성과 인성을 부인하거나 두 본성의 관계를 오해한 자들에 관하여 살펴보자. 그들의 오류는 우리가 이 주제를 이해하는 데 도움을 준다.

첫째, 예수님의 신성을 부인한 자들이 있었다.
1) 에비온파(Ebionism): 유대교의 유일신 사상에 근거하여 하나님만이 유일한 신이시며, 예수님은 신이 아니라고 주장했다.
2) 아리우스(250-336년): 하나님만이 유일한 신이시며, 예수님은 피조물 가운데 가장 먼저 창조된 자라고 주장했다.

둘째, 예수님의 인성을 부인한 자들이 있었다.
1) 가현설(Docetism): 예수님께서 실제 육체를 가지지 않으셨으며, 단지 사람들이 환영(유령)을 보았을 뿐이라고 주장했다.

2) 아폴리나리우스(310-390년): 예수님께서 부분적으로 인성을 취하셨다고 주장했다. 즉, 예수님께서 사람의 몸은 가지셨으나, 사람의 정신이나 영을 가지지 않으셨다고 주장했다.

셋째, 예수님의 위격적 통일성을 오해한 자들이 있었다.
1) 네스토리우스(386-451년): 예수님의 신성과 인성이 위격적으로 연합한다는 것을 받아들이지 않고, 그분이 신성과 인성을 각각 가지고 있는 2성 2위격을 가진 존재라고 주장했다.
2) 유티케스(378-454년): 예수님께서 성육신하신 이후 그분의 신성이 인성을 흡수함으로 결국 그분은 하나님도 아니고 사람도 아닌 제3의 성이 되었다고 주장했다.

그러나 이들의 주장은 모두 공회의에서 정죄받았다.

첫째, 주후 325년에 개최된 니케아 공의회는 아리우스를 정죄했다. 공의회는 "예수님은 독생하셨으며 피조되지 않으셨고 그 신적 속성이 본질적으로 아버지와 동일하시다"라고 결정했다.

<요약>
예수님은 하나님의 독생하신 분: 실제 육체를 가지고 땅에서 사셨음
예수님은 하나님과 동등하신 분: 가장 먼저 만들어진 피조물이 아님

둘째, 주후 451년에 개최된 칼케톤 공의회는 네스토리우스의 양성론과 유티케스의 단성론을 모두 비판했다. 공의회는 "그리스도의 두 본성은 혼합 없이, 혼동 없이, 분할 없이, 분리 없이 존재하되 각각의 본성이 그 자체의 속성을 유지하면서 존재한다"라고 결정했다.

〈요약〉
단성론 비판: 혼합 없이, 혼동 없이
양성론 비판: 분할 없이, 분리 없이

두 본성의 관계

그렇다면 예수님 안에 있는 두 본성은 어떤 관계에 있는가? 사도 요한은 다음과 같이 말한다. "말씀이 육신이 되어 우리 가운데 거하시매 우리가 그의 영광을 보니 아버지의 독생자의 영광이요 은혜와 진리가 충만하더라"(요 1:14). 그리고 사도 바울은 다음과 같이 진술한다. "그 안에는 신성의 모든 충만이 육체로 거하시고"(골 2:9). 이 구절들은 예수님께서 신성과 인성을 모두 가지고 계신다는 사실을 알려준다. 즉 예수님은 참 하나님이시며 참 사람이신 것이다.

네덜란드 신앙고백은 다음과 같이 진술한다. "우리는 이 수태로 성자 하나님의 위격이 인간의 본성과 분리 불가능하게 하나가 되었고 결합되었다는 것을 믿습니다." 이어서 신앙고백은 두 본성의 관계를 다음과 같이 설명한다. "하나님의 두 아들이 있는 것도 아니요, 두 위격이 있는 것도 아닙니다. 다만 두 본성은, 각 본성이 자체의 고유한 속성을 보유한 채로, 하나의 유일한 인격 속에 하나가 되었습니다. 즉, 신성은 하늘과 땅에 충만하여 날의 시작도 생명의 끝도 없이 창조되지 않은 그대로 항상 유지되는 것과 같습니다. 인성도 결코 그 자체의 고유한 속성을 잃어버리지 않지만, 날의 시작이 있는 피조물로 유지되는데, 유한한 본성에 속하며, 참된 육체에 적합한 모든 것을 가지고 있습니다." 또한, 『기독교 강요』 2권 14장은 다음과 같이 말한다. "우리는 그리스도의 신성이 그의 인성과 하나로 연합하였으되, 그 각각의 본성이 손상되지 않고 그대로 보존되었고, 그러면서도 두 본성이 한 그리스도를 이루었다고 단언한다."

그러므로 예수님은 완전한 신성과 완전한 인성을 모두 가지고 계신다. 그리고 이 두 본성은 한 위격 안에서 완벽하게 결합되어 있다. 즉, 예수님의 신성과 인성은 혼합되거나 분리되지 않는다. 또한, 두 본성은 분명히 구별되나 완전한 조화를 이룬다. 이것은 예수님이 하나님이시며 사람이시라는 사실이 변하지 않으며, 양자 간에 어떠한 불일치와 모순도 존재하지 않는다는 사실을 시사한다. 이것은 신비로서 인간의 이성으로 온전히 이해하기가 쉽지 않다.

한순간도 그리스도의 신성과 인성은 분리된 적이 없다. 네덜란드 신앙고백은 이에 대해서 다음과 같이 말한다. "심지어 그분은 자신의 부활로 불멸성을 그 인성에 주셨음에도 불구하고, 결코 자신의 인성에 관한 진리를 바꾸시지 않았습니다. 왜냐하면, 우리의 구원과 부활이 그분의 육체의 진리에 달려 있기 때문입니다. 그러나 이 두 본성은 심지어 그분의 죽음으로도 결코 분리되지 않았을 만큼 그와 같이 하나의 인격 안에서 완벽하게 하나가 되었습니다. 그러므로 그분이 죽으시면서 자기 아버지께 부탁하신 것은 그분의 육체로부터 나누어진 참된 인간 영혼이지만 그 순간에도 신성은 인간의 본성과 항상 하나가 되어 있었는데, 심지어 그분이 무덤에 누워계실 때조차도 그랬습니다. 또한 신성은 그분이 어린아이였던 때처럼 - 물론 그 때에도 신성이 잠시 드러나지 않았지만 - 그분 안에 계시는 것을 멈추지 않았습니다."

이 진술에 따르면, 그리스도께서 성육신할 때 인성을 입으신 이후로 신성과 인성은 영원히 나누어지지 않고 그대로 있다. 다만 그분이 어린아이였을 때와 십자가에서 죽임을 당하시고 무덤에 계실 때는 신성이 잠시 드러나지 않았다. 즉 그리스도의 신성과 인성은 그분이 죽임을 당했을 때도 결코 분리되지 않았을 만큼 하나의 인격 안에서 완벽하게 하나가 되었다.

부활 이후 예수님의 인성

그렇다면 예수님이 부활하시고 승천하신 후 그분의 인성은 어떻게 되었는가? 그분은 이 세상에 계실 때만 사람이셨고, 하늘로 올라가신 후에는 사람이 아니신가? 네덜란드 신앙고백은 이에 대해서 다음과 같이 말한다. "심지어 그분은 자신의 부활로 불멸성을 그 인성에 주셨음에도 불구하고, 결코 자신의 인성에 관한 진리를 바꾸시지 않았습니다." 소요리 문답 제21문 역시 다음과 같이 묻고 대답한다. 질문. "하나님께서 선택하신 자들을 구속할 자는 누구십니까?" 답변. "하나님께서 선택하신 자들의 유일한 구속자는 주 예수 그리스도이신데, 그분은 하나님의 영원하신 아들로서 사람이 되셨고, 그리하여 한 위격에 두 개의 구별되는 본성을 가지신 분으로서, 하나님이시면서 사람이 되셨으며, 영원토록 그러하십니다."

그러므로 신앙고백서들은 예수님께서 부활하신 이후에도 여전히 인성을 가지고 계신다고 말한다. 그러면 왜 예수님은 그러한 상태를 유지하시는가? 이는 우리를 사랑하시기 때문이다. 네덜란드 신앙고백은 다음과 같이 말한다. "왜냐하면, 우리의 구원과 부활이 그분의 육체의 진리에 달려 있기 때문입니다." 이 말은 예수님이 굳이 인성을 가지고 계실 필요가 없으나 우리의 구원과 부활을 위해서 그것을 가지고 계신다는 뜻이다. 즉, 예수님은 우리 편에서 하나님께 나아가는 중보자가 되시기 위해서 그렇게 하신다는 것이다.

그러므로 예수님이 지금도 참 하나님이시면서 참 사람이시라는 사실은 온전히 우리를 위한 것이다. 즉, 예수님의 속성과 행적에 관한 모든 계시는 우리를 향한 사랑에 맞추어져 있다. 예수님은 태초에 하나님과 함께 계셨으나 우리를 위하여 육신을 취하셨다. 그분께서 성육신하실 때 본래의 신성을 그대로 가진 채 인성을 획득하셨다. 그분은 오로지 우리의 구속을 위하여 인성을 취하셨고 공생애를 사셨으며, 십자가에서 죽으시고 부활하시며 승천하신 후에도 우리를 위하여 여전히 인성을 가지고 계신다. 그리하여 참 하나님이시며 참 사람이신 예수님은 하늘에서 우리의 대제사장으로서 우리를 위하여 아버지 하나님께 중보하실 뿐 아니라, 장차 이 땅에 다시 오셔서 우리를 아버지 하나님의 영원한 처소로 인도하신다.

예수님에 대해서 알면 알수록, 곧 예수님의 신성과 인성에 대하여 깨달아갈수록 우리를 향한 그분의 사랑을 느낄 수 있다. 분명히, 예수님에 대한 지식은 감사로 이어진다. 그래서 바울은 다음과 같이 고백한다. "내가 너희 중에서 예수 그리스도와 그가 십자가에 못 박히신 것 외에는 아무 것도 알지 아니하기로 작정하였음이라"(고전 2:2). 『기독교 강요』 2권 15장 역시 다음과 같이 진술한다. "그리스도 외에는 아무것도 알 만한 가치가 있는 것이 없다. 그가 어떤 분이신가를 믿음으로 깨닫는 자들은 누구나 하늘의 은혜의 그 광대함을 깨달을 것이다."

제20항

가장 완벽한 사랑

Article XX.

Nous croyons que Dieu estant tresparfaitement misericordieux, et aussi tresjuste a envoyé son Fils prendre la nature, en laquelle la desobeissance avoit esté commise, pour en icelle porter la punition du peché par la tresrigoureuse mort et passion d'iceuy. Dieu donc a declaré sa justice envers son Fils l'ayant chargé de nos pechez: et a espandu sa bonté, et misericorde sur nous coulpables, et dignes de damnation, nous donnant son Fils à la mort par une tresparfaicte amour, et le ressuscitant pour nostre justification, afin que par luy nous eussions immortalité et vie eternelle.

제20항. [하나님의 가장 완벽한 사랑]

우리는 가장 완벽하게 자비로우시며 또한 가장 공의로우신 하나님께서 자신의 아들을 보내셔서, 불순종이 저질러진 그 [인]성을 취하도록 [하신 것은] 저 [인성] 안에서 가장 혹독한 죽음과 고난으로 죄의 형벌을 감당하게 하시기 위한 것임을 믿습니다. 그러므로 하나님께서는, 그 [아들]로 말미암아 우리가 불멸과 영생을 가지도록 하시기 위하여, 가장 완벽한 사랑으로 자기 아들을 죽음에 내어주시고 우리의 칭의를 위하여 부활시키심으로써, 우리의 죄를 짊어지신 자기 아들에 대하여 자신의 공의를 선포하셨고, 죄를 범하여 저주받아 마땅한 우리를 위하여 자신의 선하심과 자비하심을 우리에게 쏟아 부으셨습니다.

관련성경

히 2:14; 롬 8:3, 32, 4:25.

네덜란드 신앙고백 제20항은 하나님께서 "가장 완벽하게 자비로우시고, 또한 가장 공의로우신" 분이라는 사실에 관하여 말한다. 성경에는 하나님의 속성이 풍성하고 다채롭게 드러나 있다. 그중 하나는 자비와 공의이다. 자비는 사랑이지만 공의는 엄함이다. 자비는 부드럽지만 공의는 냉정하다. 따라서 자비와 공의는 모순되는 것처럼 보인다. 그러나 하나님께 대해서는 그렇지 않다. 그분 안에서 이 둘은 조화를 이룬다. 하나님은 이 두 가지 속성에 근거하여 우리를 대하신다. 하나님은 자비로우신 분이셔서 우리를 향해 무한한 사랑을 보여주신다. 하지만 그분은 공의로우신 분이셔서 의의 편에 서신다. 하나님의 자비하심 덕분에 우리는 구원받고 보호받는다. 하지만 그분의 공의로우심 때문에 우리는 죄를 멀리해야 한다는 교훈을 받는다.

하나님의 자비와 공의

하나님께서 우리를 사랑하신다는 사실은 성경 전체에 충만하게 드러나 있다. 그중 대표적인 것은 요한복음 3:16이다. "하나님이 세상을 이처럼 사랑하사 독생자를 주셨으니 이는 그를 믿는 자마다 멸망하지 않고 영생을 얻게 하려 하심이라." 이 구절을 요한일서 4:7-9는 확대한다. "사랑하는 자들아 우리가 서로 사랑하자 사랑은 하나님께 속한 것이니 사랑하는 자마다 하나님으로부터 나서 하나님을 알고 사랑하지 아니하는 자는 하나님을 알지 못하나니 이는 하나님은 사랑이심이라 하나님의 사랑이 우리에게 이렇게 나타난 바 되었으니 하나님이 자기의 독생자를 세상에 보내심은 그로 말미암아 우리를 살리려 하심이라." 하나님은 사랑이시다. 사랑이신 하나님은 우리를 지극히 사랑하셨기에 그분의 독생자 예수 그리스도를 세상에 보내셔서 우리를 대신하여 십자가에서 돌아가시게 하셨다.

하나님께서 공의로우신 분이라는 사실 역시 성경 전체에 풍부하게 나타나 있다. 신명기 32:4는 "그는 반석이시니 그가 하신 일이 완전하고 그의 모든 길이 정의롭고 진실하고 거짓이 없으신 하나님이시니 공의로우시고 바르시도다"라고 말한다. 시편 71:15에는 "내가 측량할 수 없는 주의 공의와 구원을 내 입으로 종일 전하리이다"라는 고백이 담겨 있다. 에스겔은 하나님의 공의로우심에 대하여 다음과 같이 말한다. "만일 의인이 돌이켜 그 공의에서 떠나 죄악을 범하면 그가 그 가운데에서 죽을 것이고 만일 악인이 돌이켜 그 악에서 떠나 정의와 공의대로 행하면 그가 그로 말미암아 살리라"(겔 33:18-19). 하나님의 공의로우심 때문에 인간이 지은 죄는 그 결과를 가져왔다. 곧 아담의 범죄로 인해 온 인류가 죽게 되었다. 그러나 하나님의 공의는 그분의 자비로 극복되었다. 하나님은 십자가를 통해서 공의를 해결하셨다.

십자가에서 나타난 하나님의 자비와 공의

네덜란드 신앙고백은 하나님의 자비와 공의가 십자가에서 나타났다고 말한다. "가장 완벽하게 자비로우시고, 또한 가장 공의로우신 하나님께서 자신의 아들을 보내서서 불순종이 저질러진 그 인성을 취하도록 하신 것은 저 인성 안에서 가장 혹독한 죽음과 고난으로 죄의 형벌을 감당하게 하시기 위한 것임을 우리는 믿습니다." 범죄한 인간은 죄의 형벌, 곧 죽음을 맞이하게 되었다. 죽음이란 '하나님과의 영원한 분리'를 뜻한다. 죽음은 인간의 어떠한 수고와 노력으로도 극복할 수 없다. 죽음은 가장 큰 고통이며 절대적 절망이다. 인간에게는 희망이 사라졌다. 그러나 하나님은 인간을 사랑하셔서 인간 대신 자기 아들을 죽게 하셨다. 따라서 십자가는 하나님의 사랑과 공의가 동시에 나타난 증표라고 볼 수 있다. 예수님은 십자가에서 하나님 아버지의 뜻을 기꺼이 이루셨다. 예수님의 죽음을 목격한 베드로는 다음과 같이 증언한다. "욕을 당하시되 맞대어 욕하지 아니하시고 고난을 당하시되 위협하지 아니하시고 오직 공의로 심판하시는 이에게 부탁하시며"(벧전 2:23). 그러므로 우리는 십자가를 볼 때마다 성부 하나님이 우리를 지극히 사랑하셨으며 성자 예수님이 우리를 위하여 기꺼이 희생을 감내하신 일을 생각해야 한다. 참으로, 성자는 "가장 혹독한 죽음과 고난으로 죄의 형벌을 감당"하셨다!

네덜란드 신앙고백은 이어서 다음과 같이 말한다. "그러므로 하나님께서는, 그 아들로 말미암아 우리가 불멸과 영생을 가지도록 하시기 위하여, 가장 완벽한 사랑으로 자기 아들을 죽음에 내어주시고 우리의 칭의를 위해 부활시키심으로, 우리의 죄를 짊어지신 자기 아들에 대하여 자신의 공의를 선포하셨고, 죄를 범하여 저주받아 마땅한 우리를 위하여 자신의 선하심과 자비하심을 우리에게 쏟아부으셨습니다." 이 진술은 바울이 "예수는 우리가 범죄한 것 때문에 내줌이 되고 또한 우리를 의롭다 하시기 위하여 살아나셨느니라"라고 말한 것에 근거한다(롬 4:25). 예수님이 십자가 위에서 죽으시고 사흘 후에 부활하신 일은 하나님의 선하심과 자비하심을 우리에게 쏟아부어 주신 일이다.

우리가 해야 할 일

하나님께서 자비로우시고 공의로우신 분이시며, 그러한 성품이 예수님의 십자가 사건에서 조화롭게 드러났다는 사실 앞에서 우리가 해야 할 일은 다음과 같다.

첫째, 하나님의 사랑과 자비를 신뢰하고 하나님의 보좌 앞에 담대히 나아가야 한다. 히브리서 4:16은 "그러므로 우리는 긍휼하심을 받고 때를 따라 돕는 은혜를 얻기 위하여 은혜의 보좌 앞에 담대히 나아갈 것이니라"라고 말한다. 우리는 범죄함으로 하나님의 진노를 사서 쫓겨났다. 그러나 하나님은 예수 그리스도를 보내셔서 우리가 당할 죄의 형벌을 대신 당하게 하셨다. 하나님은 이를 통해 우리가 그분께 나아갈 수 있는 길을 열어 주셨다. 이제 우리는 하나님의 자녀가 되었다. 하나님 앞에 담대히 나아갈 수 있는 권한을 얻었다. 그러므로 하나님께 나아가기를 주저하지 말자. 언제든지 하나님께 나아가서 찬송과 기도를 올려 드리자.

둘째, 하나님이 죄를 싫어하시는 분임을 알고 죄를 멀리해야 한다. 시편 7:11은 "하나님은 의로우신 재판장이심이여 매일 분노하시는 하나님이시로다"라고 말한다. 하나님은 죄를 지극히 미워하시며 죄를 가만히 두고 보지 않으신다. 그리고 죄의 대가는 가혹하다. 하나님은 그분의 전능하심으로 우리가 지은 죄를 그냥 용서하실 수도 있으나 그분의 공의로우심 때문에 사랑하는 아들 예수님에게 죄의 대가를 치르게 하셨다. 네덜란드 신앙고백은 예수님이 십자가를 지신 것을 "가장 혹독한 죽음과 고난으로 죄의 형벌을 감당하게 하시기 위한 것"이라고 표현한다. 우리는 죄를 미워해야 한다. 히브리서 12:4는 "너희가 죄와 싸우되 아직 피흘리기까지는 대항하지 아니하고"라고 말한다. 하나님이 몹시 싫어하시는 죄를 짓지 않도록 죄와 싸우자.

셋째, 우리가 겪는 고통이 언제나 하나님께서 진노하신 결과인 것은 아님을 유념해야 한다. 이 땅에서 살다 보면 별의별 일을 다 겪는다. 특히 어렵고 힘겨운 일이 더 자주 일어나는 것처럼 느껴진다. 어떤 고통은 하나님께서 진노하신 결과가 분명하다. 하나님은 우리가 죄를 지었을 때 책망하신다. 하지만 우리가 겪는 모든 고통이 반드시 하나님께서 벌하신 결과는 아니다. 자연적으로 생기는 일도 많다. 물론 하나님의 섭리 가운데 모든 일이 발생하지만 말이다. 따라서 어려운 일을 만났을 때 지나치게 자책하는 것은 옳지 않다. 특히 다른 사람이 고통을 겪을 때 그를 판단하거나 정죄하는 것은 금물이다. 단지, 자신에게 어려움이 생기면 조용히 자신을 돌아보면서 회개하고 반성할 필요가 있다.

넷째, 다른 사람이 나에게 범한 잘못을 용서해 주어야 한다. 하나님이 나를 용서하셨기에 지금의 내가 있다. 하나님이 나의 죄를 그대로 갚으셨다면 나는 도저히 이 상태로 존재할 수 없다. 그렇다면 내가 다른 사람의 죄를 용서해 주는 것은 당연한 일이 아닌가. 예수님은 "우리가 우리에게 죄 지은 자를 사하여 준 것 같이 우리 죄를 사하여 주시옵고"라고 기도하라 하셨다(마 6:12). 또한, "너희가 각각 마음으로부터 형제를 용서하지 아니하면 나의 하늘 아버지께서도 너희에게 이와 같이 하시리라"라고 말씀하셨다(마 18:35). 하나님이 나를 용서하신 것을 깨닫고 나도 다른 사람을 기꺼이 용서하자. 그런 사람에게 자유와 기쁨이 넘친다. "우리가 이 계명을 주께 받았나니 하나님을 사랑하는 자는 또한 그 형제를 사랑할지니라"(요일 4:21).

다섯째, 적극적으로 의를 행해야 한다. 시편 11:7은 "여호와는 의로우사 의로운 일을 좋아하시나니 정직한 자는 그의 얼굴을 뵈오리로다"라고 말한다. 하나님은 우리가 죄를 짓지 않으려고 가만히 있기보다는 적극적으로 선을 행하기를 원하신다. 우리 주변에는 우리의 도움이 필요한 이들이 많다. 가난한 자들을 도와야 한다. 잠언 19:17은 "가난한 자를 불쌍히 여기는 것은 여호와께 꾸어 드리는 것이니 그의 선행을 그에게 갚아 주시리라"라고 말한다. 이것은 우리가 가난한 사람들을 도와주면 가난한 사람이 우리에게 갚아 주는 것이 아니라 하나님께서 우리에게 갚아 주신다는 뜻이다. 그러니 가난한 사람을 돕는 것은 얼마나 귀하고 값진가! 예수님은 "너의 이 뺨을 치는 자에게 저 뺨도 돌려대며 네 겉옷을 빼앗는 자에게 속옷도 거절하지 말라"라고 말씀하셨다(눅 6:29). 가만히 있지 말고 찾아다니면서 선을 행하자. 작은 것이 있어야 하는 이들에게 큰 것으로 채워주자. 하나님께서 그를 대신하여 넘치도록 갚아 주신다.

여섯째, 하나님의 자비와 공의를 사람들에게 알려야 한다. 즉, 복음을 전해야 한다. 복음은 '하나님의 자비와 공의가 십자가에서 나타났다'라는 사실이다. 복음은 십자가를 중심으로 한다. 예수님이 십자가에서 죽으시고 부활하신 일은 하나님의 가장 완벽한 사랑을 보여주는 증표이다. 우리는 이 사실에 먼저 감격해야 하며, 이 사실을 전하는 일에 열정을 가져야 한다. 하나님의 자비를 널리 알려야 한다. 하나님의 사랑과 용서를 더 많은 사람이 경험하게 해야 한다. 복음을 전하는 일은 귀하고 아름답다. 선지자 이사야는 "좋은 소식을 전하며 평화를 공포하며 복된 좋은 소식을 가져오며 구원을 공포하며 시온을 향하여 이르기를 네 하나님이 통치하신다 하는 자의 산을 넘는 발이 어찌 그리 아름다운가"라고 말했다(사 52:7).

제21항

우리를 위한 대제사장이신
예수 그리스도

Article XXI.

Nous croyons que Iesus Christ est grand sacrificateur eternellement avec serment, selon l'ordre de Melchisedech, et s'est presenté en nostre nom devant son Pere pour appaiser son ire avec pleine satisfaction en s'offrant soy-mesme sur le bois de la croix, et espandant son precieux sang, pour la purification de nos pechez, comme les prophetes avoyent predit. Car il est escrit: que la correction de nostre paix a esté mise sur le Fils de Dieu, et que nous sommes gueris par ses playes: qu'il a esté mene à la mort comme un agneau, mis au rang des pecheurs et condamné comme malfaiteur par Ponce Pilate, jaçoit qu'il le prononçast innocent. Il a donc payé, ce qu'il n'avoit point ravi et a souffert, luy juste, pour les injustes, voire en son corps et en son Ame, de sorte que sentant l'horrible punition deuë à nos pechez, sa sueur devint comme grumeaux de sang descoulans en terre: Il a crié, mon Dieu, mon Dieu pourquoy n'as tu delaissé? et a enduré tout cela pour la remission de nos pechez. Pourtant à bon droict nous disons avec S. Paul, que nous ne cognoissnce de nostre Seigneur Iesus Christ: nous trouvons toutes consolations en ses playes, et n'avons besoin de cercher, n'inventer autre moyen, pour nous reconcilier avec Dieu, que ce seul et unique Sacrifice une fois fait, lequel rend les fideles parfaicts à perpetuité. C'est aussi la cause pourquoy il a esté appelé par l'ange de Dieu Iesus Christ, c'est à dire, Sauveur, d'autant qu'il debvoir sauver son peuple de ses pechez.

제21항. [우리를 위한 영원한 대제사장이시며 동시에 속죄 제물이신 그리스도]

우리는 예수 그리스도께서 맹세하심으로 멜기세덱의 반차를 따라 영원히 대제사장이시며, [또한] 우리의 이름으로 자신의 아버지 앞에 자신을 세우셨다고 믿는다. [그분은] 아버지의 진노를 온전한 속죄로 누그러뜨리기 위하여 십자가 나무 위에 자신을 제물로 바치시고, 우리의 죄를 씻

기 위해 자신의 고귀한 피를 쏟으신 [분이십니다.] 이것은 선지자들이 예언했던 것과 같습니다. 왜냐하면 이렇게 기록되었기 때문입니다. "우리의 평화를 위한 징계가 하나님의 아들 위에 놓였고, 그분의 상처 자국으로 우리는 치유되었다, 그분은 마치 도살장으로 끌려가는 어린 양과 같았고 죄인 신분으로 여겨졌습니다"[사 53:5, 7, 12]. 처음에는 그분을 죄 없는 분이라 선언했던 [바로 그] 본디오 빌라도에 의해 강도처럼 정죄되었습니다. 그분은 자신이 빼앗지 않은 것을 물어주었고 고난을 당하셨습니다. 의인이신 그분이 불의한 자들을 위하여! 우리의 죄 때문에 자신의 육체와 자신의 영혼으로 끔찍한 형벌을 겪으셨습니다. 그분의 땀은 땅에 떨어지는 피 방울처럼 떨어졌습니다. 그분은 "나의 하나님, 나의 하나님, 어찌하여 나를 버리셨습니까?"라고 부르짖으셨고 우리의 죄 용서를 위하여 이 모든 것을 참으셨습니다. 그러므로 우리가 바울과 함께 바르게 말하길, 우리는 예수와 십자가에 못 박히신 그분 외에는 다른 어떤 것도 알지 않을 것이요[고전 2:2], 우리는 우리 주 예수 그리스도에 관한 지식의 탁월함을 위하여 모든 것을 해로 여기며[빌 3:8], 신자들을 영원히 완전하게 하는 이 유일하고도 특별한 단 번의 희생제사 외에는, 우리를 하나님과 화목하게 만드는 다른 방법을 고안하지 않도록 우리는 그분의 상처 자국에서 모든 위로를 발견합니다. 또한 이것이 하나님의 천사에 의해 그분이 예수, 즉 구원자라 불리는 이유입니다. 그분은 자기 백성을 그들의 죄에서 구원할 것이기 때문입니다.

관련성경

시 11:4; 히 5:10; 롬 5:8-9; 골 2:14; 히 2:17, 9장; 롬 4:25; 요 15:13; 행 2:24; 요 3:16; 롬 8:32; 딤전 1:15; 사 53:5; 히 9:14; 벧전 2:24; 마 15:28; 요 18:38; 시 69:5; 출 12:6; 시 22:16; 사 53:7; 단 9:26; 고전 2:2; 롬 5:6; 빌 2:8; 히 9:12; 벧전 1:18-19; 요 10:9; 히 9:25-26, 10:14; 요 5:10; 마 1:21; 행 4:12; 눅 1:31.

네덜란드 신앙고백 제21항은 우리를 위한 대제사장이신 예수 그리스도에 관하여 말한다. 대제사장은 아론과 그의 자손이 담당했는데, 성소를 관리하고, 제의를 주관하며, 백성들에게 하나님의 뜻을 전달하고, 일 년에 한 번 지성소에 들어가서 백성들의 죄를 속하는 제사를 드렸다. 그러므로 대제사장은 백성을 하나님께로 데리고 가는 특별한 한 사람이었다. 즉, 하나님과 사람 사이를 이어주는 가장 고귀한 직분자였다. 신약성경에서 유일하게 히브리서는 예수 그리스도를 대제사장이라고 표현한다. 즉, 구약의 대제사장이 신약의 예수 그리스도를 예표했음을 알려준다. 그렇다면 예수 그리스도가 대제사장이라는 말은 무슨 뜻인가?

우리를 위한 대제사장이신 예수 그리스도

히브리서 2:17은 "그[예수님]가 범사에 형제들과 같이 되심이 마땅하도다"라고 말한다. 이는 예수님의 성육신이 있어야 구속 사역이 가능하다는 뜻이다. 이 구절은 예수님에 관하여 "하나님의 일에 자비하고 신실한 대제사장이 되어 백성의 죄를 속량하려 하심이라"라고 묘사한다. 이것은 신약성경에서 예수님을 처음으로 대제사장이라고 칭한 언급이다. 이어서 히브리서 3:1은 "그러므로 함께 하늘의 부르심을 받은 거룩한 형제들아 우리가 믿는 도리의 사도이시며 대제사장이신 예수를 깊이 생각하라"라고 말한다. 여기서 "예수를 깊이 생각하라"라는 권면은 예수님이 어떤 분이신지, 즉 예수님의 속성과 사역이 무엇인지를 이해하라는 뜻이다. 예수님께서 대제사장으로서 어떤 일을 하셨는지를 아는 것은 우리의 신앙 성장에 대단히 중요하다.

히브리서 4:14-16은 예수님이 우리의 대제사장이시라는 사실을 더욱 자세히 설명한다. 14절은 예수님을 "큰 대제사장"(great high priest)이라고 표현한다. 이는 예수님이 인간 대제사장과 같은 분이 아니라는 사실을 암시한다. 곧, 예수님이 구약 시대의 대제사장직을 성취하신 분임을 시사한다. "승천하신 이 곧 하나님의 아들 예수시라"라는 말은 예수님이 '큰' 대제사장이신 이유를 제공해준다. 히브리서 저자는 이미 1:3에서 예수님에 대하여 "높은 곳에 계신 지극히 크신 이의 우편에 앉으셨느니라"라고 말한 적이 있으며, 나중에 8:1에서 "그는 하늘에서 지극히 크신 이의 보좌 우편에 앉으셨으니"라고 말할 것이다. 이것은 예수님의 승귀를 뜻한다. 15절은 "우리에게 있는 대제사장"이 어떤 분이신지를 설명한다. 예수님은 "우리의 연약함을 동정"하신다. 그분은 모든 일에 우리와 똑같이 시험을 받으셨으나 죄가 없으시다(참고. 2:17-18). 예수님은 우리의 사정을 아시고, 우리의 어려움을 도우신다. 16절은 우리가 해야 할 일(적용)이다. 문두의 "그러므로"라는 접속사는 이를 지지해준다. 우리는 긍휼하심을 받고 때를 따라 돕는 은혜를 얻기 위하여 "은혜의 보좌 앞에 담대히" 나아가야 한다. "은혜의 보좌"란 하나님이 앉으신 보좌를 뜻한다. 즉 하나님을 상징한다. 하나님은 우리에게 은혜를 베풀어 주시길 원하신다. "담대히"라는 용어는 우리에게 은혜의 보좌 앞에 나아갈 수 있는 자격과 권한이 주어졌음을 알려준다. 우리는 은혜의 보좌 앞에 나아가기를 주저하지 말아야 한다.

히브리서 5:1-10(특히 7-10절)은 인간 대제사장에 대하여 설명한 후 그리스도가 인간 대제사장보다 우월하시다는 사실을 말한다. 그리스도는 구약에 나오는 그분의 모형들보다 훨씬 탁월하시다. 그리스도에 대한 인간 모형들은 고통을 겪었으나 온전하지 못했다. 실상, 인간이 이생에서 온전해지는 순간은 없다. 그러나 그리스도는 온전하게 되셨다. 그분은 율법을 완전히 성취하셨으며, 따라서 아무런 죄가 없으시다. 7절의

"그는 육체에 계실 때"라는 표현은 그리스도께서 육신을 입고 이 땅에서 사신 때를 뜻한다. 즉 주님의 성육신과 생애를 가리킨다. "자기를 죽음에서 능히 구원하실 이"란 기도의 대상이신 하나님을 의미한다. "심한 통곡과 눈물로 간구와 소원"을 올렸다는 말은 겟세마네 기도를 시사한다(마 26:36-46). 그러나 나아가서 그것은 공생애 기간에 겪었던 모든 고난을 포함한다. "그의 경건하심으로 말미암아 들으심을 얻었느니라"라는 말은 예수님이 경건하셨기에 하나님이 그분의 기도를 들어주셨다는 뜻이다. 기도는 경건한 사람의 간구와 소원이다. 하나님은 의인의 기도를 들으신다.

그러므로 예수님에 관한 이러한 진술들은 그분의 생애와 간구가 우리에게 유익이 된다는 사실을 알려준다. 예수님은 영원한 대제사장이시다. 예수님은 자기를 힘입어 하나님께 나아가는 자들을 온전히 구원하신다. 그분은 항상 살아 계셔서 신자들을 위하여 간구하신다. 따라서 우리는 예수님의 이름을 의지하여 담대히 하나님께 나아가야 한다. 그러면 하나님께서 예수님의 공적을 보시고 우리에게 은혜를 베푸신다.

멜기세덱의 반차를 따르는 대제사장이신 예수 그리스도

히브리서에는 신약성경에서 유일하게 멜기세덱이라는 특별한 인물이 나온다. 멜기세덱은 신비한 인물로서 거의 알려지지 않았다. 단지 구약성경은 그를 왕이며 제사장으로 묘사했다. 그런데 히브리서에 그에 관한 언급이 있다는 것은 특이하다. 그는 5:6에 처음 나오고, 5:10; 5:11; 6:11; 6:20에 연달아 나온다. 그러다가 7장에 그에 대한 자세한 설명이 있다. 7장은 창세기 14:17-20을 해석한 것이다. 먼저, 5:6은 시편 110:4를 인용하여 "네가 영원히 멜기세덱의 반차를 따르는 제사장이라"라고 말한다. 이것은 하나님이 그리스도를 향해서 하신 말씀이다. 그렇다면 멜기세덱은 누구인가? 그가 어떤 인물이기에 그리스도께서 그의 반차를 따르는가?

히브리서 7:1은 "이 멜기세덱은 살렘 왕이요 지극히 높으신 하나님의 제사장이라"라고 소개한다. 멜기세덱이라는 이름은 '의의 왕'(멜기세덱을 직역하면 '나의 왕은 의롭다'이다)이라는 뜻이다. '살렘'은 예루살렘을 가리키는데(참고. 시 76:2), '평강'을 의미한다. 이어서 히브리서 저자는 "여러 왕을 쳐서 죽이고 돌아오는 아브라함을 만나 복을 빈 자라"라고 말한다. 창세기 14장에 따르면, 아브라함은 조카 롯을 구하기 위하여 참전했다가 여러 왕을 쳐서 죽이고 돌아오는 길에 멜기세덱을 만났고, 멜기세덱은 아브라함에게 복을 빌어 주었다. 그러자 히브리서 7:2에 나오는 대로, 아브라함은 그에 대한 보답으로 전리품으로 얻은 것의 십분의 일을 나누어 주었다. 히브리서 7:4도 "이 사람이 얼마나 높은가를 생각해 보라 조상 아브라함도 노략물 중 십분의 일을 그에게 주었느니라"라고 말한다. 고대에 십일조는 존경과 경외의 표시였다. 히브리서 저자는 7:3에서 멜기세덱에 대하여 "아버지도 없고 어머니도 없고 족보도 없고 시작한 날도 없고 생명의 끝도 없어 하나님의 아들과 닮아서 항상 제사장으로 있느니라"라고 언급한다. 이것은 실존 인물에 의미를 부여한 것이다. 즉 히브리서 저자는 멜기세덱의 탁월함을 드러낸다. 멜기세덱은 높은 지위를 차지한 믿음의 조상 아브라함보다 더 높은 사람이었다.

히브리서 7:11-19는 레위 계통 제사장직의 불완전함을 서술하고, 7:20-28는 멜기세덱 계통 제사장직의 완전함을 말한다. 이를 통해서 예수 그리스도가 완전한 대제사장이심을 논증한다. 예수 그리스도는 인간 대제사장과 다르다. 인간 대제사장은 먼저 자신을 속죄하고 다음에 백성의 죄를 위하여 날마다 제사를 드렸다. 그러나 예수님은 그렇게 하실 필요가 없었는데, 이는 그분이 단번에 자기를 드려 속죄를 이루셨기 때문이다. 즉 예수님께서는 죄가 없으셨으므로 자신을 위해서 제사 드릴 필요가 없었고, 한 번의 희생 제사(십자가 죽음)로 영원한 속죄를 이루셨기에 백성들을 위해 날마다 제사 드릴 필요도 없으셨다. 예수님의 제사는 완전하며 영구했다. 즉 구속 사역의 온전함을 갖추셨다.

우리를 위한 속죄 제물이신 예수 그리스도

예수님은 영원한 대제사장이시지만 우리를 위하여 친히 자신을 희생하셨다. 우리의 죄를 용서하시고 우리를 하나님께로 인도하시기 위하여 십자가 위에서 죽음을 맞이하셨다. 네덜란드 신앙고백은 "그분은 아버지의 진노를 충분한 속죄로 누그러뜨리시기 위하여 십자가 나무 위에 자신을 제물로 바치시고 우리의 죄를 씻기 위해 자신의 고귀한 피를 쏟으신 분이십니다"라고 진술한다. 또한, 신앙고백은 예수님의 죽음을 다음과 같이 묘사한다. "처음에는 그분을 죄 없는 분이라 선언했던 바로 그 본디오 빌라도에 의해 강도처럼 정죄되었습니다. 그분은 자신이 빼앗지 않은 것을 물어주었고 고난을 당하셨습니다. 의인이신 그분이 불의한 자들을 위하여 우리의 죄 때문에 자신의 육체와 자신의 영혼으로 끔찍한 형벌을 겪으셨습니다. 그분의 땀은 땅에 떨어지는 피방울처럼 떨어졌습니다. 그분은 나의 하나님, 나의 하나님, 어찌하여 나를 버리셨습니까?라고 부르짖으셨고 우리의 죄 용서를 위하여 이 모든 것을 참으셨습니다."

우리가 생각해야 할 교훈

첫째, 예수님은 우리의 연약함을 아시고 우리를 도우신다. "그가 시험을 받아 고난을 당하셨은즉 시험 받는 자들을 능히 도우실 수 있느니라"(히 2:18).

둘째, 우리는 예수님으로 인하여 하나님께 담대히 나아갈 수 있다. "그러므로 우리는 긍휼하심을 받고 때를 따라 돕는 은혜를 얻기 위하여 은혜의 보좌 앞에 담대히 나아갈 것이니라"(히 4:16).

셋째, 예수님이 치르신 희생은 인간을 향한 하나님의 공의를 완전히 그리고 단번에 충족하셨다. "그는 저 대제사장들이 먼저 자기 죄를 위하고 다음에 백성의 죄를 위하여 날마다 제사 드리는 것과 같이 할 필요가 없으니 이는 그가 단번에 자기를 드려 이루셨음이라"(히 7:27).

넷째, 예수님 외에 다른 구원의 방법은 없다. "다른 이로써는 구원을 받을 수 없나니 천하 사람 중에 구원을 받을 만한 다른 이름을 우리에게 주신 일이 없음이라 하였더라"(행 4:12).

다섯째, 예수님을 아는 지식이 가장 고상하다. "내가 너희 중에서 예수 그리스도와 그가 십자가에 못 박히신 것 외에는 아무 것도 알지 아니하기로 작정하였음이라"(고전 2:2).

제22항

자신의 모든 것을 주신
예수 그리스도

Article XXII.

Nous croyons, que pour obtenir la vraye cognoissance de ce grand mystere, le S. Esprit allume en nos coeurs une vraye foy, laquelle embrasse Iesus Christ, avec tous ses merites: et le fait sien, et ne cerche plus rien hors d'iceluy. Car il faut necessairement, que tout ce qui est requis pour nostre salut, ne soit point en Iesus Christ: ou si tout y est, que celuy qui a Iesus Christ par foy, ait tout son salut. De dire donc, que Christ ne suffit point, mais qu'il y faut quelque aultre chose avec, c'est un blaspheme trop enorme contre Dieu: Car il s'ensuivroit, que Iesus Christ ne seroit que demy Sauveur. Et Pourtant à juste cause nous disons avec Sainct Paul, que nous sommes justifiez par la seule foy, ou, par la foy sans les oeuvres. Cependant nous n'entendons pas à proprement parler, que ce soit la foy mesme qui nous justifie: car elle n'est que l'instrument par lequel nous embrassons Christ noste justice; mais Iesus Christ, nous alloüant tous ses merites, et tant de sainctes oeuvres qu'il a faictes pour nous, et en nostre nom, est nostre justice, et la foy est l'instrument, qui nous tient avec luy en la communion de tous ses biens, lesquels estant faits nostres nous sont plus que suffisans, pour nous absoudre de nos pechez.

제22항. [우리의 전부이신 예수 그리스도: 완전한 구원의 소유]

우리가 이 위대한 비밀에 대한 참된 지식을 얻도록 성령께서 우리 마음에 참된 믿음을 일으키심을 우리는 믿습니다. [이 믿음은 예수 그리스도를 그분의 모든 공로와 함께 수용하고, 그분을 소유하도록 만들고 그분 이외의 어떤 것도 추구하지 않습니다. 왜냐하면 우리의 구원에 요구되는 모든 것이 예수 그리스도 안에 있지 않거나, 아니면 그와 같이 모든 것이 예수 그리스도 안에 있어서 믿음으로 그분을 소유한 자가 자신의 구원 전부를 가지거나, 반드시 [둘 중 하나]여야 하기 때문입니다. 그러므로 그리스도께서 충분하지 않고 그분과 더불어 다른 무엇이 더 필요하다고 말하는 것은 하나님에 대한 너무나도 엄청난 모독입니다. 왜

나하면 예수 그리스도께서 절반의 구원자에 불과하다는 결론에 도달할 것이기 때문입니다. 그러므로 우리는 정당한 이유로 바울과 함께 말합니다. 즉 우리가 오직 믿음으로만, 또는 행위 없는 믿음으로 의롭게 된다는 것입니다. 그렇지만 우리는 결코 우리를 의롭게 하는 것이 믿음 그 자체라고 말하는 것을 인정하지 않습니다. 왜냐하면 [믿음은 우리가 그리스도를 우리의 의로 수용하는 수단에 불과하기 때문입니다. 그러나 그리스도께서는 자신의 공로 전부를 [우리에게 제공하시고], 또한 그분이 우리를 위해 우리의 이름으로 행하신 수많은 거룩한 사역들까지도 우리에게 제공하시는 [분으로] 우리의 의이십니다. 그리고 믿음은 우리가 교제 속에서 그분과 함께 그분의 모든 선한 것들을 붙잡는 수단이요, 그것들이 우리의 것이 되게 하는 [수단]입니다. [그러므로 믿음은] 우리에게 우리 죄로부터 우리를 해방시키기에 충분한 것 이상입니다.

관련성경

시 51:8; 엡 1:17-18; 살전 1:6; 고전 2:12; 갈 2:21; 렘 23:6; 고전 1:20; 렘 51:10; 고전 15:3; 마 1:21; 롬 8:1, 3:20, 28; 갈 2:16;히 7:19; 롬 8:29, 33; 행 13:28; 벧전 1:4; 롬 10:3, 5, 9; 눅 1:77; 딛 3:5; 시 32:1; 롬 4:5; 롬 3:24, 27; 빌 3:9; 딤후 1:9; 시 115:1; 고전 4:7; 롬 4:2.

네덜란드 신앙고백 제22항은 예수 그리스도를 통하여 이루어진 구원에 관하여 말한다. 복음을 간략히 말하자면, '하나님께서 인간을 사랑하셔서 자신의 독생자를 세상에 보내셨고 십자가에서 죽게 하셨으며 사흘 후에 부활하게 하신 후 하늘로 올리셔서 우리의 구원자, 곧 중보자가 되게 하셨는데, 우리가 성령으로 말미암아 믿음으로 그 사실을 받아들이면 구원을 얻는다'라는 것이다. 우리는 이 복음을 통해서 구원받았으며, 또한 이 복음을 전파해야 한다는 사명을 받았다. 그런데 복음에는 성령, 믿음, 칭의, 성화와 같은 개념들이 등장한다. 우리는 이러한 개념들의 의미와 그것이 서로 간에 어떠한 연관성을 지니고 있는지를 알아야 한다. 이것으로 인해 복음과 구원에 관한 지식이 더욱 명료해지며 영적 성장을 위한 기반이 더욱 견고해진다.

유일한 구원자 예수 그리스도

예수님은 "내가 곧 길이요 진리요 생명이니 나로 말미암지 않고는 아버지께로 올 자가 없느니라"라고 말씀하셨다(요 14:6). 이 말씀은 크게 세 가지의 해석 가능성이 있다(참고. 황원하, 『요한복음』, 2021, 291). 1) 예수님은 진리와 생명에 이르는 길이다. 2) 예수님은 길인데, 진리이며 생명인 길이다. 3) 예수님은 생명이며 진리이므로 바른 길이다. 이 중에서 어느 것이 옳은지 판단하기가 쉽지 않다. 요한복음 14장(특히 4-5절)의 문맥을 고려할 때 여기서 요점을 '길'로 보는 것이 바람직하다고 생각한다. 그리고 요한복음의 이원론적인 언어를 생각할 때 진리와 생명은 거짓과 죽음의 반대 개념으로서 위의 세계, 곧 하나님의 영역을 뜻하는 것으로 보인다. 그러므로 이 말씀을 예수님을 통하여(길) 하나님의 영역(진리와 생명)으로 갈 수 있다는 뜻으로 해석하고자 한다. 곧 예수님은 하나님께 나아가는 길(유일한 길)이라는 것이다.

요한복음 16:7에서 예수님은 "너희가 나를 알았더라면 내 아버지도 알았으리로다. 이제부터는 너희가 그를 알았고 또 보았느니라"라고 말씀하셨다. 인간이 하나님을 알고 보는 것은 진일보한 신앙이다. 그런데 예수님은 하나님이시기 때문에 예수님을 알고 보는 것은 곧 하나님을 알고 보는 것이 된다. 즉 예수님께서 우리에게 하나님을 보여주신다. 사도행전 4:12에서 사도들은 "다른 이로써는 구원을 받을 수 없나니 천하 사람 중에 구원을 받을 만한 다른 이름을 우리에게 주신 일이 없음이라 하였더라"라고 선포했다. 이것은 오직 예수님을 통해서만 구원받을 수 있다는 뜻이다. 예수님의 제자들은 예수님 외에 하나님께 나아갈 수 있는 다른 길을 인정하지 않았다. 우리도 그들의 가르침에 따라 예수님을 구원의 유일한 수단으로 믿어야 한다.

성령을 통해서 믿게 됨

우리가 구원의 수단이 예수 그리스도라는 사실을 받아들이고 믿는 것은 오직 성령을 통해서만 가능하다. 바울은 "만일 너희 속에 하나님의 영이 거하시면 너희가 육신에 있지 아니하고 영에 있나니 누구든지 그리스도의 영이 없으면 그리스도의 사람이 아니라"라고 말했고(롬 8:9), "네가 만일 네 입으로 예수를 주로 시인하며 또 하나님께서 그를 죽은 자 가운데서 살리신 것을 네 마음에 믿으면 구원을 받으리라"라고 선언했으며(롬 10:9), "모든 입으로 예수 그리스도를 주라 시인하여 하나님 아버지께 영광을 돌리게 하셨느니라"라고 진술했다(빌 2:11). 그런데 그는 "너희가 아들이므로 하나님이 그 아들의 영을 우리 마음 가운데 보내사 아빠 아버지라 부르게 하셨느니라"라고 말했다(갈 4:6). 따라서 바울에 따르면, 우리가 성령을 통하여 하나님을 '아버지'라고 부를 수 있으며 구원받을 수 있다. 네덜란드 신앙고백 역시 "우리가 이 위대한 비밀에 대한 참된 지식을 얻도록 성령께서 우리 마음에 참된 믿음을 일으키심을 우리는 믿습니다"라고 진술한다. 성령 외에는 예수님에 대한 믿음을 불러일으키시는 분이 없다.

칼빈은 『기독교 강요』에서 "성령의 주된 역사는 믿음이다"라고 말했다. 이는 사도 요한이 "우리에게 주신 성령으로 말미암아 그가 우리 안에 거하시는 줄을 우리가 아느니라"라고 말한 것을 생각나게 한다(요일 3:24). 그렇다면 성령께서 주시는 믿음이란 무엇인가? 원래 하나님께서 우리에게 명령하신 모든 것을 지켜야 우리가 살 수 있다. 즉, 인간은 율법의 모든 조항을 하나라도 어기면 멸망할 수밖에 없다. 그런데 예수 그리스도께서 율법을 모두 이루셨고, 우리가 그분 안에 거하면 율법을 모두 이룬 효과를 얻게 된다. 따라서 성령이 하시는 일은 예수 그리스도의 공로가 우리의 소유가 되게 하시는 것이다. 곧, 성령께서는 우리가 율법에 나타난 하나님의 공의를 온전히 지킨 것이 되게 하신다. 그래서 성령은 구원의 유효한 적용자시다.

네덜란드 신앙고백은 성령이 불러일으키시는 믿음에 대해서 다음과 같이 적절하게 진술한다. "이 믿음은 예수 그리스도를 그분의 모든 공로와 함께 수용하고, 그분을 소유하도록 만들고 그분 이외의 어떤 것도 추구하지 않습니다. 왜냐하면 우리의 구원에 요구되는 모든 것이 예수 그리스도 안에 있지 않거나, 아니면 그와 같이 모든 것이 예수 그리스도 안에 있어서 믿음으로 그분을 소유한 자가 자신의 구원 전부를 가지거나, 반드시 둘 중 하나여야 하기 때문입니다. 그러므로 그리스도께서 충분하지 않고 그분과 더불어 다른 무엇이 더 필요하다고 말하는 것은 하나님에 대한 너무나도 엄청난 모독입니다. 왜냐하면 예수 그리스도께서 절반의 구원자에 불과하다는 결론에 도달할 것이기 때문입니다.

그러므로 우리는 정당한 이유로 바울과 함께 말합니다. 즉 우리가 오직 믿음으로만, 또는 행위 없는 믿음으로 의롭게 된다는 것입니다."

믿음이란 무엇인가?

이미 말했듯이 우리는 '예수 그리스도를 믿음으로' 구원을 얻는다. 그런데 여기서 중요한 것은 '믿음'이 아니라 '예수 그리스도'이다. 우리가 믿음으로 구원받는 것은 사실이지만, 믿음 자체가 우리를 기계적으로 구원받게 하는 것이 아니라 그리스도의 공로가 우리의 구원 근거가 된다. 믿음은 우리가 그리스도를 우리의 의로 받아들이는 수단에 불과하다. 그러므로 예수 그리스도가 우리에게 필요한 모든 것이다. 이것을 네덜란드 신앙고백은 다음과 같이 말한다. "그렇지만 우리는 결코 우리를 의롭게 하는 것이 믿음 그 자체라고 말하는 것을 인정하지 않습니다. 왜냐하면 믿음은 우리가 그리스도를 우리의 의로 수용하는 수단에 불과하기 때문입니다."

칼빈은 『기독교 강요』(제3권 2장)에서 믿음에 관하여 매우 유익한 설명을 한다. 그의 진술 가운데 몇 가지를 추려보면 다음과 같다. 1) 믿음에는 지식이 포함된다. 믿음은 소위 '경건한 무식'이 아니라 지식에 근거한다. 따라서 맹목적 믿음의 교리는 기본적으로 거짓이다. 2) 믿음은 하나님의 말씀에 근거를 둔다. 믿음은 그리스도 안에 있는 하나님의 은혜의 약속에서 생겨난다. 3) 거짓 믿음이 있다. 인간의 마음에는 허망한 것이 숨어 있을 틈이 너무나 많고, 거짓이 숨어 있을 곳이 너무도 많으며, 사기와 외식으로 겉을 감싸고 있을 여지가 너무나 많기 때문에 자기 자신까지도 거기에 속아 넘어가는 경우가 얼마나 많은지 모른다. 4) 믿음은 시험과 싸워 이긴다. 온갖 공격을 받는 중에서도 믿음이 경건한 자의 마음을 그대로 유지해 주며, 마치 내리누르는 온갖 무게를 이기고 위를 향하여 뻗어나가는 종려나무와 같은 효과를 내게 한다. 5) 믿음은 하나님에 대한 사랑의 마음을 준다. 마음이 일깨움을 받아 하나님의 선하심을 맛보면서 어찌 하나님을 사랑하는 마음이 동시에 생겨나지 않을 수가 있겠는가? 6) 믿음과 소망은 밀접한 관계를 지닌다. 소망이란 다른 것이 아니라 바로 믿음이 하나님께서 참되이 약속하셨다고 받아들이는 그런 일들을 기대하는 것이다. 그리하여 믿음은 하나님께서 참되심을 믿으며, 소망은 그의 참되심이 드러날 때를 기다리는 것이다.

자신의 공로 전부를 우리에게 주신 예수 그리스도

네덜란드 신앙고백은 "그리스도께서는 자신의 공로 전부를 우리에게 제공하시고, 또한 그분이 우리를 위해 우리의 이름으로 행하신 수많은 거룩한 사역들까지도 우리에게 제공하시는 분으로 우리의 의(義)이십니다. 그리고 믿음은 우리가 교제 속에서 그분과 함께 그분의 모든 선한 것들을 붙잡는 수단이요, 그것들이 우리의 것이 되게 하는 수단입니다. 그러므로 믿음은 우리에게 우리 죄로부터 우리를 해방시키기에 충분한 것 이상입니다"라고 진술한다.

우리가 해야 할 일

첫째, 그리스도께서 자신의 모든 것을 우리에게 주신 것은 그분이 우리의 진정한 친구가 되어 주셨다는 뜻이니 그분과 더욱 친밀한 관계를 맺어야 한다. "사람이 친구를 위하여 자기 목숨을 버리면 이보다 더 큰 사랑이 없나니"(요 15:13).

둘째, 그리스도께서 자신의 모든 것을 우리를 위해서 주셨으니 항상 감사하며 예배하고 찬송해야 한다. "그러므로 우리는 예수로 말미암아 항상 찬송의 제사를 하나님께 드리자 이는 그 이름을 증언하는 입술의 열매니라"(히 13:15).

셋째, 그리스도께서 자신의 모든 것을 우리에게 주신 것은 우리를 사랑하셨기 때문이니 우리도 서로 사랑하는 것이 마땅하다. "그리스도께서 너희를 사랑하신 것 같이 너희도 사랑 가운데서 행하라"(엡 5:2).

넷째, 그리스도께서 자신의 모든 것을 우리에게 주신 것은 죄를 없애기 위한 것이니 우리가 다시는 죄를 짓지 말아야 한다. "너희 지체를 불의의 무기로 죄에게 내주지 말고 오직 너희 자신을 죽은 자 가운데서 다시 살아난 자 같이 하나님께 드리며 너희 지체를 의의 무기로 하나님께 드리라"(롬 6:13).

다섯째, 그리스도께서 자신의 모든 것을 우리에게 주신 사실, 곧 복음을 우리는 세상에 널리 전파해야 한다. "내가 달려갈 길과 주 예수께 받은 사명 곧 하나님의 은혜의 복음을 증언하는 일을 마치려 함에는 나의 생명조차 조금도 귀한 것으로 여기지 아니하노라"(행 20:24).

제23항

우리의 참된 행복

Article XXIII.

Nous croyons que nostre beatitude gist en la remission de nos pechez à cause de Iesus Christ, et qu'en cela est contenuë nostre justice dcevant Dieu, comme David et S. Paul nous enseignent: declarans la beatitude de l'homme à qui Dieu allouë justice sans oeuvres. Et le mesme Apostre dit, que nous sommes justifiez gratuitement, ou de grace par la redemption qui est en Iesus Christ. Et pourtant nous tenons ce fondement ferme à jamais, donnans toute gloire à Dieu en nous humilians et recognoissans tels que nous sommes, sans rien presumer de nous mesmes, ni de nos merites, et nous appuyons et reposons en la seule obeissance de Christ crucifié, laquelle est nostre, quand nous croyons en luy. Icelle est suffisante pour couvrir toutes nos iniquitez, et nous rendre asseurez, esloignant la conscience de crainte, horreur, et espouvantement pour approcher de Dieu, sans faire comme nostre premier pere Adam, lequel tremblant se vouloit couvrir avec des fueilles de figuier. Et de fait, s'il nous falloit comparoistre devant Dieu, estant appuyez tant peu que ce soit sur nous, ou sur quelque autre creature: helas! nous serions engloutis. Et pourtant un chacun doit dire avec David: O Seigneur, n'entre point en jugement avec tes serviteurs: car devant toy homme qui vive ne sera justifié.

제23항. [그리스도의 순종과 하나님 앞에서 의로운 자]

우리는 우리의 행복이 예수 그리스도 때문에 우리의 죄가 용서됨에 있다는 것과, 하나님 앞에서 우리의 의가 [바로] 그곳에 있다는 것을 믿습니다. 그것은 다윗과 바울이 우리에게 가르치는 것과 같습니다. 즉 [그들은] "일한 것이 없이 하나님께 의로 여기심을 받은 사람의 복에 대하여" 설명합니다[시 32:1-5; 롬 4:4-8]. 또한 동일한 사도는 말하길, 우리가 "그리스도 예수 안에 있는 속량으로 말미암아 하나님의 은혜로 값없이 의롭다 하심을" 얻게 됩니다[롬 3:24]. 그렇기 때문에 우리는 이 기초를 항상 견고하게

붙잡습니다. [그러므로 우리는] 모든 영광을 하나님께 돌리고, 우리 자신을 낮추며, 우리가 있는 모습 이대로 인정하고, 어떤 것도 우리 자신이나 우리의 공로에 돌림 없이 오직 십자가에 못 박히신 그리스도의 순종만을 의지하고 기초합니다. 그것은(=그리스도의 순종은) 우리가 그분을 믿을 때 우리의 것이 됩니다. 저 [순종]은 우리의 모든 죄악을 가리기에 [충분하고], 또한 양심이 두려움과 공포와 불안에서 벗어나 하나님께 나아가기 위한 확신을 주기에도 충분합니다. [그러므로 우리는] 우리의 첫 조상 아담이 떨면서 무화과 잎으로 자신을 가리려고 했던 것과 같이 행동할 필요가 없습니다. 뿐만 아니라, 실제로는 만일 우리가 우리 자신이나 어떤 다른 피조물에 의지한 채로 하나님 앞에 나타나야 했더라면, 화로다, 우리는 삼키어져버려야 했을 것입니다. 그렇기 때문에 누구나 다윗과 함께 [이렇게] 말해야 합니다. "오, 주님, 주의 종에게 심판을 행하지 마소서! 주의 눈앞에는 의로운 인생이 하나도 없나이다"[시 143:2].

관련성경

히 11:7; 엡 2:8; 고후 5:19 (10); 딤전 2:6; 요일 2:1; 창 3:7; (롬 5:19); 롬 4:6; 행 4:12; 겔 36:23, 32; 신 27:26; 약 2:10; 창 3:7; 시 143:2;눅 16:15; 욥 1장; 고전 4:4; 시 18:28; 습 3:11; 히 10:20.

네덜란드 신앙고백 제23항은 인간의 참된 행복이 무엇인지에 관하여 말한다. 성경을 기록한 선지자들과 사도들은 모든 인간이 죄인이라는 사실과 죄 아래 있는 인간에게 아무런 소망과 행복이 없다는 사실을 말하면서, 그러하기에 인간에게 메시아(그리스도), 즉 구원자가 필요하다고 주장했다. 즉 인간은 근본적으로 행복하지 못한 존재이며, 따라서 하나님의 은혜와 도움이 필요하다고 말한 것이다. 참으로, 구원받지 못한 인간에게는 어떠한 행복도 없다. 그들은 바울처럼 "오호라 나는 곤고한 사람이로다 이 사망의 몸에서 누가 나를 건져내랴"라고 탄식할 뿐이다(롬 7:24). 그렇다면 인간은 어떻게 해야 하는가? 불행 속에서 계속 살아야 하는가?

우리의 행복은 어디에 있는가?

사람은 누구나 행복을 갈구한다. 사람은 이 세상에서 사는 동안 온갖 질병과 고통과 가난과 갈등 속에서 허덕이는데, 이러한 불행한 상태에서 벗어나기 위하여 삶의 질을 높이고 즐거움의 양을 늘리기 위해서 노력한다. 그리고 이러한 노력은 사람을 일시적으로나마 즐겁게 해 주기도 한다. 실제로, 건강과 부요함과 안락함은 사람을 기쁘게 한다. 그러나 토머스 그레이가 말한 것처럼 "행복은 너무 빨리 날아간다." 잠시 즐거웠으나 곧 불행이 닥쳐온다. 이 세상 어디에도 안전이 보장된 곳은 없으며 우리에게 영속적인 즐거움을 주는 일도 없다. 그렇다면 우리는 이런 상태로 인생을 살아야 하는가? 도대체 참된 행복은 어디에 있는가?

칼빈은 『기독교 강요』(2권 1장)에서 "철학자들은 사람이 자기 자신을 알아야 한다고 역설하면서도 그 목표를 자기 자신의 가치와 탁월함을 아는 데다 두었고, 따라서 자기 자신에 대해서 생각하면서도 그저 헛된 자신감에 부풀려지고 교만으로 우쭐해지는 것밖에는 가르치지 않았다"고 말한다. 이는 세속에 속한 자들이 인간의 죄악된 상태를 인식하지 못한 채 본성적이면서도 망상적인 자기도취에 빠져서 겉으로는 겸손한 척하나 속으로는 자신을 과시한다는 뜻이다. 필시 그러한 자들은 허무함 가운데 자신을 심하게 자책하거나 더욱 자극적인 쾌락을 추구한다.

그러나 인위적인 노력은 부질없다. 그것은 명백한 한계를 지닌다. 네덜란드 신앙고백은 "우리는 우리의 행복이 예수 그리스도 때문에 우리의 죄가 용서됨에 있다는 것과, 하나님 앞에서 우리의 의가 바로 그곳에 있다는 것을 믿습니다"라고 진술한다. 이것은 우리의 불행이 죄 때문이라는 사실, 곧 우리가 죄인이라는 사실 때문에 불행하다는 점을 시사한다. 역설적으로, 이것은 그리스도가 십자가에서 죽임을 당하심으로 우리가 죄 사함을 받아 하나님 앞에서 의인이 되었다는 사실이 우리를 행복하게 해 준다는 것을 뜻한다. 하나님은 우리를 사랑하셔서 그리스도의 순종, 곧 구속 사역을 통해 우리가 근본적인 불행에서 벗어날 수 있게 하셨다.

그러므로 우리 그리스도인들은 세상 사람들과 다르게 생각한다. 세상 사람들과 달리, 그리스도인들은 예수 그리스도를 통해서 구원받은 것을 최고의 행복이라고 여긴다. 우리에게 비록 없는 것이 많고 부족한 것이 허다하지만 예수 그리스도를 통해서 구원받아 하나님의 자녀가 된 것은 우리를 행복하게 만들기에 충분하다고 믿는다. 하지만 문제는 우리가 여전히 연약하다는 것이다. 우리는 믿음을 가지고 있음에도 불구하고 불신앙적 생각에 사로 잡혀서 헛된 것들을 찾아다니고 그것들을 얻기 위해서 눈을 질끈 감고 베드로처럼 주님을 부인하곤 한다.

칼빈은 『기독교 강요』(2권 10장)에서 '구약과 신약의 유사점'을 말하는 가운데 다음과 같은 언급을 한다. 그것은 구약과 신약에서 발견되는 중요한 일치점이다. "1) 육신적인 번영과 행복은 유대인들이 사모해야 할 목표가 아니었다. 오히려 그들은 불멸의 생명에 대한 소망으로 받아들여졌고, 이러한 사실에 대한 확신이 계시의 말씀과 율법과 선지자의 글들을 통해서 보증되었다. 2) 그들을 여호와와 결속시켜 준 언약은 그들의 행위와 공로를 통해서가 아니라 오로지 그들을 부르신 하나님의 긍휼하심을 통해서 뒷받침되었다. 3) 그들은 중보자이신 그리스도를 알고 있었고, 그를 통해서 하나님께로 결속되고 또한 그의 약속들을 함께 소유했다."

그러므로 우리 믿음의 선배들은 이 세상이 주는 행복에 관심을 가진 것이 아니라 하나님이 우리에게 은혜 언약의 선물로 주시는 것들을 사모하고 추구했다. 즉 그들은 예수 그리스도를 통해서 주어진 약속들을 소유했고 그것들이 실제로 성취되는 것을 경험하면서 행복을 느꼈다. 우리도 그들의 신념과 관점을 공유해야 한다. 결코, 이 세상에 집착하지 말아야 한다. 세상이 주는 것들에 마음을 빼앗기지 말아야 한다. 그것들이 우리를 주관하지 못하게 해야 한다.

우리는 어떻게 반응해야 하는가?

구원받기 위해서 인간이 한 일은 아무것도 없다. 하나님께서 모든 것을 하셨다. 네덜란드 신앙고백은 다음과 같이 진술한다.

"그것은 다윗과 바울이 우리에게 가르치는 것과 같습니다. 즉 그들은 '일한 것이 없이 하나님께 의로 여기심을 받은 사람의 복에 대하여' 설명합니다(시 32:1-5; 롬 4:4-8). 또한 동일한 사도는 말하길, 우리가 '그리스도 예수 안에 있는 속량으로 말미암아 하나님의 은혜로 값없이 의롭다 하심을' 얻게 됩니다(롬 3:24)." 신앙고백은 이어서 다음과 같이 말한다. "그렇기 때문에 우리는 이 기초를 항상 견고하게 붙잡습니다. 따라서 우리는 모든 영광을 하나님께 돌리고, 우리 자신을 낮추며, 우리가 있는 모습 이대로 인정하고, 어떤 것도 우리 자신이나 우리의 공로에 돌림 없이 오직 십자가에 못 박히신 그리스도의 순종만을 의지하고 기초합니다. 그것은(=그리스도의 순종은) 우리가 그분을 믿을 때 우리의 것이 됩니다."

참으로, 우리는 그리스도께서 이루신 구속의 공로를 견고하게 붙잡아야 한다. 이것이 제일 중요하다. 그리고 모든 영광을 하나님께 돌려야 하며 자신을 철저히 낮추어야 한다. "일한 것이 없이 하나님께 의로 여기심을 받은 사람의 복"을 깨닫고 감격해야 하며 감사해야 한다.

그렇다면 이러한 선물을 받은 우리는 구체적으로 어떻게 반응해야 하는가? 네덜란드 신앙고백은 다음과 같이 말한다. "저 순종은 우리의 모든 죄악을 가리기에 충분하고, 또한 양심이 두려움과 공포와 불안에서 벗어나 하나님께 나아가기 위한 확신을 주기에도 충분합니다. 그러므로 우리는 우리의 첫 조상 아담이 떨면서 무화과 잎으로 자신을 가리려고 했던 것과 같이 행동할 필요가 없습니다. 뿐만 아니라, 실제로는 만일 우리가 우리 자신이나 어떤 다른 피조물에 의지한 채로 하나님 앞에 나타나야 했더라면, 화로다, 우리는 삼키어져 버려야 했을 것입니다. 그렇기 때문에 누구나 다윗과 함께 이렇게 말해야 합니다. '오, 주님, 주의 종에게 심판을 행하지 마소서! 주의 눈앞에는 의로운 인생이 하나도 없나이다'(시 143:2)."

우리가 해야 할 일

첫째, 우리는 하나님께 담대히 나아가야 한다. 그리스도의 순종은 우리의 모든 죄악을 가리기에 충분하고, 우리의 양심이 두려움과 공포와 불안에서 벗어나 하나님께 나아가기 위한 확신을 주기에 충분하다. 그러므로 우리는 하나님을 신뢰해야 한다. 하나님께 나아가기를 주저하지 말아야 한다. 하나님은 우리를 기다리고 계신다. 우리가 담대히 나아오기를 원하신다. 죄책감에 사로잡히거나 자신의 자격 없음에 빠지지 말고 하나님 앞에 당당하게 나아가자.

둘째, 우리는 영원한 심판에서 벗어났음을 알아야 한다. 그리스도의 죽음은 우리를 대신한 것이다. 그러므로 우리는 더 이상 멸망하지 않는다. 우리의 죽음은 비신자들의 죽음과 같지 않다. 우리의 죽음은 '잠자는 것'이며(참고. 고전 15장, 살전 4장), '영생으로 들어가는 관문'일 뿐이다(참고. 하이델베르크 요리문답 제42문). 우리는 다윗처럼 말할 수 있다. "오, 주님, 주의 종에게 심판을 행하지 마소서! 주의 눈앞에는 의로운 인생이 하나도 없나이다"(시 143:2).

셋째, 우리는 세상의 안락함과 쾌락과 부요함을 부러워하지 말아야 한다. 그리스도인이라고 해서 굳이 어렵게 살 필요는 없다. 열심히 일해서 잘 사는 것은 좋은 일이다. 하지만 그것을 목표로 두어서는 안 된다. 그것이 전부가 아님을 명심해야 한다. 칼빈은 『기독교 강요』(3권 7장)에서 다음과 같이 말한다. "하나님이 주시는 축복과는 상관없는 그런 번영을 누리겠다는 식의 생각을 갖거나, 그런 것을 동경하거나 바라서는 안 된다. 주님이 주시는 축복이 없이도 어느 정도는 명성과 부귀를 얻을 수 있을지도 모른다. 그러나 하나님의 저주 아래 있는 사람들은 티

끝만큼이라도 참된 행복을 누릴 수가 없다."

넷째, 우리는 악인의 형통을 부러워하지 말아야 한다. 우리는 이 세상에서 악인이 때로 잘 살고 행복하게 지내는 것을 목격한다. 하지만 성경은 분명히 말한다. "너는 악인의 형통함을 부러워하지 말며 그와 함께 있으려고 하지도 말지어다"(잠 24:1). "너는 행악자들로 말미암아 분을 품지 말며 악인의 형통함을 부러워하지 말라"(잠 24:19). 악인의 운명은 정해져 있다. 칼빈은 『기독교 강요』(2권 10장)에서 "악인들은 마치 꿈을 꾸듯이 하루 동안 행복을 누리지만, 그들에게 영원하고도 끝이 없는 파멸이 그들에게 임할 것을 예견하고 있다"고 말한다.

신자의 성화와 선행

Article XXIV.

Nous croyons que Iesus Christ est grand sacrificateur eternellement avec serment, selon l'ordre de Melchisedech, et s'est presenté en nostre nom devant son Pere pour appaiser son ire avec pleine satisfaction en s'offrant soy-mesme sur le bois de la croix, et espendant son precieux sang, pour la purification de nos pechez, comme les prophetes avoyent predit. Car il est escrit: que la correction de nostre paix a esté mise sur le Fils de Dieu, et que nous sommes gueris par ses playes: qu'il a esté mene à la mort comme un agneau, mis au rang des pecheurs et condamné comme malfaiteur par Ponce Pilate, jaçoit qu'il le prononçast innocent. Il a donc payé, ce qu'il n'avoit point ravi et a souffert, luy juste, pour les injustes, voire en son corps et en son Ame, de sorte que sentant l'horrible punition deuë à nos pechez, sa sueur devint comme grumeaux de sang descoulans en terre: Il a crié, mon Dieu, mon Dieu pourquoy n'as tu delaissé? et a enduré tout cela pour la remission de nos pechez. Pourtant à bon droict nous disons avec S. Paul, que nous ne cognoissnce de nostre Seigneur Iesus Christ: nous trouvons toutes consolations en ses playes, et n'avons besoin de cercher, n'inventer autre moyen, pour nous reconcilier avec Dieu, que ce seul et unique Sacrifice une fois fait, lequel rend les fideles parfaicts à perpetuité. C'est aussi la cause pourquoy il a esté appelé par l'ange de Dieu Iesus Christ, c'est à dire, Sauveur, d'autant qu'il debvoir sauver son peuple de ses pechez. Nous croyons que ceste vraye foy estant engendrée en l'homme par l'oüie de la parole de Dieu, et par l'operation du S. Esprit, le regenere et fait nouvel homme, le faisant vivre d'une nouvelle vie, l'affranchissant de la servitude de peché. Ainsi tant s'en faut, que ceste foy justifiante refroidisse les hommes de bien et sainctement vivre; que tout au rebours sans icelle jamais ils ne feront rien pour l'amour de Dieu, mais seulement pour l'amour d'euxmesmes, et craignant d'estre damnez. Il est don impossible, que ceste saincte foy soit oyseuse en l'homme, veu que nous ne parlons pas de la foy vaine; mais de celle, que l'Escriture appelle foy ouvrante par charité: laquelle induict l'homme à s'exercer és oeuvres que Dieu a commandées par sa parole: lesquelles oeuvres procedantes de la bonne racine de foy, sont bonnes et receuës devant Dieu, d'autant

qu'elles sont toutes sanctifiées par sa grace. Cependant elles ne viennent point en conte pour nous justifier. Car c'est par la foy en Christ que nous sommes justifiez voire devant que faire bonnes oeuvres: autrement elles ne pourroyent estre bonnes, non plus que le fruict d'un arbre ne peust estre bon, que premierement l'arbre ne soit bon. Nous faisons doncques des bonnes oeuvres; mais non point pour meriter (car que meriterions nous?); mais plutost nous sommes redevables à Dieu, pour les bonnes oeuvres que nous faisons, et non pas luy envers nous: d'autant que c'est luy qui met en nous le vouloir et le parfaire selon son bon-plaisir, regardans à ce qyu est escrut: Quand vous aurez fait tout ce qui vous est commandé, dites, nous sommes serviteurs inutiles: ce que nous debvions faire nous l'avons fait. Nous ne voulons pas cependant nier, que Dieu ne remunere les bonnes oeuvres; mais c'est par sa grace, qu'il couronne ses dons. Au reste combien que nous faisons des bonnes oeuvres, nous n'y fondons point nostre salut: car nous ne pouvons faire aucune oeuvre qui ne soit souillée par nostre chair. et aussi digne de punition. Et quand nous en pourrions monstrer une, la memoire d'un seul peché suffit pour la rejetter devant Dieu. Par ainsi nous serions tousjours en doubte, et flottans çá et lá sans auculne certitude, et nos povres consciences seroyent tousjours tourmentées, si elle ne se reposoyent sur le merite de la mort et passion de nostre Sauveur.

제24항. [성화와 중생과 선행]

우리는 하나님 말씀의 들음과 성령의 역사로 사람 속에 생성된, 이 참된 믿음이 그를 중생시키고, 새 사람으로 만들며, 새로운 삶을 살아가도록 하고, 죄의 종노릇으로부터 해방시킨다는 것을 믿습니다. 그러므로 의롭게 하는 이 믿음이 선하고 거룩하게 사는 사람들을 냉랭하게 만들 것이라는 [주장]은 잘못입니다. 완전히 반대로 이 [믿음]이 없다면 결코 그들이 하나님에 대한 사랑 때문에 행할 수 있는 [일]은 아무 것도 없을 것이고, 다만 자신들에 대한 사랑 때문에 정죄되는 것을 두려워할 뿐입니다. 따라서 이 거룩한 믿음이 사람 안에서 빈둥거리는 [일]은 불가능합니다. 왜냐하면 우리는 헛된 믿음에 대해서가 아니라, 성경이 사랑으로 역사하는 믿음이라 부르는 바로 이 [믿음]에 대해 말하기 때문이다. 그

것은(=믿음은) 사람을 움직여서 하나님께서 자신의 말씀으로 명령하신 일들(=행위들)을 실행하도록 합니다. 믿음의 선한 뿌리에서 나오는 그 일들(=행위들)은 하나님 앞에서 선하고 받아들여집니다. 왜냐하면 그들 모두 그분의 은혜로 성화되었기 때문입니다. 그렇지만 그것들이 (=행위들이) 우리를 의롭게 하기 위한 것으로는 전혀 고려되지 않습니다. 왜냐하면 우리가 의롭게 되는 것은 선한 일들을(=행위들을) 행하기 전에 그리스도를 [믿는] 믿음으로 말미암기 때문입니다. 먼저 그 나무가 선하지 않고서는 그 나무의 열매가 선할 수 없는 것과 마찬가지로, 달리 그것들이(=행위들이) 선할 수는 없을 것입니다. 그와 같이 우리가 선한 일들을 행합니다만 [그것이] 결코 가치 있는 것은(=결코 우리의 공로는) 아닙니다. (실제로 우리는 어떤 가치가 [=실제로 우리에게 무슨 공로가] 있습니까?) 그러나 오히려 우리가 행하는 선한 일들에 있어서는 우리가 하나님께 빚진 자들이지, 결코 그분이 우리에게 [빚진 것이] 아닙니다. 왜냐하면 그분은 자신의 선한 기뻐하심을 따라 우리 안에 [우리의] 원함과 완수함을 넣으시기 때문입니다[참조, 빌 2:10]. [다음과 같이] 기록되어 있는 것에 주목합시다. "이와 같이 너희도 명령 받은 것을 다 행한 후에 이르기를 우리는 무익한 종이라. 우리가 하여야 할 일을 한 것뿐이라 할지니라"[눅 17:10]. 그럼에도 또한 우리는 하나님께서 선한 일들을 보상하신다는 것을 결코 부인하고 싶지 않습니다. 그러나 그분이 자신의 선물에 관을 씌우시는 것은 그분의 은혜로 말미암는 것입니다. 비록 우리가 선한 일들을 행한다 할지라도 우리는 결코 우리의 구원을 그 위에 세우지 않습니다. 왜냐하면 우리는 우리의 육신에 의해 더럽혀지지 않고 또한 처벌 받지 않을만한 어떤 일도 할 수 없기 때문입니다. 그리고 우리가 하나의 [선행]을 만들 수 있다 해도 오직 하나의 죄에 대한 기억은 [하나의 죄만으로도] 하나님 앞에서 거부되기에 충분합니다. 만일 그것들이 우리 구세주 죽음과 고난의 공로 위에 세워지지 않는다면 우리는 어떤 확실성도 없이 여기저기로 쫓겨 다니면서 항상 의심 속에 있을 것이요, 우리의 가난한 양심은 항상 괴로워할 것입니다.

관련성경

롬 10:17; 요 5:26; 엡 2:4; 요 8:36; 딛 2:12; 요 15장; 히 11:6; 딤전 1:5; 갈 5:6; 딛 3:8; 롬 9:32; 딛 3:5; 마 7:17; 롬 14:23; 히 11:4; 창 4:4; 고전 4:7; 빌 3:13; 사 26:12; 갈 3:5; 살전 2:13; 눅 17:10; 롬 2:6; 행 2:13; 요이 8절; 롬 11:5 (6, 7); (엡 2:5); 사 64:6; 고전 3:11; 사 28:26; 롬 10:11; 합 2:4.

네덜란드 신앙고백 제24항은 신자의 성화와 선행에 관하여 말한다. 구원은 두 가지 측면을 지닌다. 그것은 칭의와 성화이다. '칭의'(稱義, justification)는 의롭게 된다는 뜻이다. 이것은 처음에 믿음을 가지게 되는 것으로 단회적인 사건이다. '성화'(聖化, sanctification)는 의롭게 된 사람이 거룩해지는 것으로 평생에 걸친 과정이다. 칭의와 성화는 분리되지 않는다. 의롭게 된 사람은 자연스럽게 거룩함을 추구한다. 즉, 성화는 성령의 역사지만 사람의 적극적인 노력을 요청한다. 믿음을 가진 사람은 선한 삶을 살려고 노력한다.

믿음과 결과

네덜란드 신앙고백은 "우리는 하나님 말씀의 들음과 성령의 역사로 사람 속에 생성된, 이 참된 믿음이 그를 중생시키고, 새 사람으로 만들며, 새로운 삶을 살아가도록 하고, 죄의 종노릇으로부터 해방시킨다는 것을 믿습니다"라고 진술한다. 이 말은 사람이 하나님의 말씀과 성령을 통해서 믿음을 가지게 되며, 믿음을 가진 사람이 네 가지 일을 경험하게 되는데, 중생하는(거듭나는) 것, 새 사람으로 변화되는 것, 새로운 삶을 살아가는 것, 그리고 죄의 종노릇에서 해방되는 것이라는 뜻이다. 이 진술은 대단히 중요하다.

먼저, 믿음이 말씀의 들음과 성령의 역사로 생성된다는 진술을 살펴보자. 바울은 "그러므로 믿음은 들음에서 나며 들음은 그리스도의 말씀으로 말미암았느니라"라고 말한다(롬 10:17). 또한, "성령으로 아니하고는 누구든지 예수를 주시라 할 수 없느니라"라고 언급하며(고전 12:3), "우리가 성령으로 믿음을 따라 의의 소망을 기다리노니"라고 고백한다(갈 5:5). 따라서 신자는 말씀을 잘 들으려고 해야 하며, 목사는 말씀을 정확하게 전하기 위해서 최선을 다해야 한다. 말씀이 있는 곳에서 성령이 역사하신다. 성령께서 말씀을 매개체로 사용하여 믿음을 주신다.

다음으로, 믿는 자에게 임하는 네 가지 일에 관하여 알아보자. 참된 믿음은 1) 사람을 중생시키고, 2) 새 사람으로 만들며, 3) 새로운 삶을 살아가도록 하고, 4) 죄의 종노릇으로부터 해방시킨다. 이 네 가지는 믿음의 결과이다. 그런데 이것들은 차례로 이루어지는 것이 아니라 동시에 이루어지며 점점 강화된다. 즉 이를 시간적인 순서로 여길 것이 아니라 논리적인 실상으로 보아야 한다. 중생과 새 사람과 새로운 삶과 죄로부터의 해방은 구원의 속성이자 결과이다. 신자는 믿음을 가진 시초의 상태로 머물지 않고 계속해서 자라며 성숙한다.

믿음과 선행

네덜란드 신앙고백은 다음과 같이 진술한다. "그러므로 의롭게 하는 이 믿음이 선하고 거룩하게 사는 사람들을 냉랭하게 만들 것이라는 주장은 잘못입니다. 완전히 반대로 이 믿음이 없다면 결코 그들이 하나님에 대한 사랑 때문에 행할 수 있는 일은 아무것도 없을 것이고 다만 자신들에 대한 사랑 때문에 정죄되는 것을 두려워할 뿐입니다. 따라서 이 거룩한 믿음이 사람 안에서 빈둥거리는 일은 불가능합니다. 왜냐하면 우리는 헛된 믿음에 대해서가 아니라, 성경이 사랑으로 역사하는 믿음이라 부르는 바로 이 믿음에 대해 말하기 때문입니다."

이 말은 믿음을 가진 사람이 아무것도 하지 않은 채 냉랭하게 지내거나 빈둥거리면서 게으르게 살아가지 않는다는 점을 지적한다. 즉, 믿으면 천당에 가는데 무엇 하러 착한 일을 하겠느냐는 잘못 생각하는 것을 꼬집는다. 신앙고백은 오히려 믿는 사람이 하나님에 대한 사랑, 곧 진정한 믿음 때문에 적극적으로 선을 행한다고 주장한다. 우리 안에 있는 믿음이 우리를 능동적이고 적극적으로 선을 행하게 한다는 것이다. 이것은 실제로 우리 안에서 일어나는 현상이다. 우리는 억지로 착한 일을 하지 않는다. 자연스럽고 당연하게 선하고 의로운 일을 한다.

바울은 "예수 그리스도 안에서는 할례나 무할례가 효력이 없으되 사랑으로 역사하는 믿음뿐이니라"라고 말한다(갈 5:6). 이는 우리가 세상에서 할례를 받았느냐 받지 않았느냐와 관계없이, 즉 우리가 어떤 성별과 신분을 지니고 있으며 어떤 처지와 환경에 처해 있는지와 관계없이 '사랑으로 역사하는 믿음으로' 구원받는다는 뜻이다. 구원은 우리의 어떠함에 달려있는 것이 아니라 하나님의 뜻과 능력에 달려 있다. 구원은 우리의 생각과 행실 여하가 아니라 하나님의 은혜와 주권에 따라 우리에게 주어진 믿음으로 말미암아 이루어진다.

구원받은 사람은 적극적으로 선을 행하게 된다. 네덜란드 신앙고백은 이를 다음과 같이 설명한다. "그것은(=믿음은) 사람을 움직여서 하나님께서 자신의 말씀으로 명령하신 일들(=행위들)을 실행하도록 합니다. 믿음의 선한 뿌리에서 나오는 그 일들(=행위들)은 하나님 앞에서 선하고 받아들여집니다. 왜냐하면 그들 모두 그분의 은혜로 성화되었기 때문입니다. 먼저 그 나무가 선하지 않고서는 그 나무의 열매가 선할 수 없는 것과 마찬가지로, 달리 그것들이(=행위들이) 선할 수는 없을 것입니다. 그와 같이 우리가 선한 일들을 행합니다만 그것이 결코 가치 있는 것은(=결코 우리의 공로는) 아닙니다."

선행과 의로움

그러나 우리는 오해하지 말아야 한다. 우리는 예수 그리스도를 믿음으로 의롭게 되는 것이지 착한 일을 함으로 의롭게 되는 것이 아니다. 바울은 분명히 말한다. "사람이 의롭게 되는 것은 율법의 행위로 말미암음이 아니요 오직 예수 그리스도를 믿음으로 말미암는 줄 알므로 우리도 그리스도 예수를 믿나니 이는 우리가 율법의 행위로써가 아니고 그리스도를 믿음으로써 의롭다 함을 얻으려 함이라 율법의 행위로써는 의롭다 함을 얻을 육체가 없느니라"(갈 2:16).

네덜란드 신앙고백은 이에 관하여 다음과 같이 진술한다. "그렇지만 그것들이(=행위들이) 우리를 의롭게 하기 위한 것으로는 전혀 고려되지 않습니다. 왜냐하면 우리가 의롭게 되는 것은 선한 일들을(=행위들을) 행하기 전에 그리스도를 믿는 믿음으로 말미암기 때문입니다." 하나님이 제시하신 구원은 인간의 완전함을 조건으로 제시한다. 하지만 완전한 사람은 존재하지 않는다. 이 세상에서 완전한 사람, 완전한 행실, 완전한 상태는 결코 있을 수 없다. 따라서 어떤 사람도 하나님의 공의를 만족시킬 수 없다. 오직 그리스도께서 그 일을 이루셨다.

칼빈은 『기독교 강요』(제3권 15장)에서 다음과 같이 진술한다. "아무도 그리스도께 접붙임을 받지 않고 자력으로 의로워지거나 구원받을 수 없다. ... 우리가 그리스도에게 접붙임을 받는 즉시 우리는 하나님의 자녀가 되며, 하늘의 상속자가 되며, 의에 참여하는 자가 되며, 생명을 소유한 자가 되며, 또한 공로를 얻을 기회를 얻는 것이 아니라 그리스도의 모든 공로 그 자체를 얻는다." 그러므로 성부 하나님의 구원 계획과 성자 예수님의 구원 실행과 성령 하나님의 구원 적용으로 의롭게 되었다는 사실을 명심해야 한다. 구원에 있어서 사람이 하는 일은 아무것도 없다는 사실을 알아야 한다. 오직 하나님께 감사와 영광을 돌리자!

비록 사람이 믿음으로 의롭게 되고 행위로 되는 것이 아님이 분명하지만, 그럼에도 불구하고 믿는 자의 선행은 중요하다. 그리스도인이라면 반드시 선을 행해야 한다. 사실, 참된 믿음은 선행 실천으로 이어지게 되어 있다. 선한 일을 하지 않는 사람은 참된 믿음을 가진 사람이라고 할 수 없다. 믿음으로 말미암아 의로워진 신자들은 아무것도 하지 않고 냉랭하게 사는 것이 아니라 자신들이 가지고 있는 의로움을 순종과 선행으로 드러낸다.

칼빈은 『기독교 강요』(제3권 16장)에서 믿음으로 말미암는 칭의가 선행에 대한 열심을 자극한다고 주장한다. 또한, 하나님의 영광과 그의 은혜가 선행을 일으키는 동기라고 말한다. 하나님의 자비하심에 감격했기 때문에 자발적으로 선행이 나온다는 것이다. 그는 하나님의 영광에 대해서 마음이 잘 움직이지 않는 사람이라도 하나님의 은혜를 묵상하고 회상해 보면 아마 선을 행하고 싶은 마음이 넉넉히 생길 것이라고 언급한다. 곧 칭의 교리가 죄를 멀리하도록 자극한다는 것이다. 그리스도께서 흘리신 피의 대가는 이루 말할 수 없이 크다. 이 사실을 아는 자는 죄를 지을 수가 없다. 그는 감사와 감격으로 하루하루를 지낸다. "주를 향하여 이 소망을 가진 자마다 그의 깨끗하심과 같이 자기를 깨끗하게 하느니라"(요일 3:3).

그렇다면 우리는 선행에 대해서 어떤 태도를 가져야 할까?
(참고, 『기독교 강요』 제3권)

첫째, 선을 행하되 우리에게 무슨 가치나 공로가 있어서 행하는 것이 아님을 알아야 한다. 오히려 우리가 행하는 선한 일들에 있어서는 우리가 하나님께 빚진 자들이지, 결코 그분이 우리에게 빚진 것이 아니라는 점을 기억해야 한다. 왜냐하면 하나님은 자신의 선한 기뻐하심을 따라 우리 안에 우리의 원함과 완수함을 넣으시기 때문이다(빌 2:10).

둘째, 선을 행한 후에는 하나님께 영광을 돌려야 한다. 성경에 다음과 같이 기록된 것에 주목하자. "이와 같이 너희도 명령 받은 것을 다 행한 후에 이르기를 우리는 무익한 종이라. 우리가 하여야 할 일을 한 것뿐이라 할지니라"(눅 17:10).

셋째, 선을 행하는 자에게 하나님이 주시는 상이 있음을 알아야 한다. 하나님은 선한 일을 행한 자를 그분의 방식으로 보상하신다. 하나님이 주시는 상은 이 세상 어떤 것보다 가치있다.

넷째, 우리가 선을 행한 것은 전적으로 하나님의 은혜임을 알아야 한다. 우리가 선을 행한다고 할지라도 결코 구원을 그 위에 세우지 말아야 한다. 왜냐하면 우리는 육신에 의해 더럽혀지지 않고 또한 처벌받지 않을만한 어떤 일도 할 수 없기 때문이다.

다섯째, 우리가 하나의 선행을 할 수 있다고 해도 오직 하나의 죄에 대한 기억은 하나의 죄만으로도 하나님 앞에서 거부되기에 충분하다는 점을 명심해야 한다. 만일 그것들이 우리 구세주의 죽음과 고난의 공로 위에 세워지지 않는다면 우리는 어떤 확실성도 없이 여기저기로 쫓겨다니면서 항상 의심 속에 있을 것이며, 우리의 가난한 양심은 항상 괴로워하게 될 것이다.

제25항

율법의 유효성과 역할

Article XXV.

Nous croyons que les Ceremoies et figures de la Loy ont cessé à la venuë de Christ, et toutes ombres ont prins fin, de sorte que l'usage en doit estre osté entre les Chrestiens. Toutesfois la verité et substance d'icelles nous en demeure en Iesus Christ, en qui elles ont leur accompissement. Cependant nous usons encores de tesmoignages prins de la Loy, et de Prophetes pour nous confermer en l'Evangile, et aussi pour regler nostre vie en toute honnesteté, à la gloire de Dieu, ensuivant sa volonté.

제25항. 율법의 유효성과 역할

우리는 율법의 의식들과 표상들이 그리스도의 오심으로 중단되었으므로, 모든 그림자가 종결되었다는 것을 믿습니다. 그러므로 그것들의 사용이 그리스도인들에게는 반드시 폐기되어야만 한다는 것을 [믿습니다]. 그럼에도 불구하고 그것들의 진리와 본질은 [여전히] 예수 그리스도 안에서 우리에게 남아 있습니다. 그분 안에서 그것들은 성취되었습니다. 그러나 여전히 우리는 율법과 선지자들로부터 취해진 증거들을 사용하는데, [이것은] 우리 자신을 복음 안에서 굳건하게 하려는 것이요, 또한 우리의 삶을 하나님의 뜻에 따라 하나님의 영광에 부합하게 하려는 것입니다.

관련성경

롬 10:4; 갈 3장, 4장; 골 2:17; 벧후 1:19, 3:2, 18.

네덜란드 신앙고백 제25항은 율법의 완성자이신 그리스도에 관하여 언급한다. 율법(律法)은 하나님의 말씀이다. 곧, 구약시대에 하나님이 이스라엘 백성들에게 주신 명령이다. 그래서 어떤 사람들은 신약시대를 살아가는 자들에게 율법이 필요 없다고 주장한다. 또한, 어떤 사람들은 지금도 율법대로 행해야 한다고 생각한다. 하지만 이들의 말은 모두 옳지 않다. 율법은 하나님의 영원한 말씀이다. 따라서 신약 시대에도 율법은 유용하다. 다만 이제는 율법에 대한 정확한 이해를 바탕으로 한 적용이 필요하다. 우리는 신약성경의 관점에서 구약 율법을 해석하고 실천해야 한다.

율법: 파이다고고스

네덜란드 신앙고백은 "우리는 율법의 의식들과 표상들이 그리스도의 오심으로 중단되었으므로 모든 그림자가 종결되었다는 것을 믿습니다. 그러므로 그것들의 사용이 그리스도인들에게는 반드시 폐기되어야만 한다는 것을 믿습니다"라고 진술한다. 이 말은 율법이 폐기되었다는 뜻이 아니다. 단지 "율법의 의식들과 표상들"이 없어졌다는 뜻이다. 율법은 의식법과 시민법과 도덕법으로 나뉜다. 여기서 "율법의 의식들과 표상들"이란 의식법과 시민법을 일컫는다. 이것들은 제사, 절기, 판결, 음식, 질병 등에 관한 규정이다. 도덕법은 십계명에 요약되어 있다. 따라서 신앙고백은 신약시대에 의식법과 시민법이 폐기되었고 도덕법만 남았다고 말한 것이다.

그렇다면 율법의 역할은 무엇인가(참고. 황원하,『갈라디아서 주해』, CNB, 2014, 133-34)? 바울은 갈라디아서 3:23-24에서 "믿음이 오기 전에 우리는 율법 아래에 매인 바 되고 계시될 믿음의 때까지 갇혔느니라 이같이 율법이 우리를 그리스도께로 인도하는 초등교사가 되어 우리로 하여금 믿음으로 말미암아 의롭다 함을 얻게 하려 함이라"라고 말한다. "믿음이 오기 전"이란 표현은 바로 앞에 있는 갈라디아서 3:22를 참고해서 이해해야 한다. 그렇다면 이것은 '예수 그리스도께서 오시기 전'을 뜻한다. 따라서 갈라디아서 3:23-24는 예수 그리스도가 오셔서 제정하신 새 언약을 믿음으로 말미암아 의롭게 되는 것을 시사한다. 물론 구약 시대에도 믿음이 없었던 것은 아니다. 그때도 복음이 있었고 믿음이 있었으며 아브라함을 비롯하여 사람들은 복음을 믿음으로 말미암아 의롭게 될 수 있었다(참고, 갈 3:6, 14). 그러나 믿음이 구체화되고 실체화된 것은 예수 그리스도께서 육신을 입고 이 땅에 오신 이후다.

예수 그리스도께서 오시기 전에 사람들은 "율법 아래에 매인 바" 되었다. 즉, 율법이 사람들을 감금하고 속박하여 사람들의 행동을 제약하고 통제했다. 그런데 이것은 율법이 부정적인 실체임을 뜻하지 않는다. 오히려 율법으로 말미암아 사람들이 죄를 짓지 않게 되었음을 보여준다. 만일 율법이 없었더라면 사람들은 아무런 통제와 감독이 없이 자기들 마음대로 행동했을 것이다. 그러나 율법이 있었기에 그러한 일은 억제되었다. "계시될 믿음의 때까지"란 '예수 그리스도가 오셔서 믿음의 실체가 완전히 드러날 때까지'를 의미한다. 바울은 이때까지 사람들이 "갇혔느니라"라고 표현한다. 이것은 사람들이 율법 아래에 "매인 바 되고"와 같은 뜻이다. 사람들은 예수 그리스도가 오시기 전까지 율법에 매여 있었고 갇혀 있었다. 율법은 자유와 평안을 주지 않았다. 오히려 율법을 지키지 못함으로 가책을 느끼게 했으며 억압했다. 사실 하나님이 율법을 주신 것은 그것을 지켜서 의롭게 되도록 한 것이 아니었으며 오히려 그것을 통하여 인간의 연약함을 알고 구세주(메시아)를 갈망하게 만드는 것이었다. 결국 하나님이 정하신 때에 예수 그리스도께서 이 땅에 육신을 입고 오시자 비로소 사람들은 율법에서 해방되었고 자유롭게 되었다.

바울은 율법이 우리를 그리스도께로 인도하는 "초등교사"가 되었다고 말한다. 여기서 "초등교사"에 해당하는 헬라어 단어 파이다고고스는 고대 헬라에서 귀족 집안의 어린아이를 돌보던 사람을 가리킨다. 당시에 파이다고고스는 지식을 가르치는 선생이라기보다는 생활 후견인이었다. 그는 노예의 신분이었으면서 자신이 섬기는 주인의 아이들을 훈육했다. 그는 아이들을 사회의 악으로부터 보호했고, 아이들을 학교에 데리고 다녔으며, 아이들의 행동을 통제하고 감독했다. 그러나 파이다고고스는 아이들이 어릴 때만 필요했으며 그들이 장성하면 더 이상 필요하지 않았다. 그의 시기와 역할은 엄격히 제한되어 있었다.

바울은 이어서 율법의 궁극적인 목적을 말한다. 그것은 "우리로 하여금 믿음으로 말미암아 의롭다 함을 얻게 하려 함"이다. 율법은 우리가 죄인임을 깨닫게 하고 우리가 스스로 의롭게 될 수 없음을 알게 하고 우리를 의의 근원이신 예수 그리스도께로 인도한다. 그리하여 우리가 예수 그리스도를 믿음으로 말미암아 의롭게 되도록 돕는다. 즉, 율법은 그리스도가 오시기 전까지 우리의 파이다고고스가 된다. 그리고 그리스도께서 오신 후에는 그리스도(보혜사)가 우리의 인도자가 되시며, 그분이 승천하신 후에는 그분의 영이신 성령("또 다른 보혜사", 요 14:16)이 우리를 인도하신다. 결국, 파이다고고스는 특정한 기간 혹은 단계까지만 소임을 다했다. 마찬가지로 율법은 그리스도가 오시기까지만 유효했다.

예수 그리스도 안에 남아 있는 율법

네덜란드 신앙고백은 이어서 "그럼에도 불구하고 그것들의 진리와 본질은 여전히 예수 그리스도 안에서 우리에게 남아 있습니다. 그분 안에서 그것들은 성취되었습니다"라고 진술한다. 이 말은 율법이 예수 그리스도 안에서 성취되었다는 뜻이다. 따라서 우리는 예수 그리스도 안에서 율법의 의미를 이해하고 실천해야 한다. 즉 예수 그리스도와 연관되지 않은 율법 이해는 잘못되었다. 이를 자세히 살펴보자(참고. 황원하, 『마태복음』, 114-15).

예수님은 "내가 율법이나 선지자를 폐하러 온 줄로 생각지 말라. 폐하러 온 것이 아니요 완전하게 하려 함이라"라고 말씀하신다(마 5:17). 여기서 "율법"은 모세오경을 가리키고, "선지자"는 오경을 제외한 나머지 구약성경을 의미하기 때문에, "율법과 선지자"는 구약성경 전체를 뜻한다(참고. 마 7:12; 11:13; 22:40; 요 10:34; 롬 3:21). "완전하게 하려 함이라"라는 문구는 대단히 중요하다. 구약성경은 궁극적으로 예수님을 가리킨다. 구약의 절기들, 의식들, 제사들, 규례들 등은 예수님의 삶과 사역을 상징한다. 예수님은 구약성경의 조항들을 완전히 성취하신 분이시다. 그분은 구약성경의 주체이자 실체가 되셔서 구약 예언을 능동적으로 이루셨다. 구약과 신약의 관계에서 이 문제를 보면, 신약은 구약을 대체하는 것이 아니라 성취하는 것이라고 할 수 있다. 즉 신약을 통하여 구약의 의미를 정확하고 충분하게 알 수 있다.

예수님이 '율법을 완전하게 하신다'라는 표현의 의미를 다음 세 가지로 이해할 수 있다.

첫째, 예언의 성취이다. 예수님은 말씀과 행위와 삶을 통해 구약에 기록된 말씀을 친히 이루셨다(참고. 마 1:18-23; 2:13-15, 19-23; 4:12-16 등). 우리는 예수님의 삶과 사역을 통하여 그분이 구약의 조항들을 어떻게 이루어 가시는지를 눈여겨보아야 한다.

둘째, 율법의 심화이다. 예수님은 율법의 표면적 의미에만 머물지 아니하시고 내면에까지 확대 적용하심으로 율법의 원래 의미, 즉 율법의 진정한 의미를 분명하게 드러내셨다.

셋째, 율법의 진전이다. 예수님은 구속사의 진전에 따라 새로운 의미를 부여하시는데, 곧 예수님께서 이 땅에 오심으로 말미암아 율법에서 더 나아가 새로운 것을 요구하셨다. 분명히 예수님은 '성전보다 더 큰 이'(마 12:6)시며 '솔로몬보다 더 큰 이'(마 12:42)시다.

율법의 역할

네덜란드 신앙고백은 마지막으로 "하지만 여전히 우리는 율법과 선지자들로부터 취해진 증거들을 사용하는데, 이것은 우리 자신을 복음 안에서 굳건하게 하려는 것이요, 또한 우리의 삶을 하나님의 뜻에 따라 하나님의 영광에 부합하게 하려는 것입니다"라고 말한다. 이는 율법의 유효성을 전제하는 가운데 율법의 역할이 무엇인지를 보여준다. 율법의 역할은 다음과 같다.

첫째, 율법은 우리를 복음 안에서 굳건하게 한다. 이 말은 율법이 복음을 잘 이해하게 하며 복음대로 살게 한다는 뜻이다. 율법을 공부하면 할수록 복음이 얼마나 값지고 귀중한 것인지를 깨닫는다. 율법을 통해서 복음의 진수를 알게 되고 복음적 삶을 살려고 노력하게 된다. 분명히, 율법이 없으면 복음을 이해하지 못하며 하나님이 원하시는 의를 이루지 못한다.

둘째, 율법은 우리의 삶을 하나님의 뜻에 부합하게 한다. 율법은 우리가 어떻게 그분의 뜻에 일치하게 살아갈 수 있는지를 알려준다. 율법은 우리가 어떻게 하나님이 원하시는 정결함과 거룩함을 추구할 수 있는지를 가르쳐준다. 하나님을 사랑하고 이웃을 사랑하며 원수를 미워하지 말라는 명령을 깨닫게 한다. 세상 피조물을 관리하고 다스리는 법을 터득하게 한다.

셋째, 율법은 우리의 부족함을 깨닫게 하며 우리가 그리스도께 나아가게 한다. 우리는 율법을 통하여 인간의 진정한 상태, 곧 연약함과 비참함을 깨닫는다. 바울은 "전에 율법을 깨닫지 못했을 때에는 내가 살았더니 계명이 이르매 죄는 살아나고 나는 죽었도다"라고 고백한다(롬 7:9). 이것은 율법을 통하여 자신의 죄를 느끼고 율법의 실체이신 그리스도를 의존할 수 있게 되었다는 뜻이다. 율법은 우리를 그리스도께로 인도하는 역할을 한다.

넷째, 율법은 우리의 죄를 억제하고 세상의 질서를 유지해 준다. 인간은 근원적으로 타락했다. 따라서 율법이 없으면 인간 마음대로 행할 것이다. 그러나 율법은 인간의 양심을 자극하며 하나님의 징벌에 대한 두려움을 알게 한다. 그리하여 인간이 함부로 불경한 행동을 하지 못하게 한다. 따라서 율법은 반드시 필요하다. 율법을 통해서 반듯하고 올바르게 살아갈 수 있다.

유일한 중보자 예수 그리스도

Article XXVI.

Nous croyons que nous n'avons aucune approche vers Dieu sinon par un seul Mediateur et Advocat Iesus Christ le juste, qui pour ceste cause a esté fait homme, unissant ensemble la nature divine et humaine, afin que nous hommes ayons entrée vers la majesté divine; autrement nous n'y aurions point d'entrée. Mais ce Mediateur que le Pere nous a ordonné entre luy et nous ne nous doit pas espouvanter par sa grandeur, pour nous en faire cercher un aultre à nostre fantasie: car il n'y a personne ni au ciel ni en terre entre les creatures qui nous aime plus que Iesus Christ, lequel jaçoit qu'il fut en la forme de Dieu, s'est anneanti soy-mesme, prenant la forme d'homme et de serviteur pour nous, et s'est fait du tout semblable à ses freres. Si donc il nous falloit trouver un autre intercesseur, qui nous ayme plus que celuy qui a mis sa vie pour nous, lors mesmes, que nous estions ses ennemis? Et s'il en fault trouver un, qui ait credit et puissance, qui est celuy qui en a aultant, que celuy qui est assis à la dextre du Pere, et qui a toute puissance au ciel et en la terre? Et qui sera plutost exaucé, que le propre fils de Dieu bienaymé? La seule deffiance donc a amené ceste coustume de deshonnorer les saincts au lieu des les honnorer, faisant ce que jamais ils n'ont fait ni demandé; mais l'ont rejetté constamment, et selon leur debvoir, comme il appert par leurs escrits. Il ne fault pas icy alleguer que nous ne sommes par dignes: car il n'est pas icy question de presenter nos prieres sur nostre dignité; mais seulement sur l'excellence et dignité de Iesus Christ, duquel la justice est nostre par la foy. Et pourtant à bon droict l'Apostre nous voulant oster ceste folle crainte ou plustost deffiance, nous dit, que Iesus Christ a esté fait du tout semblable à sef freres, afin qu'il fust souverain Sacrificateur, misericordieux et fidele, pour purifier les pechez du Peuple; car par ce qu'il a souffert estant tenté, il est aussi puissant pour secourir ceux qui sont tentez. Et puis apres afin de nous donner meilleur courage d'approcher pres de luy, il dit: Nous donc, ayans un souverain sacrifiteur IESVS fils de DIEU, qui est entré

és cieux, tenons la confession: car nous n'avons point un souverain sacrificateur, qui ne puisse avoir compassion de nos infirmitez; mais qui a esté tenté de mesmes que nous en toutes choses excepté peché. Allons donc avec fiance au throsne de grace afin que nous obtenions misericorde, et trouvons grace pour estre aydesz. Le mesme Apostre dit, que nous avons liberté d'entrer au lieu Sainct par le sang de Iesus: Allons donc, dit il, en certitude de foy. Etc. Item, Christ a perpetuelle sacrificature, parquoy il peut sauver à plein ceux qui s'approchent de Dieu par luy, tousjours vivant pour interceder pour eux. Que fait il d'avantage, puis que Christ luy mesme prononce: Ie suis la voye, la verité, la vie: Nul ne vient à mon Pere, sinon par moy? A quel propos cercherons nous un autre advocat? Puis qu'il a pleu a Dieu de nous donner son fils pour estre nostre Advocat, ne le laissons point là pour en prendre un autre, ou plustost cercher sans jamais trouver. Car quand Dieu nous l'a donné il sçavoit bien que nous estions pecheurs. Pourtant, ensuyvans le commandement de Christ, nous invocquons le pere celeste par Christ nostre seul Mediateur comme nous sommes enseignez par l'Oraison dominicale, estans asseurez, que tout ce que nous demanderons au Pere en son Nom, nous l'obtiendrons.

제26항. [우리의 유일한 중보자 예수 그리스도]

우리는 유일한 중보자이시며 변호인이신 예수 그리스도를 통하지 않고는 하나님께로 가까이 가는 접근 [수단]이 없음을 믿습니다. 의인이신 그분은, 이런 이유 때문에, 신성과 인성이 조화롭게 결합된 사람이 되셔서 우리 사람들이 신적 위엄에 들어가는 통로를 갖도록 하셨습니다. 달리 말하면, 우리에게는 그 통로가 전혀 없습니다. 하지만 이 중보자는 아버지께서 자신과 우리 사이에 세우신 분이시며, 또한 결코 자신의 위대함 때문에 우리가 공포에 질려 우리의 환상[=이상적인 생각]에 따라 다른 [신]을 찾는 [일이 벌어지지 않도록 하시는 분이십니다. 왜냐하면 예수 그리스도보다 더 강렬하게 우리를 사랑하는 자가, 하늘에서도 땅

위에서도 피조물 중에는 아무도 없기 때문입니다. 그분은 하나님의 본체로 계셨음에도 불구하고 자신을 비우시고 우리를 위하여 사람과 종의 본체를 취하셨으며 모든 면에서 자신의 형제들과 동일하게 되셔야 했습니다. 그러므로 만일 우리가 우리에게 호의적인 다른 중보자를 찾아야만 했다면, [과연] 우리는, 우리가 그분의 원수였을 때에도 우리를 위해 자신의 생명을 버리신 [바로] 그분보다 우리를 더 사랑하는 분을 찾을 수 있었을까요? 또한 만일 [지금] 신실함과 권세를 가진 누군가를 찾아야만 한다면, 성부의 우편에 앉아 계시고 하늘과 땅의 모든 권세를 가지신 그분만큼 많이 가진 자가 누구입니까? 또한 하나님의 사랑 받는 독보적 아들보다 더 잘 받아들여질 자가 누구입니까? 그러므로 오직 불신앙이 성인들[=성도들]에게 명예 대신에 불명예를 돌리는 이 관습을 끌어들였는데, 그것은 그들이 행하지도 요구하지도 않았던 것입니다. 반대로 그들은 그들 자신의 저술들에 나타난 것처럼 지속적이고 의무적으로 거절했습니다. 여기서는 우리가 무가치하다는 것을 내세우지 말아야 합니다. 왜냐하면 여기서 문제는 우리가 기도를 우리의 가치에 근거하지 않고, 오직 예수 그리스도의 탁월함과 가치에만 근거하여 내세울 수 있기 때문입니다. 그분의 의는 믿음으로 우리의 것이 됩니다. 그러므로 사도는 우리가 이 어리석은 두려움을, 혹은 오히려 저 불신앙을 제거하길 원하면서 우리에게 올바르게 말합니다. 예수 그리스도께서 "범사에 형제들과 같이 되심이 마땅하도다. 이는 하나님의 일에 자비하고 신실한 대제사장이 되어 백성의 죄를 속량하려 하심이라. 그가 시험을 받아 고난을 당하셨은 즉 시험 받는 자들을 능히 도우실 수 있느니라"[히 2:17-18]. 그런 다음 그는 [우리가] 그분께 가까이 가도록 우리에게 더 큰 용기를 제공하기 위해 [이렇게] 말합니다. "그러므로 우리에게 큰 대제사장이 계시니 승천하신 이, 곧 하나님의 아들 예수시라. 우리가 믿는 도리를 굳게 잡을지어다. 우리에게 있는 대제사장은 우리의 연약함을 동정하지 못하실 이가 아니요, 모든 일에 우리와 똑같이 시험을 받으신 이로되 죄는 없으시니라. 그러므로 우리는 긍휼하심을 받고 때를 따라 돕는 은혜를 얻기 위하여 은혜의 보좌 앞에 담대히 나아갈 것이니라"[히 4:14-15]. 동일한 사도는 [이렇게] 말합니다. "그러므로 형제들아, 우리가 예수의 피를 힘입어 성소에 들어갈 담력을 얻었나니… 참 마음과 온전한 믿음으로 하나님께 나아가자!"[히 10:19-22] 등등. 마찬가지로, "예수

는 영원히 계시므로 그 제사장 직분도 갈리지 아니하느니라. 그러므로 자기를 힘입어 하나님께 나아가는 자들을 온전히 구원하실 수 있으니, 이는 그가 항상 살아 계셔서 그들을 위하여 간구하심이라"[히 7:24-25]. 그리스도께서도 친히 "내가 곧 길이요 진리요 생명이니, 나로 말미암지 않고는 아버지께로 올 자가 없느니라"[요 14:6]라고 선포하신 이상, 무엇이 부족합니까? 어떤 목적으로 우리가 다른 변호인을 찾아야 합니까? 하나님께서는 자신의 아들을 우리의 변호인이 되도록 우리에게 주시길 기뻐하셨습니다. 다른 [변호잴를 붙잡기 위해, 혹은 오히려 [그분을] 발견하지도 못한 체 [다른 변호인을] 찾기 위해 그분을 놓치지는 맙시다. 왜냐하면 하나님께서 그분을 우리에게 주셨을 때, 그분은 우리가 죄인들이라는 것을 잘 아셨기 때문입니다. 그러므로 그리스도의 명령에 따라 우리는 주님의 기도에서 배운 것과 같이 우리의 유일한 중보자 그리스도를 통하여 하늘 아버지를 부릅니다. 우리는 우리가 그분의 이름으로 아버지께 구한 모든 것을 얻는다고 확신합니다.

관련성경

딤전 2:5; 요일 2:1; 롬 8:26; 신 4:24; 창 3:10; 출 20:19; 렘 2:33;사 43:22; 호 13:9; 눅 18:19; 엡 3:20; 요일 4:10; 엡 3:19; 빌 2:7;요 15:13; 마 28장; 롬 5:8; 히 1:3, 7; 사 55:1-3; 행 14:15, 10:26; 히 9:24; 요 11:9; 행 4:12; 고전 1:30; 시 34:7; 렘 2:5; 히 4:14, 16; 렘 17:5, 7; 히 2:17-18, 4:14-16; 엡 2:18; 히 10:19; 히 7:25; 요 14:6; 시 44:(21) 6; 딤전 2:5; 요일 2:1; 롬 8:34; 눅 11:2; 요 14:13; 렘 16:20; 히 13:15.

네덜란드 신앙고백 제26항은 유일한 중보자 예수 그리스도에 관하여 말한다. 원래 인간은 하나님과 더불어 교제하면서 하나님의 은덕을 입으며 지낼 수 있었다. 그러나 아담이 죄를 지음으로 인간은 하나님에게서 멀어지게 되었다. 즉, 원죄로 인하여 인간은 하나님과 단절되었다. 아담의 죄는 모든 사람의 죄가 되었으며, 죄인된 모든 인간은 하나님께 나아갈 수 없게 되었다. 그러나 이 문제를 해결해 주신 분이 계셨다. 바로 예수 그리스도이시다. 하나님은 인간을 사랑하셔서 자기 아들 예수 그리스도를 보내주셨고, 예수 그리스도는 하나님과 인간 사이를 연결해 주셨다. 성경은 이러한 연결자를 '중보자'(仲保者)라고 부른다.

유일한 중보자?

네덜란드 신앙고백은 "우리는 유일한 중보자와 변호인 예수 그리스도를 통하지 않고는 하나님께로 가까이 가는 접근 수단이 없음을 믿습니다"라고 진술한다. 이는 "예수께서 이르시되 내가 곧 길이요 진리요 생명이니 나로 말미암지 않고는 아버지께로 올 자가 없느니라"라는 말씀에 부합한다(요 14:6). 이에 사도들은 "다른 이로써는 구원을 받을 수 없나니 천하 사람 중에 구원을 받을 만한 다른 이름을 우리에게 주신 일이 없음이라"라고 말했으며(행 4:12), "하나님도 한 분이시요 또 하나님과 사람 사이에 중보자도 한 분이시니 곧 사람이신 그리스도 예수라"라고 선포했다(딤전 2:5). 참으로, 인간이 하나님께 나아갈 수 있는 유일한 길은 예수 그리스도이다. 다른 길은 없다!

그렇다면 예수 그리스도는 어떻게 중보자가 되실 수 있었을까? 네덜란드 신앙고백은 다음과 같이 말한다. "의인이신 그분[예수 그리스도]은, 이런 이유 때문에, 신성과 인성이 조화롭게 결합된 사람이 되셔서 우리 사람들이 신적 위엄에 들어가는 통로를 갖도록 하셨습니다. 달리 말하면 우리에게는 그 통로가 전혀 없습니다. 하지만 이 중보자는 아버지께서 자신과 우리 사이에 세우신 분이시며, 또한 결코 자신의 위대함 때문에 우리가 공포에 질려 우리의 환상[=이상적인 생각]에 따라 다른 신을 찾는 일이 벌어지지 않도록 하시는 분이십니다." 하나님과 사람 사이를 이어주는 중보자가 되려면 하나님이시면서 사람이서야 한다. 이 둘을 충족하는 유일한 분은 예수 그리스도이시다. 그분은 하나님이신데 사람이 되심으로 중보자가 되셨다.

예수 그리스도가 하늘의 높은 보좌에서 인간 세상에 오신 이유는 무엇일까? 네덜란드 신앙고백은 다음과 같이 진술한다. "왜냐하면 예수 그리스도보다 더 강렬하게 우리를 사랑하는 자가, 하늘에서도 땅 위에서도 피조물 중에는 아무도 없기 때문입니다. 그분은 하나님의 본체로 계셨음에도 불구하고 자신을 비우시고 우리를 위하여 사람과 종의 본체를 취하셨으며 모든 면에서 자신의 형제들과 동일하게 되셔야 했습니다. 그러므로 만일 우리가 우리에게 호의적인 다른 중보자를 찾아야만 했다면, 과연 우리는, 우리가 그분의 원수였을 때에도 우리를 위해 자신의 생명을 버리신 바로 그분보다 우리를 더 사랑하는 분을 찾을 수 있었을까요? 또한 만일 지금 신실함과 권세를 가진 누군가를 찾아야만 한다면, 성부의 우편에 앉아 계시고 하늘과 땅의 모든 권세를 가지신 그분만큼 많이 가진 자가 누구입니까? 또한 하나님의 사랑 받는 독보적 아들보다 더 잘 받아들여질 자가 누구입니까?" 따라서 예수님이 중보자가 되신 이유는 분명하다. 그것은 우리를 지극히 사랑하셨기 때문이다. 다른 이유가 없다. 이것이 유일한 이유다. 그분은 우리를 지극히 사랑하셨기에 하나님과 동등됨을 취하지 않으시고 인간이 되셨다.

유일한 중보자를 의지하라

우리는 다른 중보자를 찾지 말아야 한다. 네덜란드 신앙고백은 다음과 같이 진술한다. "그러므로 오직 불신앙이 성인들[=성도들]에게 명예 대신에 불명예를 돌리는 이 관습을 끌어들였는데, 그것은 그들이 행하지도 요구하지도 않았던 것입니다. 반대로 그들은 그들 자신의 저술들에 나타난 것처럼 지속적이고 의무적으로 거절했습니다. 여기서는 우리가 무가치하다는 것을 내세우지 말아야 합니다. 왜냐하면 여기서 문제는 우리가 기도를 우리의 가치에 근거하지 않고, 오직 예수 그리스도의 탁월함과 가치에만 근거하여 내세울 수 있기 때문입니다."

이러한 진술은 로마 가톨릭교회의 주장을 반박한 것이다. 그들은 예수님을 유일한 중보자로 생각하지 않는다. 그들은 많은 중보자를 두고 있다. '한국 천주교 주교회의'에서 발행한 『가톨릭 기도서』에는 '성모 마리아에게 드리는 기도', '성 요셉에게 바치는 기도', '베드로를 비롯한 여러 성인을 부르는 기도', '한국의 순교자들을 위하여 드리는 기도' 등이 있다. 이는 그들이 예수님 외에 다른 중보자를 인정한다는 사실을 시사한다(참고. 손재익, 『벨기에 신앙고백』, 318-19). 우리가 예수 그리스도를 유일한 중보자로 믿고 그분을 의지하여 하나님께 나아간다면 "그분의 의는 우리 것"이 된다. 그러므로 다른 중보자를 찾지 말라. 자신의 공적을 의지하거나 성인들과 사제들을 신뢰하지 말라. 그것은 어리석은 일이다. 인간은 근본적으로 죄인인지라 스스로 하나님께 나아갈 수 없다. 오직 예수 그리스도의 의를 신뢰할 때 그분의 의가 우리 것이 되어서 하나님께 나아갈 수 있다.

네덜란드 신앙고백은 히브리서 저자가 강조한 것을 언급한다. "그러므로 사도는 우리가 이 어리석은 두려움을, 혹은 오히려 저 불신앙을 제거하길 원하면서 우리에게 올바르게 말합니다. 예수 그리스도께서 '범사에 형제들과 같이 되심이 마땅하도다. 이는 하나님의 일에 자비하고 신실한 대제사장이 되어 백성의 죄를 속량하려 하심이라. 그가 시험을 받아 고난을 당하셨은 즉 시험받는 자들을 능히 도우실 수 있느니라'(히 2:17-18). 그런 다음 그는 우리가 그분께 가까이 가도록 우리에게 더 큰 용기를 제공하기 위해 이렇게 말합니다. '그러므로 우리에게 큰 대제사장이 계시니 승천하신 이, 곧 하나님의 아들 예수시라. 우리가 믿는 도리를 굳게 잡을지어다. 우리에게 있는 대제사장은 우리의 연약함을 동정하지 못하실 이가 아니요, 모든 일에 우리와 똑같이 시험을 받으신 이로되 죄는 없으시니라. 그러므로 우리는 긍휼하심을 받고 때를 따라 돕는 은혜를 얻기 위하여 은혜의 보좌 앞에 담대히 나아갈 것이니라'(히 4:14-15). 동일한 사도는 이렇게 말합니다. '그러므로 형제들아, 우리가 예수의 피를 힘입어 성소에 들어갈 담력을 얻었나니,... 참 마음과 온전한 믿음으로 하나님께 나아가자'(히 10:19-22)."

'예수님이 유일한 중보자'라는 사실이 주는 교훈

첫째, 하나님의 사랑에 감사해야 한다. 하나님이 자기 아들 예수님을 우리에게 보내주신 것은 하나님이 우리를 지극히 사랑하신다는 사실을 보여준다. 바울은 "자기 아들을 아끼지 아니하시고 우리 모든 사람을 위하여 내주신 이가 어찌 그 아들과 함께 모든것을 우리에게 주시지 아니하겠느냐"라고 말했다(롬 8:32). 실제로, 자기 아들을 내어주는 사랑만큼 큰 사랑이 어디 있겠는가? 누구도 이런 일을 하지 못할 것이다. 그만큼 하나님은 우리를 사랑하셨다. 따라서 예수님을 볼 때마다 하나님의 사랑을 느끼고 감사하며 감격해야 한다.

둘째, 예수님이 우리를 사랑하신 것처럼 우리는 다른 사람을 사랑해야 한다. 예수님은 우리를 구원하시기 위하여 이 땅에 내려오셨다. 그분은 하나님의 본체로 계셨음에도 불구하고 자신을 비우시고 우리를 위하여 사람과 종의 본체를 취하셨으며 모든 면에서 자기 형제들과 동일하게 되셨다. 더욱이 예수님은 "새 계명을 너희에게 주노니 서로 사랑하라 내가 너희를 사랑한 것 같이 너희도 서로 사랑하라 너희가 서로 사랑하면 이로써 모든 사람이 너희가 내 제자인 줄 알리라"라고 말씀하셨다(요 13:34-35). 여기서 "내가 너희를 사랑한 것 같이"라는 말을 주목해야 한다. 예수님이 우리를 사랑하신 것에 감격하는 것으로 그쳐서는 안 된다. 그 사랑을 남에게 베풀어야 한다. 그것이 구원받은 사람의 도리이자 의무이다. 제자의 표지는 사랑이다.

셋째, 복음을 전해야 한다. 예수님이 유일한 중보자로 세상에 오신 사실을 증언해야 한다. 예수님을 믿음으로 하나님의 자녀가 될 수 있다는 사실을 전하는 일이야말로 가장 고귀한 사랑의 실천이다. 이를 위하여 우리는 복음을 정확하면서도 깊이 있게 공부해야 한다. 그리고 전도 방법을 익힌 후 상황에 맞게 적용해야 한다. 무작정 전도하는 것은 효율적이지 않다. 지금 시대에 맞는 지혜롭고 합당한 방법을 사용해야 한다. 오늘날 전도는 힘들고 어렵다. 열매를 얻기가 쉽지 않다. 그러나 성령을 의지하는 가운데 복음을 전파할 때 하나님이 미리 택하신 자들이 복음을 받아들이는 놀라운 일이 일어날 것이다.

넷째, 유일한 중보자 예수님의 이름으로 기도해야 한다. 오직 예수님의 이름으로 기도할 때 하나님이 들으신다. 그런데 예수님께서도 친히 우리를 위하여 간구하고 계신다. 히브리서 저자는 다음과 같이 말했다. "예수는 영원히 계시므로 그 제사장 직분도 갈리지 아니하느니라.

그러므로 자기를 힘입어 하나님께 나아가는 자들을 온전히 구원하실 수 있으니, 이는 그가 항상 살아 계셔서 그들을 위하여 간구하심이라"(히 7:24-25). 그리고 네덜란드 신앙고백은 예수님을 '변호인'이라고 부르면서 다음과 같이 진술한다. "그리스도께서도 친히 '내가 곧 길이요 진리요 생명이니, 나로 말미암지 않고는 아버지께로 올 자가 없느니라'(요 14:6)라고 선포하신 이상, 무엇이 부족합니까? 어떤 목적으로 우리가 다른 변호인을 찾아야 합니까? 하나님께서는 자신의 아들을 우리의 변호인이 되도록 우리에게 주시길 기뻐하셨습니다. 다른 변호인을 붙잡기 위해, 혹은 오히려 그분을 발견하지도 못한 채 다른 변호인을 찾기 위해 그분을 놓치지는 맙시다. 왜냐하면 하나님께서 그분을 우리에게 주셨을 때, 그분은 우리가 죄인들이라는 것을 잘 아셨기 때문입니다. 그러므로 그리스도의 명령에 따라 우리는 주님의 기도에서 배운 것과 같이 우리의 유일한 중보자 그리스도를 통하여 하늘 아버지를 부릅니다. 우리는 우리가 그분의 이름으로 아버지께 구한 모든 것을 얻는다고 확신합니다."

제27항

교회의 보편성과 거룩성을 보존하라

Article XXVII.

Nous croyons et confessons une seule Eglise Catholique, ou universelle, laquelle est une saincte congregation et assemblée des vrais fideles Chrestiens, attendans tout leur salut en Iesus Christ, estans lavez par son sang, et sanctifiez et seellez par le S. Esprit. Ceste Eglise a esté dés le commencement du Monde, et sera ainsi jusques à la fin, comme il appert en ce que Christ est Roy eternel, qui ne peut estre sans subjects. Et ceste S. Eglise est maintenuë de Dieu contre la rage de tout le monde, jaçoit que pour quelque temps elle soit bien petite en apparence aux yeux des hommes, et quasi comme estaincte: Comme le Seigneur pendant un temps si dangereux, qu'estoit celuy d'Achab, s'est réservé sept mille hommes qui n'ont ployé le genouil devant Baal. Aussi ceste S. Eglise n'est point située, attachée, ne limitée en un certain lieu, ou à certains personnages; ains elle est espanduë et dispersée par tout le monde, estant toutesfois joincte et unie de coeur, et de volonté en un mensme Esprit par la vertu de la Foy.

제27항. [그리스도의 교회: 유일성과 보편성과 거룩성]

우리는 유일한 보편적 또는 우주적 교회를 믿고 고백합니다. 그 [교회는] 참된 기독교 신자들의 거룩한 공동체와 모임입니다. 그들[=참된 기독교 신자들]은 예수 그리스도 안에서 자신의 모든 구원을 기다리고, 그의 피로 씻음 받았으며, 성령으로 거룩하게 되고 보증되었습니다. 이 교회는 세상의 시작부터 있었고 끝까지 있을 것입니다. 그것은 그리스도께서 피지배자 없이는 불가능한 영원한 왕이시라는 바로 그 [사실]에서 밝혀지는 것과 같습니다. 그리고 이 거룩한 교회는, 온 세상의 분노에 맞서도록 하나님에 의해 보호되거나 보존됩니다. 비록 때때로 그것이 한 동안 너무 작아서 사람의 눈에 보이지 않을지라도! 마치 주님께서 아합 [통치]의 위태로운 시대에 바알 앞에 무릎 꿇지 않았던 칠천 명을 보존하셨던 것과 같습니다. 또한 이 거룩한 교회는 어떤 장소나 어떤 사람

들에게 고정되지도, 국한되지도, 한정되지도 않습니다. 오히려 그 [교회]는 온 세상을 통해 확장되고 흩어졌으며, 그럼에도 불구하고 동일한 한 분 성령 안에서 믿음의 능력으로 마음과 뜻이 서로 결합되고 연합됩니다.

관련성경

시 46:6; 렘 31:36; 시 102:12; 마 28:20; 삼하 7:16; 눅 1:32; 시 89:37, 110:4; 창 22장; 롬 11장; 왕상 19:18; 딤후 2:19; 눅 17:21; 마 11:25; 행 4:32; 엡 4:4; 벧전 3:20; 창 22:18; 마 16:18; 사 1:9; 롬 9:29; 욜 2:32; 행 2:21.

네덜란드 신앙고백 제27항에서부터 교회에 관한 진술이 나온다. 신앙고백은 "우리는 유일한 보편적 또는 우주적 교회를 믿고 고백합니다. 그 교회는 참된 기독교 신자들의 거룩한 공동체와 모임입니다"라는 진술로 시작된다. 이것은 교회가 보편성과 거룩성을 지니고 있음을 의미한다. 교회의 보편성과 거룩성은 교회의 가장 기본적이고 본질적인 속성이다. 그렇다면 교회의 보편성과 거룩성이란 무엇인가? 그리고 이러한 교회를 어떻게 보존할 수 있겠는가?

교회란 무엇인가?

먼저, 교회가 무엇인지를 살펴보자. 성경에서 교회는 '그리스도의 몸', '하나님의 가족', '하나님의 백성', '선택받은 자들', '그리스도의 신부', '구속받은 자들의 무리', '성도의 공동체', '새 이스라엘', '진리의 기둥과 터', '신령한 집' 등 다양하게 표현된다. 이 명칭들은 교회의 속성과 사명이 무엇인지를 보여준다. 교회는 인간들이 자신들의 뜻에 따라 만든 세속 집단이 아니라 하나님이 친히 세우신 신적 기관이다. 하나님은 자기 백성을 선택하셔서 세상으로부터 불러내시고 건져내시며 은혜 가운데 있게 하심으로 교회를 이루셨다. 따라서 교회는 특별하다.

하나님은 자기 백성이 교회에 속하게 하셨다. 하나님의 백성은 교회가 마련한 공동 예배에 참석해야 하며, 교회로부터 양육을 받아야 하고, 교회가 부여한 사명을 수행해야 한다. 칼빈은 『기독교 강요』 (제4권 1장)에서 '모든 경건한 자들의 어머니로서 연합을 유지해야 할 참된 교회'에 관하여 언급한다. 그는 교회의 필요성을 설명하는 가운데 교회를 '신자의 어머니'라고 표현하면서 "하나님께서 그분의 자녀들을 교회의 품속으로 모으셔서 유아와 어린아이의 상태에 있는 동안 교회의 도움과 사역을 통하여 그들을 기르실 뿐 아니라, 또한 그들이 장성하여 마침내 믿음의 목표에 도달하기까지 어머니와 같은 보살핌을 통하여 인도하시기를 기뻐하신다"라고 진술한다. 즉 하나님께서 교회를 통하여 신자들을 성장하게 하시고 보살피신다는 것이다.

그러므로 교회의 목표와 사명은 분명하다. 그것은 어머니와 같은 일이다. 교회는 어머니처럼 낳고 기르는 일을 해야 한다. 즉 신자를 생산하고 교육해야 한다. 교회를 통하여 하나님의 새로운 백성들이 생겨나야 하며, 그렇게 생겨난 백성들이 훈련받고 보호받아야 한다. 그런 가운데 교회는 점점 자랄 것이다. 또한, 교회가 파송한 이들이 사회 곳곳에 들어가 주님의 말씀을 실천하고 전파해야 한다. 우리는 시편 106:4-5에 기록된 말씀을 유념해야 한다. "여호와여 주의 백성에게 베푸시는 은혜로 나를 기억하시며 주의 구원으로 나를 돌보사 내가 주의 택하신 자가 형통함을 보고 주의 나라의 기쁨을 나누어 가지게 하사 주의 유산을 자랑하게 하소서."

교회의 보편성

우리는 교회가 '유일한 보편적 또는 우주적 공동체'인 것을 믿어야 한다. 네덜란드 신앙고백은 이에 관하여 다음과 같이 진술한다. "이 거룩한 교회는 어떤 장소나 어떤 사람들에게 고정되지도, 국한되지도, 한정되지도 않습니다. 오히려 그 교회는 온 세상을 통해 확장되고 흩어졌으며, 그럼에도 불구하고 동일한 한 분 성령 안에서 믿음의 능력으로 마음과 뜻이 서로 결합되고 연합됩니다." 우리가 교회의 보편성을 믿는다면 다음과 같은 사항을 실천해야 한다.

첫째, 교회 안에 차별이 있어서는 안 된다. 교회 지도자들은 물론이고 모든 구성원은 특정한 사람을 특별하게 대우하지 않도록 주의해야 한다. 또한, 누구도 소외하거나 무시하지 말아야 한다. 더욱이 개체 교회들 사이에도 차등이 있어서는 안 된다. 어떤 교회가 더 좋고 뛰어나다는 인식을 지니는 것은 바람직하지 않다. 모든 교회는 동등한 가치를 지닌다. 물론, 이 세상에는 올바른 교회와 올바르지 못한 교회가 있고 심지어 많이 엇나간 교회도 있다. 하지만 사도적 가르침을 전수하는 모든 교회는 근본적으로 동등하다.

둘째, 교회 연합 운동을 활발히 해야 한다. 다른 교회와 함께하는 것은 매우 유익하고 필요한 일이다. 다른 교회를 보면서 자신이 속한 교회를 더욱 발전시킬 수 있다. 필시 개체 교회들이 연합한다면 커다란 시너지 효과를 나타낼 것이다. 같은 교단에 속한 교회와 연합하는 것은 물론이고 다른 교단 교회들과도 연합하는 것이 바람직하다. 개교회주의를 조심해야 하며, 다른 교회들을 존중해야 한다. 한국 교회에 교파가 이렇게 많다는 것은 분명히 잘못된 일이다.

셋째, 선교 사명을 수행해야 한다. 교회는 선교사를 다른 나라와 민족에 보내어 복음을 전하게 해야 한다. 선교는 교회가 감당해야 할 궁극적 사명이다. 근래에 '선교적 교회'(missional church)라는 표현이 자주 사용된다. 여기서 '선교적'이란 말은 교회가 직접적으로 복음을 전파해야 할 뿐만 아니라 교회가 수행하는 모든 일이 복음을 반영해야 한다는 뜻이다. 교회는 본질적으로 '선교적'이 되어 복음을 전해야 할 뿐 아니라 복음을 담은 사업을 시행해야 한다.

교회의 거룩성

교회는 '거룩한 신적 기관'이다. 네덜란드 신앙고백은 다음과 같이 말한다. "그들[=참된 기독교 신자들]은 예수 그리스도 안에서 자신들의 모든 구원을 기다리고, 그의 피로 씻음받았으며, 성령으로 거룩하게 되고 보증되었습니다." 이 진술은 교회가 본질적으로 거룩한 공동체임을 시사한다. 교회가 거룩하다는 것은 인간적인 의도와 노력에 의해서 거룩해졌기 때문이 아니라 하나님께서 그리스도의 피로 교회를 씻으셨고 성령으로 거룩하게 하셨기 때문이다. 그러므로 교회에 속한 구성원(교인)은 거룩함을 추구해야 한다. 교회가 세상 사람들로부터 도덕성에 있어서 지탄받는 것은 매우 수치스럽다. 교회는 뛰어난 윤리적 실천으로 세상 사람들에게서 칭찬받아야 한다. 교회의 거룩성은 다음과 같은 사업 혹은 행동으로 드러날 수 있다.

첫째. 신자들은 사랑으로 하나가 되어야 한다. 신자들은 서로를 이해해주어야 하고 감싸주어야 한다. 신자들끼리 다투거나 분열하지 말아야 한다. 바울이 고린도 교회를 향하여 말한 것을 기억하자. "형제들아 내가 우리 주 예수 그리스도의 이름으로 너희를 권하노니 모두가 같은 말을 하고 너희 가운데 분쟁이 없이 같은 마음과 같은 뜻으로 온전히 합하라"(고전 1:10).

둘째, 신자들은 도덕적으로 바른생활을 해야 한다. 신자를 '성도'(聖徒)라고 부른다. 이는 거룩한 사람이란 뜻이다. 신자는 거룩한 사람으로서 거룩한 사람답게 살아야 한다. 세상에서 빛과 소금의 역할을 감당해야 한다. 우리는 교회에서 말씀을 배우고 서로를 격려한 후 세상으로 나아간다. 예수님의 말씀을 명심하자. "이같이 너희 빛이 사람 앞에 비치게 하여 그들로 너희 착한 행실을 보고 하늘에 계신 너희 아버지께 영광을 돌리게 하라"(마 5:16).

셋째, 교회는 국가와 지역의 발전에 이바지해야 한다. 교회는 세상의 도덕성을 선도해야 한다. 그리고 교회는 주변 지역에 도움이 되어야 한다. 교회당이 들어서면 땅값이 떨어진다는 말을 흔히 듣는다. 이는 심히 안타까운 일이다. 오히려 교회당이 있으므로 지역이 발전한다는 평가가 나와야 하지 않겠는가? 집단으로서의 교회는 개인으로서의 성도가 미처 실천하지 못하는 선을 행할 수 있다. 교회가 지역을 위해 선한 사업을 많이 수행할 수 있기를 바란다.

교회를 보존함

교회는 세상의 박해를 받는다. 이 세상은 교회를 지독히 싫어하기에 가만히 놔두지 않는다. 교회사를 보면 복음의 불이 꺼지고 교회가 사라져 버린 듯한 상황을 겪은 적이 한두 번이 아니다. 지금도 극심한 고통 가운데서 존폐의 갈림길에 있는 교회가 많다. 그러나 교회는 견뎠다. 지금까지 그러했고, 앞으로도 그러할 것이다. 네덜란드 신앙고백이 다음과 같이 말하는 것을 기억하라. "이 교회는 세상의 시작부터 있었고 끝까지 있을 것입니다. 그것은 그리스도께서 피지배자 없이는 불가능한 영원한 왕이시라는 바로 그 사실에서 밝혀지는 것과 같습니다."

분명히, 하나님은 교회가 사라지지 않게 하실 것이다. 이는 앞에서 말했듯이 하나님이 교회를 통해 신자를 생산하시고 양육하시기 때문이다. 네덜란드 신앙고백은 다시금 다음과 같이 진술한다. "이 거룩한 교회는, 온 세상의 분노에 맞서도록 하나님에 의해 보호되거나 보존됩니다. 비록 때론 그것이 한동안 너무 작아서 사람의 눈에 보이지 않을지라도! 마치 주님께서 아합 통치의 위태로운 시대에 바알 앞에 무릎 꿇지 않았던 칠천 명을 보존하셨던 것과 같습니다."

우리는 하나님이 교회를 보존하시도록 다음과 같은 노력을 기울여야 한다.

첫째, 신자들은 분명하면서도 담대한 신앙고백을 할 수 있어야 한다. 신앙고백은 교회를 굳게 할 것이다. 바울은 "사람이 마음으로 믿어 의에 이르고 입으로 시인하여 구원에 이르느니라"라고 말했다(롬 10:10). 따라서 교회의 존립을 위해서 신자를 훈련하여 신앙고백이 분명하게 해야 한다.

둘째, 다음 세대에게 말씀 교육을 철저히 해야 한다. 말씀을 잘 보존하여 전수해 주는 일은 교회의 보존을 위한 가장 중요한 책무이다. 목사는 말씀을 바르게 전하기 위해서 애써야 한다. 그리고 성도들은 목사로부터 말씀을 제대로 배워서 자녀들에게 잘 가르쳐주어야 한다.

셋째, 교회의 표지(말씀과 성례)를 지켜야 한다. 칼빈은 『기독교 강요』(제4권 1장)에서 다음과 같이 주장한다. "사탄은 이 표지들을 지우고 파괴해서 교회의 참되고 순수한 구별을 제거하려 한다. 또 어떤 때는 이 표지들을 마구 멸시하게 함으로써 우리로 하여금 교회를 노골적으로 대적하고 거기서 떠나게 만들려 한다. 사탄의 간계로 인해 말씀의 순결한 전파가 일시 사라지기도 한다. 따라서 교회의 표지를 근거로 부당한 분리를 방지하여야 한다."

제28항

모든 신자는
교회에 가입해야 한다

Article XXVIII.

Nous croyons, que puis que ceste saincte Assemblée et congregation est l'assemblée des sauvez, et qu'il n'y a point de salut hors icelle, que nul de quelque estat et qualité qu'il soit ne se doit retirer à part, pour se contenter de sa personne; mais tous ensemble s'y doivent renger et unir entretenans l'unité de l'Eglise, en se submettans à l'instruction et discipline d'icelle, ployans le col soubs le joug de Iesus Christ, et servans à l'edification des freres selon les dons, que Dieu a mis en eux, comme membres communs d'un mesme corps. Et afin que cela se puisse mieux garder, c'est le devoir de tous fideles, selon la parole de Dieu, de se separer de ceux qui ne sont point de l'Eglise, pour se renger à ceste assemblée en quelque lieu que Dieu l'ait mise, encores que les Magistrats, et les edits des Princes fussent contraires, et que la mort et punition corporelle en despendist. Parainsi tous ceux, qui s'en retirent, ou ne s'y rengent contrarient à l'ordonnance de Dieu.

제28항. [하나님의 교회: 구원 받은 자들의 거룩한 모임]

우리는 이 거룩한 회집과 회중이 구원 받는 자들의 모임이므로 이 [모임] 밖에는 결코 구원이 없다는 것을 [믿고], [따라서] 어떤 지위와 성품을 가진 사람이든 아무도 자기 개인의 만족을 위해 [홀로] 떨어져 은둔하지 말아야 한다는 것을 믿습니다. [왜냐하면] 그들 모두가 함께 서로 연대하고 결합함으로써, 교회의 하나 됨을 유지하고, 그 [교회]의 교육과 권징에 순종하며, 예수 그리스도의 멍에에 복종하고, 하나님께서 그들에게 제공하신 은사에 따라 동일한 몸의 상호 지체들로서 형제들을 세우는 [일]에 봉사하기 [때문입니다.] 그리고 그것이 훨씬 더 잘 보존될 수 있도록 모든 신자가 하나님의 말씀에 따라 교회에 속하지 않은 자들에게서 반드시 자신을 분리해야 하는데, 이것은 하나님께서 세우신 곳이 어디든 이 모임에 그들이 연대하기 위함입니다. 심지어 통치자들이, 군주들의 칙령들이 반대할지라도, 죽음과 육체적인 처벌이 따를지라도 [그렇게 해야 합니다]! 따라서 [홀로] 떨어져 은둔하거나 연대하지 않는 자들은 모두 하나님의 질서를 반대하는 자들입니다.

관련성경

시 5:6, 22:23; 엡 4:12; 히 2:12; 마 24:28; 사 49:22, 52:11-12; 행 4:17, 19; 히 10:25; 계 17:2; 행 17:7, 18:13.

네덜란드 신앙고백 제28항은 모든 신자가 교회에 가입해야 한다는 사실을 말한다. 네덜란드 신앙고백은 교회를 "거룩한 회집과 회중"이라고 묘사한다. 이것은 교회가 인간이 인위적으로 만든 집단이 아니라 하나님이 친히 세우신 신성한 기관임을 시사한다. 하나님은 그리스도인들이 교회를 이루어서 신앙생활 하기를 원하셨다. 즉 교회가 없이는 신앙생활을 영위하기가 어렵다는 사실을 의도하셨다. 그렇다면 신자가 교회에 가입해야 한다는 말은 무슨 뜻인가? 신자는 왜 교회에 가입해야 하는가? 교회에 가입한 신자들의 책무는 무엇인가?

모든 신자는 교회에 가입해야 함

네덜란드 신앙고백은 "우리는 이 거룩한 회집과 회중이 구원받는 자들의 모임이므로 이 모임 밖에는 결코 구원이 없다는 것을 믿고, 따라서 어떤 지위와 성품을 가진 사람이든 아무도 자기 개인의 만족을 위해 홀로 떨어져 은둔하지 말아야 한다는 것을 믿습니다"라고 말한다. 신앙고백에 따르면, 모든 신자는 반드시 교회에 가입해야 한다. 주지하다시피, 교회는 보편 교회(전체 교회)와 지역 교회(개체 교회)로 나뉜다. 그러나 양자는 별개가 아니다. 보편 교회란 지역교회의 연합이다. 따라서 지역 교회에 소속되어 있지 않는 사람은 보편 교회에 소속되어 있지 않다고 말할 수 있다.

칼빈은 『기독교 강요』(제4권 1장)에서 사도신경의 '성도가 서로 교통함'이란 문구를 해설하는 가운데 "하나님께서 모든 신자의 공통된 아버지시며, 그리스도께서 형제의 사랑 안에서 연합되어 있는 자들의 공통된 머리라는 사실을 진정으로 깨닫고 믿는다면, 자기들의 은혜들을 서로 나누지 않을 수가 없다"라고 말한다. 이는 모든 신자가 반드시 개체교회에 가입해야 한다는 것을 의미한다. 신자의 개체교회 가입은 단지 교인명부에 이름을 올리고 정기적으로 예배에 참여하는 것만이 아니라 그것을 넘어서 다른 그리스도인들과 형제자매의 관계를 형성하는 것을 뜻한다. 즉 교회를 '하나님의 가정'으로 여기면서 사랑과 은혜를 공유하는 것을 의미한다.

심지어 네덜란드 신앙고백은 "이 모임 밖에는 결코 구원이 없다"라고 말한다. 이는 매우 강한 표현이다. 정말 교회 바깥에는 구원이 없는가? 교회에 다니지 않으면 구원받지 못하는가? 네덜란드 신앙고백의 진술은 아마도 키프리아누스(Cyprianus)가 "교회 바깥에는 구원이 없다"라고 말한 것에 근거했을 것이다. 그는 "교회를 어머니로 모시지 않으면 하나님을 아버지로 모실 수 없다"라고 주장했다. 웨스트민스터 신앙고백(제25장 2절) 역시 "이 교회를 떠나서는 특별한 경우가 아니고서 구원받을 가능성이 없다"라고 진술한다. 그러므로 우리는 네덜란드 신앙고백이 주장하는 것을 간과하거나 부정하지 말아야 한다.

어떤 사람들은 구원을 개인적인 것이라고 믿는다. 그래서 혼자서 주님을 잘 믿으면 된다고 생각한다. 하지만 구원은 개인적인 것이 아니다. 자기 혼자서 구원받을 수 없다. 이는 어린아이가 스스로 태어날 수도 없거니와 혼자서 자랄 수 없는 것과 마찬가지다. 구원은 교회적이다. 여기서 교회적이라 함은 교회가 신자의 어머니, 즉 생산자이자 양육자라는 뜻이다. 신자는 교회를 통하여, 곧 교회가 전하는 복음을 통하여 구원받고, 교회의 양육과 보살핌에 의해서 자란다. 그리고 교회를 통하여 태어나고 성장한 교인은 다른 사람을 영적으로 생산할 수 있다.

오늘날 소위 '가나안 교인'이 많다. 현재 우리나라의 가나안 교인은 300

만 명 정도로 추산된다. 이들은 기성교회에 대한 불만 혹은 여타 다른 이유로 교회를 떠났을 것이다. 특히 팬데믹 시대를 지나면서 가나안 교인이 많이 늘어났다. 그렇다면 이들을 과연 정상적인 기독교인이라 할 수 있는가? 그렇지 않다. 이들은 교회를 떠났으며, 따라서 신앙을 제대로 유지하지 않고 있다. 하지만 이들을 마냥 비난할 수는 없다. 이는 교회가 잘못했기 때문이다. 교회가 부족했다. 그들에게 교회의 필요성을 충분히 각인해 주지 못했기 때문에 교회에 나가지 않아도 괜찮다고 생각하게 했다. 따라서 교회는 신자들에게 교회에 반드시 소속되어야 할 가치와 필요를 느끼게 해 주어야 한다.

모든 신자가 교회에 가입해야 하는 이유

모든 신자가 교회에 가입해야 하는 이유는 무엇일까? 이에 관하여 네덜란드 신앙고백은 다음과 같이 진술한다. "왜냐하면 그들 모두가 함께 서로 연대하고 결합함으로써, 교회의 하나 됨을 유지하고, 그 교회의 교육과 권징에 순종하며, 예수 그리스도의 멍에에 복종하고, 하나님께서 그들에게 제공하신 은사에 따라 동일한 몸의 상호 지체들로서 형제들을 세우는 일에 봉사하기 때문입니다." 이것을 풀어서 말하면 다음과 같다.

첫째, 신자들은 교회에서 서로 연대하고 결합함으로써 교회의 하나 됨을 유지해야 한다. 세상은 신자들을 가만히 두지 않는다. 사탄이 다스리는 이 험악한 세상에서 신자들은 독립적으로 신앙을 유지할 수 없다. 참으로, 자신을 지켜 세속에 물들지 않게 하는 것은 혼자서 할 수 있는 일이 아니다. 그것은 신자의 교회적 하나 됨을 통해 가능하다. 신자는 주일에 모여서 예배를 드리고, 성경을 공부하며, 서로 사랑과 선행을 격려함으로써 세상을 이길 힘을 얻는다.

"서로 돌아보아 사랑과 선행을 격려하며 모이기를 폐하는 어떤 사람들의 습관과 같이 하지 말고 오직 권하여 그날이 가까움을 볼수록 더욱 그리하자"(히 10:24-25).

둘째, 신자들은 교회에서 전해지는 말씀과 권징에 순종함으로 성장해야 한다. 신자가 스스로 말씀을 듣고 배우는 일은 쉽지 않다. 자기 스스로 죄를 깨닫고 자복하는 일도 어렵다. 교회당에 나와서 목사가 준비해서 선포하는 말씀을 들어야 한다. 또한, 교회의 지도와 권징을 통해서 죄를 멀리하며 자신을 정결하게 할 수 있어야 한다. 신앙 성장은 자동으로 되지 않는다. 말씀을 반드시 배워야 한다. 부지런히 말씀을 배움으로 영적으로 더욱 건강해질 수 있다.

"너희는 내게 배우고 받고 듣고 본 바를 행하라 그리하면 평강의 하나님이 너희와 함께 계시리라"(빌 4:9).

셋째, 신자들은 교회에서 하나님이 주신 은사에 따라 봉사해야 한다. 여기서 봉사란 직분을 맡아서 수고하는 것을 뜻한다. 교회는 저절로 운영되지 않는다. 교회에는 직분과 질서가 있다. 목사는 말씀을 전함으로 교인들을 유익하게 한다. 장로는 교인들을 감독하고 보호함으로 봉사한다. 집사(권사)는 어렵고 소외된 교인들을 살핀다. 그 외에 여러 직분자가 유기적으로 협력하면서 구성원들을 세우는 일에 헌신한다. 이러한 일에 신자들은 참여해야 한다. 봉사할 기회가 주어질 때 신실하게 감당해야 한다. 봉사는 다른 신자에게뿐 아니라 자신에게도 유익하다.

"그가 어떤 사람은 사도로, 어떤 사람은 선지자로, 어떤 사람은 복음 전하는 자로, 어떤 사람은 목사와 교사로 삼으셨으니 이는 성도를 온전하게 하여 봉사의 일을 하게 하며 그리스도의 몸을 세우려 하심이라"(엡 4:11-12).

교회에 가입한 신자들의 책무

네덜란드 신앙고백은 마지막으로 다음과 같이 말한다. "그것이 훨씬 더 잘 보존될 수 있도록 모든 신자가 하나님의 말씀에 따라 교회에 속하지 않은 자들에게서 반드시 자신을 분리해야 하는데, 이것은 하나님께서 세우신 곳이 어디든 이 모임에 그들이 연대하기 위함입니다. 심지어 통치자들이, 군주들의 칙령들이 반대할지라도, 죽음과 육체적인 처벌이 따를지라도 그렇게 해야 합니다! 따라서 홀로 떨어져 은둔하거나 연대하지 않는 자들은 모두 하나님의 질서를 반대하는 자들입니다." 이 진술은 교회에 가입한 신자들의 책무가 무엇인지를 보여준다.

첫째, 신자들은 교회의 유산과 상속이 훨씬 더 잘 보존될 수 있도록 교회에 속하지 않은 자들에게서 반드시 자신을 분리해야 한다. 교회를 부정하는 것은 크나큰 잘못이다. 신자들은 교회의 개혁을 주장할 수 있다. 이는 교회가 잘못할 수 있으며, 또 교회가 끊임없이 발전해야 하기 때문이다. 하지만 교회 자체를 부정하는 것은 바람직하지 않다. 교회의 존재와 가치를 무시하거나 교회의 문제를 들추려는 목적만 가지고 있는 것은 합당한 자세가 아니다. 신자들은 그러한 자들에게서 떠나야 한다. 그렇지 않으면 그들과 동화되어서 교회를 등지게 될 것이다.

둘째, 신자들은 통치자들과 군주들의 칙령들이 반대할지라도, 죽음과 육체적인 처벌이 따를지라도 교회에 속해야 한다. 역사적으로 권력자들이 신자들을 박해하고 교회를 깨뜨리려고 한 적이 많았다. 하지만 교회는 없어지지 않았다. 오히려 그때 기독교인들은 더욱 열심히 주님을 믿었으며 교회를 지켰다. 지금 세계 곳곳에 있는 교회들을 보라. 이것이 주님이 교회를 사랑하시는 증거이며, 선배들이 보여준 믿음의 결실이다. 이제 우리는 다음 세대에 교회를 물려주어야 할 책임을 부여받았다. 힘들고 어려운 상황이 온다고 해도 교회를 떠나지 말아야 한다.

셋째, 신자들은 홀로 떨어져 은둔하는 자들과 다른 교인들과 연대하지 않는 자들이 모두 하나님의 질서를 반대하는 자들임을 알아야 한다. 이렇게 행동하는 자들은 누구인가? 그들은 교회에 대한 소속감이 부족하거나 교회가 마음에 들지 않는다고 함부로 옮긴 것이다. 반드시, 신자들은 개체교회에 소속되어야 하며, 주일 공예배에 참석해야 하고, 다른 교인들과 교제해야 하며, 자신의 재능을 발휘하여 봉사해야 한다. 또한, 목사의 가르침과 감독에 순종해야 하며, 권징과 책망을 받아들여야 하고, 헌금의 의무를 이행해야 하며, 전도의 사명을 감당해야 한다.

제29항

참 교회와 거짓 교회를 식별하라

Article XXIX.

Nous croyons, qu'il faut bien diligemment discerner, et avec bonne prudence par la parole de Dieu, quelle est la vraye Eglise, à cause que toutes les sectes qui sont aujourd'huy au monde se couvrent de ce nom d'Eglise. Nous ne parlons pas icy de la compagnie des Hypocrites, qui sont meslez parmi les bons en l'Eglise, et cependant n'en sont point, jaçoit qu'ils y soyent presens quant au corps; mais nous parlons de distinguer le corps et la communion de la vraye Eglise, d'avec toutes autres sectes, qui se disent estre l'Eglise. Les marques pour cognoistre la vraye Eglise sont telles: si l'Eglise use de la pure predication de l'Evangile: si elle use de la pure administration des Sacramens comme Christ les a ordonnez: si la discipline Ecclesiastique est en usage pour corriger les vices: bref, si on se regle selon la pure parole de Dieu, rejettant toutes choses contraires à icelle, tenant Iesus Christ pour le seul chef. Par cela peut on estre asseuré de cognoistre la vraye Eglise, et n'est le debvoir d'aucun d'en estre separé. Et quant à ceux que sont de l'Eglise, on les peut cognoistre par les marques de Chrestiens, c'est asavoir, par la foy, et quand ayans receu un seul Sauveur Iesus Christ, ils fuyent le peché, et suivent justice aymans le vray Dieu, et leurs prochains, sans se destourner à dextre ou à senestre, crucifians leur chair avec ses faits: non pas toutefois qu'il n'y ait une grande infirmité en eux; mais ils bataillent alencontre par l'Esprit tous les jours de leur vie, ayans continuellement revours au sang, à la mort, passion, et obeïssance du Seigneur Iesus, par lequel ils ont remission de leurs pechez en la foy d'iceluy. Quant à la fausse Eglise elle s'attribuë à elle et à ses ordonnances plus d'authorité, qu'à la parole de Dieu, elle ne veult s'assujectir au joug de Christ, elle n'administre point les Sacramens selon que Christ a ordonné par sa parole, mais elle y adjouste et diminuë comme il luy plaist, elle se fonde sur les hommes plus que sur Iesus Christ, elle persecute ceux qui vivent sainctement selon la parole de Dieu, et la reprennent de ses vices, de ses avarices, de ses Idolatries. Ces deux Eglises sont aisées à

cognoistre, pour les distinguer l'une d'avec l'autre.

제29항. [참 교회의 표지: 복음 설교, 성례 집행, 권징 시행]

우리는 참 교회란 무엇인지 하나님의 말씀으로 열심히, 그리고 아주 현명하게 식별해야 한다고 믿습니다. 왜냐하면 오늘날 세계에 존재하는 모든 분파가 교회라는 이름으로 자신을 포장하고 있기 때문입니다. 우리는 여기서 위선자들의 무리, 즉 교회 안에서 선한 사람들과 섞여 있음에도 불구하고 결코 [교회에 속하지] 않은 자들, 심지어 그들이 [교회의] 몸을 구성하고 있을지라도 그들에 관하여 말하는 것이 아닙니다. 우리는 말하는 것은 참 교회의 몸과 교제를, 스스로 교회라 부르는 다른 모든 분파들과 식별하는 것입니다. 참 교회를 인식하기 위한 표지들은 다음과 같습니다. 만일 교회가 복음의 순수한 설교를 사용한다면, 만일 그 [교회]가 그리스도께서 제정하신 것과 같이 성례의 순수한 집행을 사용한다면, 악행을 교정하기 위한 교회 권징이 있다면! [그곳에 참 교회가 있습니다.] 요약하면, 사람들이 하나님의 순수한 말씀에 따라 자신을 규제한다면! [그곳에 참 교회가 있습니다.] [그래야 그들은] 그 [말씀과 대립적인 모든 것들을 거절하고 예수 그리스도를 유일한 머리로 유지할 수 있습니다. 이것들을 통해 참 교회를 확실하게 인식할 수 있고, 또한 아무도 그 [교회]로부터 갈라놓지 못합니다. 교회에 속한 자들에 관하여는 그리스도인들의 표지들에 의해 인식할 수 있습니다. 즉 믿음의 의해 [알 수 있습니다.] 유일한 구원자 예수 그리스도를 받아들였을 때, 그들은 죄를 날려버렸고, 의를 추구하며, 참 하나님과 그들의 이웃을 사랑하고, 좌로도 우로도 일탈하지 않으며, 그들의 육신을 공로와 함께 십자가에 못 박습니다. 비록 엄청난 연약함이 그들 속에 남아 있지는 않을지라도 그들은 [연약함]을 대항하여 평생 성령으로 싸우고 주 그리스도의 피와 고난과 죽음과 순종을 끊임없이 의지합니다. 그분 덕분에 그들은 그분을 믿음으로 자신들의 죄 용서를 받습니다. 거짓 교회에 관하여 [말하자면, 거짓 교회는] 하나님의 말씀 보다 자신과 자신의 규정들에 더 큰 권위를 돌리고, 그리스도의 멍에에 복종하기를 원하지 않고, 성례를 그리스도께서 자신의 말씀으로 명령하신 것에 따라 집행하지 않으며, 좋아 보이는 것에 따라 첨삭합니다. 또한 그리스도 보다는 오히려 인간들

위에 자신을 세우고서는 하나님의 말씀에 따라 거룩하게 살고 [거짓 교회의] 악행들과 탐욕들과 우상숭배들로부터 교회를 복구하는 자들을 핍박합니다. 이 두 교회는 쉽게 인식할 수 있는데, [그것은] 하나를 다른 하나와 구별하기 위함입니다.

관련성경

마 13장; 딤후 2:18-20; 롬 9:6; 엡 2:20; 요 10:14, 4; 마 28:20; 갈 1:8; 고전 11:20; 골 1:23; 행 17:11; 요 18:37; 엡 1장; 요 8:47, 17:20; 요일 4:2 (3:9); 롬 6:2; 갈 5:24, 5:17; 롬 7:5; 골 1:12, 2:18-19; 시 2:3; 계 2:9, 17:3; 요 16:2.

네덜란드 신앙고백 제29항은 교회의 표지가 무엇인지를 알려준다. 우리나라에는 수많은 교회가 있다. 어디를 가도 금방 교회를 발견할 수 있다. 그래서 교회 숫자와 편의점 숫자 중 어느 것이 많은지를 재어보기도 한다. 어떤 면에서 교회가 많은 것을 고무적으로 볼 수 있다. 그러나 문제는 교회 가운데 거짓 교회가 있다는 사실이다. 이단은 말할 것도 없지만, 건전한 교회라고 주장하나 참 교회가 아닌 경우가 있다. 교회라고 해서 다 옳은 교회가 아니라는 사실은 매우 중대한 사안이다. 우리는 참 교회와 거짓 교회를 식별할 수 있어야 한다. 그렇다면 참 교회와 거짓 교회를 어떻게 알 수 있는가? 참 교회의 표지는 무엇인가?

참 교회와 거짓 교회

네덜란드 신앙고백은 참 교회를 식별해야 한다는 사실을 다음과 같이 알려준다. "우리는 참 교회란 무엇인지 하나님의 말씀으로 열심히, 그리고 아주 현명하게 식별해야 한다고 믿습니다. 왜냐하면 오늘날 세계에 존재하는 모든 분파가 교회라는 이름으로 자신을 포장하고 있기 때문입니다. 우리는 여기서 위선자들의 무리, 즉 교회 안에서 선한 사람들과 섞여 있음에도 불구하고 결코 교회에 속하지 않은 자들, 심지어 그들이 교회의 몸을 구성하고 있을지라도 그들에 관하여 말하는 것이 아닙니다. 우리는 말하는 것은 참 교회의 몸과 교제를, 스스로 교회라 부르는 다른 모든 분파와 식별하는 것입니다."

교회라는 간판을 달아 놓았다고 해서 다 교회가 아니다. 참 교회가 있고, 거짓 교회가 있다. 따라서 신자는 자신이 속한 교회가 참 교회인지 아닌지를 알아야 한다. 자신이 참 교회에 속해 있다면 성실히 교회 생활을 해야 한다. 그러나 혹시라도 거짓 교회에 속해 있다면 당장 나와야 한다. 물론, 참 교회라고 해서 완전하지는 않다. 세상에 완전한 교회는 없다. 단지 점점 바람직하고 올바른 교회가 되기 위해서 노력할 뿐이다. 이를 위해서 다음을 유념해야 한다.

첫째, 총회는 바른 목사를 양성해 내야 한다. 바른 목사 양성은 무엇보다 중요한데, 이는 목사의 자질이 교회의 정체성과 지향성을 결정하기 때문이다.

둘째, 총회는 바른 신학을 가지고 교회들을 이끌어야 한다. 이를 위해서 총회의 교육 역할과 감독 기능이 잘 갖추어져야 한다.

셋째, 교인은 자기가 속한 교회의 소속과 상태를 정확히 파악해야 하고, 성경의 지침과 바탕 위에 교회가 건실하게 세워질 수 있도록 협력해야 한다.

넷째, 한국교회 연합 기구(예. '이단대책연구소' 같은 기관)는 건전한 교단과 교회를 공인하고, 그렇지 않은 곳을 파악하여 알리므로 참 교회와 거짓 교회를 식별할 수 있게 도와야 한다.

참 교회 안에 있는 거짓 신자들

우리는 심지어 참 교회 안에도 거짓 목사와 신자가 있음을 알아야 한다(물론, 거짓 목사와 신자는 목사가 아니며 신자도 아니다). 이는 예수님께서 말씀하신 '가라지 비유'에 잘 드러나 있다(마 13:24-30, 36-43). 물론, 이 비유의 목적은 재림(최후 판결)이 지연되는 이유를 설명하는 것이다. 그러나 이 비유를 통해서 교회 안에 옳은 신자만 있는 것이 아님을 알 수 있다. 비유 내용은 다음과 같다. 원수(마귀)가 곡식 가운데 가라지를 덧뿌리고 가는 바람에 나중에 곡식이 결실할 때 가라지도 보였다. 종들은 가라지를 뽑아야 한다고 주장하지만, 주인은 가라지를 뽑지 말고 가만두라고 명한다. 이는 가라지를 뽑다가 곡식까지 뽑을 수 있기 때문이다. 곡식과 가라지는 모양이 비슷할 뿐만 아니라, 서로 섞여 있기에 곡식을 다치지 않게 하면서 가라지를 뽑기란 쉽지 않다. 그래서 주인은 곡식을 보호하기 위해서 가라지를 두라고 한다. 주인은 추수할 때 곡식과 가라지를 구별할 것이다. 가라지는 먼저 거두어 불사르게 단으로 묶을 것이고, 곡식은 모아 곳간에 넣을 것이다. 따라서 가라지가 언제까지 곡식과 같이 있지는 않을 것이다. 추수 때가 되면 곡식은 곳간 안에 보관될 것이지만, 가라지는 밖에서 불살라질 것이다.

이 비유는 이 세상에서 신자와 비신자가 함께 살아간다는 사실을 알려준다. 더불어 이 비유는 교회 안에 참된 신자와 거짓 신자가 섞여 있다는 사실도 가르쳐준다. 하나님은 그분의 자녀들을 보호하시기 위해서 그분의 자녀가 아닌 자들을 놔두신다. 그러나 마지막 날에는 양자의 운명이 완전히 갈릴 것이다. 그날에 신자는 구원받을 것이지만, 그렇지 않은 자는 심판받을 것이다. 그러므로 우리는 교회 안에 거짓 신자가 있는 것을 이상히 여기지 말아야 한다. 오히려 주님이 우리를 보호하시기 위해서 그들을 허용하신다고 생각해야 한다. 즉 양자가 함께 지내는 것이 궁극적으로 우리에게 유익하다는 사실을 알아야 한다.

참 교회의 표지

참 교회와 거짓 교회를 구분하는 방법은 '교회의 표지'(the Marks of the Church)를 확인하는 것이다. 그렇다면 참 교회의 표지는 무엇인가? 네덜란드 신앙고백은 다음과 같이 기술한다. "참 교회를 인식하기 위한 표지들은 다음과 같습니다. 만일 교회가 복음의 순수한 설교를 사용한다면, 만일 그 교회가 그리스도께서 제정하신 것과 같이 성례의 순수한 집행을 사용한다면, 악행을 교정하기 위한 교회 권징이 있다면 그곳에 참 교회가 있습니다." 그러므로 교회의 표지는 세 가지인데, '복음의 순수한 설교'와 '성례의 순수한 집행'과 '악행을 교정하기 위한 권징'이다. 이 세 가지 표지를 하나씩 살펴보자.

첫째, 참 교회에는 복음의 순수한 설교가 있다. 네덜란드 신앙고백은 설교의 중요성을 다음과 같이 말한다. "사람들이 하나님의 순수한 말씀에 따라 자신을 규제한다면 그곳에 참 교회가 있습니다. 그래야 그들은 그 말씀과 대립적인 모든 것을 거절하고 예수 그리스도를 유일한 머리로 유지할 수 있습니다. 이것들을 통해 참 교회를 확실하게 인식할 수 있고, 또한 아무도 그 교회로부터 갈라놓지 못합니다." 그렇다. 순수한 복음적 설교는 교회를 굳건하게 세운다. 따라서 목사는 설교 준비에 심혈을 기울여야 한다. 그런데 여기서 복음을 순수하게 설교하라는 말은 직접적인 복음만을 전하라는 뜻이 아니다. 이 말은 성경을 정확하게 풀어서 설명하라는 뜻이다. 이를 위해서 목사는 전문 신학자가 쓴 뛰어난 주석을 참고해야 한다. 그리고 교인은 설교 듣는 일을 중요하게 여겨야 한다. 설교를 들으면서 하나님의 뜻을 깨닫고 실천을 다짐해야 한다. 특히 목사가 설교를 준비하여 전할 수 있도록 기도하며 지원해야 한다.

둘째, 참 교회에는 성례의 순수한 집행이 있다. 성례는 두 가지인데, 세례와 성찬이다. 이 두 가지 성례가 없으면 참된 교회라고 할 수 없다. 세례는 구원받고 변화된 사람을 교회의 일원으로 받아들이는 의식이다. 세례는 평생 한 번 베푼다. 하지만 세례를 베푸는 일은 중대하다.

아무에게나 세례를 베풀어서는 안 된다. 신앙고백을 분명히 한 사람에게만 세례를 베풀어야 한다. 이를 위해서 세례받는 대상자에게 충분한 교육을 시행해야 한다. 성찬은 세례를 통해 그리스도와 연합하고 교회의 일원이 된 이들이 삼위 하나님, 그리고 다른 성도들과 더불어 영으로 교제하는 의식이다. 성찬은 세례받은 신자만 참여할 수 있다. 또한, 성찬은 매 주일 행하는 것이 좋으나, 형편상 그렇지 못하다면 최대한 자주 행하는 것이 바람직하다. 그리스도인들은 성찬을 통해서 영적 자양분을 공급받는다. 그러므로 목사는 성찬을 잘 준비해야 하고, 교인들은 기쁨과 감사로 성찬에 참여해야 한다.

셋째, 참 교회에는 악행을 교정하기 위한 권징이 있다. '권징'(勸懲)이란 교인이 말씀에 따라 거룩하고 성결하게 살도록 돕는 행위이다. 즉 권징은 단지 교인이 잘못을 저질렀을 때 벌을 주는 것이 아니라 말씀대로 살도록 촉구하고 훈련하는 일이다. 그러므로 권징은 교인에게 매우 유익하며, 따라서 반드시 시행되어야 한다. 하지만 권징을 시행할 때 지혜롭고 현명해야 한다. 교인이 잘못을 저질렀을 때 공적으로 책망하는 경우가 있겠지만 은밀히 책망할 수도 있어야 한다. 교인이 자기 잘못을 깨닫고 돌이키게 해야지, 상처받거나 비난받게 해서는 안 된다. 사실상, 오늘날 권징을 시행하기란 어렵다. 권징을 집행하는 이들도 부담을 느끼고 받는 이들도 불쾌감을 느낀다. 하지만 권징이 바르게 시행되는 풍토를 만들어야 한다. 그래야 교인이 성숙해질 수 있다. 그런데 권징은 말씀과 성례에 유기적으로 연결된다. 말씀을 통해서 주님의 뜻을 깨닫고 성례를 통해서 주님과 연합된 자들은 권징을 통해서 거룩하고 성결해질 수 있다.

거짓 교회의 표지

참 교회에 속한 자들은 이 땅에서 구별되게 살아간다. 네덜란드 신앙고백은 다음과 같이 진술한다. "유일한 구원자 예수 그리스도를 받아들였을 때, 그들은 죄를 날려버렸고, 의를 추구하며, 참 하나님과 그들의 이웃을 사랑하고, 좌로도 우로도 일탈하지 않으며, 그들의 육신을 공로와 함께 십자가에 못 박습니다. 비록 엄청난 연약함이 그들 속에 남아 있지 않을지라도 그들은 연약함을 대항하여 평생 성령으로 싸우고 주 그리스도의 피와 고난과 죽음과 순종을 끊임없이 의지합니다. 그분 덕분에 그들은 그분을 믿음으로 자신들의 죄 용서를 받습니다."

그렇다면 거짓 교회에 속한 자들은 어떤가? 이에 관하여 네덜란드 신앙고백은 다음과 같이 언급한다. "거짓 교회에 관하여 말하자면, 거짓 교회는 하나님의 말씀보다 자신과 자신의 규정들에 더 큰 권위를 돌리고, 그리스도의 멍에에 복종하기를 원하지 않고, 성례를 그리스도께서 자신의 말씀으로 명령하신 것에 따라 집행하지 않으며, 좋아 보이는 것에 따라 첨삭합니다. 또한 그리스도보다 오히려 인간들 위에 자신을 세우고서는 하나님의 말씀에 따라 거룩하게 살고 거짓 교회의 악행들과 탐욕들과 우상숭배들로부터 교회를 복구하는 자들을 핍박합니다. 이 두 교회는 쉽게 인식할 수 있는데, 그것은 하나를 다른 하나와 구별하기 위함입니다."

교회 정치는 왜 필요한가?

Article XXX.

Nous croyons, que ceste vraye Eglise doit estre gouvernée selon la police spirituelle que nostre Seigneur nous a enseignée par sa parole: c'est, qu'il y ait des Ministres ou Pasteurs pour prescher la parole de Dieu, et administrer les Sacremens, qu'il y ait aussi des Surveillans et des Diacres, pour avec les Pasteurs estre comme le Senat de l'Eglise et par ce moyen conserver la vraye religion, et faire que la vraye doctrine ait son cours, et aussi que les hommes vicieux soyent corrigez spirituellement, et tenus soubs bride, afin aussi que les povres et tous affligez soyent secourus et consolez, selong qu'ils en ont de besoin. Par ce moyen toutes choses iront bien et par bon ordre en l'Eglise, quand tels personnages seront esleuz, fideles, et selon la reigle qu'en donne S. Paul à Timothée.

제30항. [영적인 질서공동체로서의 교회]

우리가 믿는 것은 참된 교회는 우리 주님께서 자신의 말씀으로 우리에게 가르치신 영적 [정치]질서에 따라 다스려져야 한다는 것입니다. 왜냐하면 교회에는 하나님의 말씀을 설교하고 성례를 집행하는 봉사자들 또는 목사들이 있고, 또한 목사와 함께 교회의회를 구성하는 장로와 집사들이 있기 때문입니다. 이런 방법으로 참된 믿음을 보존하고 참된 교리가 순조롭게 전파되도록 하며 또한 악한 사람들이 영적으로 교정되도록 하는 것이요, 뿐만 아니라 가난한 사람들과 모든 고통 받는 사람들이 그들의 필요에 따라 도움을 받고 위로를 받도록 하는 것입니다. 이런 방법으로 모든 일이 교회 안에서 품위 있고 질서 있게 행해질 것입니다. 바울 사도가 디모데 서신에서 제시한 규칙에 따라 그런 신실한 사람들이 선출 될 때 [그럴 것입니다.]

관련성경

고전 4:1-2; 고후 5:19; 요 20:23; 행 26:18; 고전 15:10; 마 5:14; 눅 10:16; 갈 2:8; 딛 1:5; 딤전 3장.

네덜란드 신앙고백 제30항은 '교회 정치'에 관하여 말한다. '교회 정치'란 다른 말로 '교회 질서'라고 한다. 교회 정치는 세상 정치와 다르다. 교회 정치는 영적인 성격을 지닌다. 즉 교회 정치는 인간이 자신들의 편의와 판단에 따라 수행하는 통치가 아니라, 하나님께서 친히 세우신 직분자가 하나님의 뜻에 따라 하나님이 세우신 공동체를 섬기는 일이다. 따라서 교회 정치는 성경의 교훈과 정신을 구현하는 것이어야 한다. 그러면 교회는 어떻게 다스려져야 하는가?

교회 정치의 필요성

어떤 사람들은 교회 정치를 부정하거나 이에 대해서 거부감을 지니고 있다. 소위 '무교회주의자들'이 그렇다. 그런데 정확히 말하자면, 그들은 교회를 부정하는 것이 아니라 교회 정치나 직제를 부정한다. 하지만 교회 역사가 보여주듯이 그런 무리의 사상은 지속되지 않았다. 왜냐하면, 교회를 구성하는 인간들이 연약하기 때문이다. 칼빈은 『기독교 강요』(제4권 4-5장)에서 고대교회에 교회 정치가 효율적으로 작동했으나 중세에 들어서서 고대교회의 정치 형태가 교황제의 횡포로 완전히 붕괴했다는 사실을 지적한다. 당시 로마 천주교는 자격 없는 사람들을 성직자로 임명했으며, 집사들이 돈을 노리고 성직자가 되기 위해서 갖은 노력을 기울였다. 따라서 우리는 교회를 다스리는 인간들이 문제이지 다스림 자체는 문제가 아님을 고려해야 한다.

교회 정치는 필요하다. 이는 교회가 인간의 모임이기 때문이다. 인간이 있는 곳에는 통제와 질서가 있어야 한다. 네덜란드 신앙고백은 "우리가 믿는 것은 참된 교회란 우리 주님께서 자신의 말씀으로 우리에게 가르치신 영적 정치[질서]에 따라 다스려져야 한다는 것입니다"라고 진술함으로 교회 정치의 필요성을 분명히 한다. 그런데 이 문구는 두 가지 의미를 담고 있다.

첫째, 교회가 다스려져야 한다는 사실이다. 앞에서 말했듯이, 교회는 사람들의 모임이다. 어떤 사람들은 교회를 건물로 이해하지만, 옳지 않다. 건물은 '교회당'이다. 사람들이 교회를 구성한다. 그런데 사람들의 모임은 완전하지 않다. 비록 주님의 보배로운 피로 거듭난 신자들이라 할지라도 연약하다. 그래서 교회에는 문제가 항시 존재한다. 즉, 교회 안에 갈등과 긴장이 있다. 이것을 해결하는 방법은 다스림, 곧 정치이다. 정치가 있어야 신자들의 공동체인 교회에 질서가 유지된다. 만일 교회에 정치가 없다면 금세 무질서와 혼란을 겪게 될 것이다.

둘째, 교회가 주님의 말씀으로 다스려져야 한다는 사실이다. 세속 정부는 인간 혹은 인간이 만든 법률로 다스려진다. 물론 왕정 시대에는 왕이 절대적인 권력을 가지고 자기 뜻대로 다스렸다. 오늘날 법치를 표방하는 민주주의는 가장 나은 정치제도지만 여전히 인간적이다. 그러나 교회는 이와 다르다. 교회는 주님의 말씀에서 비롯된 원리에 따라 다스려져야 한다. 그것을 신앙고백은 '영적 정치'라고 표현한다. 따라서 교회를 다스리는 직분자들은 주님의 말씀을 부지런히 연구해야 한다. 말씀을 잘 아는 사람이 교회를 바로 다스릴 수 있다.

교회 정치의 수행자

네덜란드 신앙고백은 교회 정치의 필요성을 말한 후 누가 교회를 다스릴 수 있는지를 다음과 같이 밝힌다. "왜냐하면 교회에는 하나님의 말씀을 설교하고 성례를 집행하는 봉사자들 또는 목사들이 있고, 또한 목사와 함께 교회의회를 구성하는 장로와 집사들이 있기 때문입니다." 물론, 교회 정치의 주체자는 하나님이시다. 하나님께서 친히 교회를 다스리신다. 하지만 교회 정치의 수행자는 인간 직분자이다. 즉 목사와 장로와 집사이다. 하나님은 직분자를 통하여 교회를 다스리시기를 원하셨다. 따라서 직분자는 교회를 향한 무거운 책임감을 지녀야 한다. 목사와 장로와 집사를 '항존직'(恒存職)이라고 부른다(참고. 딤전 3:1-12; 딛 1:5-9). 이 직분은 교회가 존재하는 한 계속 존재해야 한다. 그렇다면 직분자들이 하는 일은 무엇일까?

첫째, 목사는 "하나님의 말씀을 설교하고 성례를 집행하는 봉사자"이다. 목사가 감당해야 할 가장 중요하고도 근본적인 직무는 말씀을 전하고 성례를 집행하는 일이다. 말씀과 성례는 '은혜의 방편'이다. 따라서 목사로 인해서 교회에 은혜가 있거나 없다고 말해도 과언이 아니다. 목사는 말씀 연구에 최선을 다해야 한다. 말씀을 훌륭하게 전할 수 있도록 피나는 훈련을 해야 한다. 또한, 목사는 성례를 집행하는 일을 중요하게 여겨야 한다. 교인들에게 성례의 의미를 가르쳐야 하며, 성례가 자주 그리고 온전히 시행되게 해야 한다. 물론, 이외에도 목사가 하는 일은 많다. 목사의 업무는 행정과 심방과 교육과 기도 등 헤아릴 수 없을 정도이다. 그러나 가장 중요한 일은 설교와 성례임을 알고, 이 방면에서 탁월해지도록 노력해야 한다.

둘째, 장로는 "목사와 함께 교회 의회를 구성"한다. 여기서 '교회 의회'란 '당회'를 가리킨다. 장로는 목사와 함께 당회를 구성하여 목사의 방침에 협력하면서 교인을 목양해야 한다. 고신 헌법(II. 정치, 제6장 제65조)은 장로의 자격을 다음과 같이 명시한다(참고. 딛 3:1-7). "신앙과 행위가 복음적이고 본이 되는 자, 상당한 식견과 통솔력이 있는 자, 공적, 사적 생활에 부끄러울 것이 없는 자, 자기 집을 잘 다스리는 자, 성품이 원만하며 덕망이 있는 자." 칼빈은 『기독교 강요』 (제4권 3장)에서 장로에 대하여 "다스리는 자들은 사람 중에서 선택하여 세운 장로들로서 감독들과 더불어 도덕적인 과실들을 책벌하고 권징을 시행하는 책임을 맡은 자들이었다"라고 기술한다(참고. 고전 12:28). 따라서 장로는 상당한 소양과 자질을 갖추어야 한다.

셋째, 집사 역시 "목사와 함께 교회 의회를 구성"한다. 장로교회에서는 목사와 장로가 당회를 구성한다. 그러나 개혁교회에는 '확대 당회'라는 것이 있는데, 목사와 장로와 더불어 집사도 당회의 구성원이 된다. 고신 헌법(II. 정치, 제7장 제76조)은 집사의 자격을 다음과 같이 말한다(참고. 딛 3:8-13). "좋은 명성과 진실한 믿음과 지혜와 분별력이 있는 자, 행위가 복음적이고 생활에 모범이 되는 자." 칼빈은 『기독교 강요』(제4권 3장)에서 집사에 관해 말하는 가운데 "가난한 자들을 돌보는 자들은 집사들에게 맡겨졌다"라고 언급한다. 또한, "교회의 재산은 가난한 자들을 위해 사용하는 데 초점을 맞추어야 한다"라고 기술한다(『기독교 강요』 제4권 5장). 집사는 아름답고 고귀한 직분자이다. 집사는 교회의 헌금을 가지고 경제적으로 가난한 사람과 육적으로나 심적으로 고통받는 사람을 찾아가서 위로하고 격려하기 위해 세워졌다.

교회 정치의 목적

이제 교회 정치의 목적에 대해서 살펴보자. 네덜란드 신앙고백은 교회 정치의 목적을 다음과 같이 진술한다. "이런 방법으로 참된 믿음을 보존하고 참된 교리가 순조롭게 전파되도록 하며 또한 악한 사람들이 영적으로 교정되도록 하는 것이요, 뿐만 아니라 가난한 사람들과 모든 고통 받는 사람들이 그들의 필요에 따라 도움을 받고 위로를 받도록 하는 것입니다. 이런 방법으로 모든 일이 교회 안에서 품위 있고 질서 있게 행해질 것입니다. 바울 사도가 디모데 서신에서 제시한 규칙에 따라 그런 신실한 사람들이 선출될 때 그럴 것입니다."

이에 따르면, 교회 정치의 목적은 다음과 같다.
첫째, 참된 믿음을 보존하고 참된 교리가 순조롭게 전파되도록 하는 것이다. 교회의 직분자들은 교인들이 참된 믿음을 보존할 수 있도록 노력해야 한다. 그런데 참된 믿음은 말씀이 순전하게 전파될 때 가능하다. 따라서 직분자들은 말씀을 온전히 보존하고 전파하는 일에 심혈을 기울여야 한다. 특히 다음 세대가 말씀 교육을 잘 받도록 노력해야 한다. 이를 통해서 교회는 계속하여 믿음의 대를 이어갈 것이다. 이것이 교회 정치의 가장 중요한 목적이다.

둘째, 악한 사람들이 영적으로 교정되도록 하는 것이다. 교회 정치는 교회를 외형적으로 성장하게 한다든지, 교인 가운데 특정인을 영화롭게 한다든지, 혹은 누군가에게 의도적으로 고통을 주기 위해 존재하지 않는다. 교회 정치는 사람들을 말씀에 맞게 양육하며 설혹 죄를 지었을 때 권징을 통하여 교정하는 일을 하기 위한 것이다. 이를 위해서 직분자들은 성도들을 주의 깊게 살펴야 한다. 그들이 말씀 위에서 바르게 살아가도록 감독하고 지도해야 한다.

셋째, 가난한 사람들과 모든 고통 받는 사람들이 그들의 필요에 따라 도움을 받고 위로를 받도록 하는 것이다. 이를 위해서는 특히 집사의 역할이 중요하다. 집사는 장로가 되기 위한 전 단계가 아니다. 집사는 고유한 직무를 가진다. 집사는 교인 가운데 누구도 소외되지 않고, 경제적으로 어렵지 않으며, 육신과 마음에 고통이 없게끔 도와야 한다. 오늘날 경제 문제로 어려움을 겪는 교인이 많은데, 교회는 집사들을 통해서 구제 사업에 적극적으로 나서야 한다.

결론: 직분자의 자세

교회 정치가 바르게 시행되려면 총회 헌법과 교회 규정이 말씀에 근거해야 하며 합리적이고 타당해야 한다. 그러나 그보다 중요한 것이 있는데, 교회 정치를 수행하는 직분자들의 자질과 능력이 월등해야 한다. 직분자들은 자신을 철저히 관리하고 통제해야 한다. 검소해야 하고 절제해야 하며 단정해야 한다. 겸손해야 하고 신중해야 하며 정숙해야 한다. 끊임없이 자신을 살펴야 하며 혹시 잘못했을 때는 즉각 회개해야 한다. 직분자들의 이러한 노력이 있을 때 교인들은 영적 감화를 받을 것이며, 그들에 의해서 시행되는 치리에 순종할 것이다.

교회 직분자를 어떻게 선출해야 하는가?

Article XXXI.

Nous croyons, que les Ministres de la parole de Dieu, Anciens et Diacres doivent estre esleux en leurs offices par election legitime de l'Eglise, avec l'invocation du Nom de Dieu, par bon ordre, comme la parole de Dieu enseigne. Un chacun donc se doit bien donner garde de s'ingerer par moyens illicites, mais doit attendre le temps qu'il soit appelé de Dieu, afin qu'il ait le tesmoignage de sa vocation, pour estre certain et asseuré qu'elle est du Seigneur. Et quant aux Ministres de la parole, en quelques lieux qu'ils soyent, ils ont une mesme puissance et autorité, estans tous ministres de Iesus Christ, seul Evesque universel, et seul Chef de l'Eglise. Outreplus afin que la saincte ordonnance de Dieu ne puisse estre violée, ou venir à mespris, nous disons, qu'un chacun doit avoir les Ministres de la parole, et les Anciens de l'Eglise en singuliere estime pour l'oeuvre qu'ils font, et estre en paix avec eux sans murmure, debat, ou contention autant que faire se peut.

제31항. [교회 직분자의 선출과 권위]

우리는 하나님의 말씀이 가르치는 것처럼 하나님의 말씀 사역자들과 장로들과 집사들이 기도로 선한 질서에 따라 교회의 합법적인 선택에 의해 그들의 직분에 선출되어야 한다고 믿습니다. 따라서 각자는 자신이 부당한 방법으로 밀고 들어가는지 잘 주의해야 하고, 하나님께서 부르시는 때를 기다려야 합니다. 그것은 자신의 부르심에 대한 증거를 갖기 위한 것인데, 그래야 그 [부르심]이 주님께 속한 것임을 확증하고 확신[할 수 있기 때문]입니다. 말씀 사역자들에 관하여는 그들이 어떤 자리에 있든지 동등한 권력과 권한을 가집니다. 왜냐하면 그들 모두는 유일한 보편적 감독이시며 교회의 유일한 머리이신 예수 그리스도의 사역자들이기 때문입니다. 하나님의 거룩한 규정이 침해되거나 경멸되지 않도록, 각자 말씀 사역자들과 교회 장로들을 그들이 행하는 사역 때문에 특별히 존경해야 한다는 것을, [또한] 가능한 한 불평이나 다툼 혹은 언쟁 없이 그들과 평화롭게 지내야 한다는 것을 우리는 주장합니다.

관련성경

행 6:3-4; 딤전 4:13; 행 1:23, 13:2; 딤전 5:22; 고전 12:28; 롬 12:8; 딤전 4:14; 마 18:26; 고전 3:8; 롬 12:7-8; 고후 5:19; 행 26:18; 사 61:1; 엡 1:22; 골 1:28; 살전 5:12-13; 히 13:17.

네덜란드 신앙고백 제31항은 '교회 직분자를 선출하는 방식과 직분자가 지닌 권위'에 관하여 말한다. 하나님께서는 교회를 다스리실 때 직분자를 사용하신다. 실제로 직분자에 따라 교회의 상태가 좌우된다고 해도 지나친 말이 아니다. 그러므로 교회는 직분자를 선출하는 일에 매우 신중해야 한다. 또한, 직분자 자신은 물론이고 교인들은 하나님이 직분자를 친히 세우셔서 사용하신다는 사실을 알고 직분을 귀하게 여기며 충성스럽게 감당해야 한다. 그렇다면 직분자를 어떻게 선출해야 하는가? 그리고 직분자는 어떤 자질을 지녀야 하는가?

직분자를 선출하는 방식

네덜란드 신앙고백은 "우리는 하나님의 말씀이 가르치는 것처럼 하나님의 말씀 사역자들과 장로들과 집사들이 기도로 선한 질서에 따라 교회의 합법적인 선택에 의해 그들의 직분이 선출되어야 한다고 믿습니다"라고 말한다. 이 진술에 드러난 사항들을 하나씩 살펴보자.

첫째, 직분자 선출은 "하나님의 말씀이 가르치는 것처럼" 해야 한다. 그렇다면 직분자 선출에 관한 말씀의 가르침은 무엇인가? 구약 시대에는 직분자를 세울 때 하나님의 지시에 따라 제비를 뽑았다(예. 대상 26:13-16; 잠 16:33; 레 16:9; 느 11:1; 수 15:1, 16:1). 하지만 신약 시대에는 사람들이 직접 선출했다. 예를 들어, 사도행전 6장에는 초대교회가 직분자를 세운 일이 기록되어 있다. 초대교회는 빠르게 부흥했다. 하지만 문제가 발생했다. 구제에 관한 일로 헬라파 유대인들과 히브리파 유대인들 사이에 갈등이 일어난 것이다. 사도들은 이 문제를 해결하기 위해 일곱 명의 일꾼을 선출하기로 했다. 그리고 사람들은 사도들의 제안에 동의하여 믿음과 성령이 충만한 사람 일곱을 선택했다. 필시 그들은 투표로 일꾼을 뽑았을 것이다. 사도들은 직분자 선출을 제안했을 뿐 그 과정에 개입하지 않았고 오로지 회중들에 의해 이루어졌다. 이는 초대교회가 민주적이고 자발적인 집단이었음을 보여준다. 우리도 이렇게 해야 한다.

둘째, 직분자 선출은 "기도로" 해야 한다. 직분자 선출은 사람이 하는 것이지만 하나님의 뜻을 헤아리는 것이다. 따라서 사람의 의지와 바람대로가 아니라 하나님께서 기뻐하시는 대로 선출해야 한다. 교인들은 직분자 선출을 앞두고 기도를 많이 해야 한다. 사도행전 13:1-3에는 바나바와 사울(바울)을 선교사로 보낼 때 "금식하며 기도하고" 두 사람에게 안수하여 보냈다는 기록이 있다. 또한, 사도행전 14:23에는 "각 교회에서 장로들을 택하여 금식 기도 하며 그들이 믿는 주께 그들을 위탁하고"라는 말씀이 있어서 초대교회가 직분자를 세울 때 금식하며 기도했던 사실이 언급되어 있다. 우리도 직분자를 선출할 때 많이 기도해야 한다. 그렇게 함으로 인간적인 뜻과 감정이 아니라 하나님의 뜻과 계획이 온전히 이루어지게 해야 한다. 모든 성도가 한마음으로 기도하면서 하나님의 뜻을 구하는 가운데 직분자를 선출한다면 직분자가 제대로 선출될 것이며, 선출된 직분자를 통해서 교회에 부흥과 활력이 생길 것이다.

셋째, 직분자 선출은 "선한 질서에 따라" 해야 한다. "선한 질서"는 "교회의 합법적인 선택"과 연관된다. 대부분 교회는 총회에서 결의한 헌법에 따라 직분자 선출 규정을 가지고 있다. 이것은 교회가 오랫동안 마련하고 시행해 온 보편타당한 절차와 방식이다. 교회는 교인들에게 직분자를 선출하는 시기와 방법을 공고해야 하며, 필요에 따라 선거권자와 피선거권자(후보자)를 적시해야 한다. 그리하여 교인들이 어떤 직분을, 언제, 어디서, 어떤 방식으로 선출하는지를 알게 해야 한다. 그렇게 하면 직분자를 선출한 뒤에 잡음이나 혼란이 없을 것이다. 교인들은 직분자를 선출할 때 물질을 동원하는 것은 물론이고 사적인 감정 등이 들어가지 않도록 주의해야 한다. 교회의 직분자 선출은 세상 어떤 선거보다 공정하고 투명하며 민주적이어야 한다. 하나님의 일꾼을 하나님의 뜻에 따라 세우는 일에 부정한 요소나 방식이 개입되어서는 절대로 안 된다. 종종 교회 직분자를 선출한 후 오히려 교회가 시험에 들고 일부 교인들이 교회를 떠나는 일이 발생한다. 그러므로 교회는 이런 일을 사전에 방지하기 위해서 최선을 다해야 하는데, 그것은 기도를 많이 하는 가운데 교회 질서와 규정을 정확히 따르는 것이다.

직분자의 소명 확인

네덜란드 신앙고백은 "따라서 각자는 자신이 부당한 방법으로 밀고 들어가는지 잘 주의해야 하고, 하나님께서 부르시는 때를 기다려야 합니다. 그것은 자신의 부르심에 대한 증거를 갖기 위한 것인데, 그래야 그 부르심이 주님께 속한 것임을 확증하고 확신할 수 있기 때문입니다"라고 진술한다. 이것은 직분자가 될 사람이 자신의 소명을 꼼꼼히 확인해야 한다는 뜻이다. 직분자는 반드시 소명을 지녀야 한다. 소명 없이는 직분자가 될 수 없다. 소명에는 '내적 소명'과 '외적 소명'이 있다. 직분자는 이 둘을 모두 갖추어야 한다. 이것을 자세히 살펴보자.

첫째, 직분자는 '내적 소명'을 지녀야 한다. 내적 소명이란 하나님의 부르심을 느끼고 깨닫는 것을 뜻한다. 이것을 사명감 혹은 책임감이라고 표현할 수 있겠다. 하나님의 부르심을 받은 사람은 사명감과 책임감으로 충천해 있다. 그는 불타는 열정을 가지고 있다. 난관이나 어려움이나 장애물에 굴하지 않고 맡겨진 일을 수행한다. 참으로, 하나님께서 자신을 부르고 계심을 확신할 때 기꺼이 그리고 충성스럽게 사명을 수행할 수 있다. 그러나 내적 소명이 없으면 열정이 금방 식어버린다. 중도에 그만둘 수가 있다. 내적 소명 없이 오로지 인간적인 명예와 이득을 위해서 직분을 맡으려고 하는 것은 바람직하지 않다.

둘째, 직분자는 '외적 소명'을 갖추어야 한다. 외적 소명이란 직분을 수행할 자질을 뜻한다. 이것은 다른 사람들, 특히 교회 회중에 의해서 검증되는 것을 의미한다. 아무나 직분자가 될 수 없다. 자질을 갖춘 사람만이 하나님의 일을 할 수 있다. 예컨대, 목사가 되고자 하는 사람이 신학 지식을 갖추지 못하고 가르치는 재능을 구비하지 못했다면 직무를 감당할 수 없다. 장로가 되고자 하는 사람이 상당한 식견과 통찰, 그리고 경건과 지도력을 갖추지 못했다면 직무를 감당할 수 없다. 따라서 자신에게 자질이 없다고 생각하면 직분자가 되지 말아야 한다.

그러므로 직분자는 내적 소명(사명감)과 더불어 외적 소명(자질)을 모두 갖추어야 한다. 내적 소명은 다소 주관적일 수 있다. 하나님께서 자신을 부르시지 않았는데, 혼자서 부름을 받았다고 착각할 수 있다. 따라서 내적 소명과 더불어 외적 소명이 필요하다. 내적 소명은 외적 소명으로 보완된다. 직분자 후보는 기도하는 가운데 목회자와 충분히 상의해야 하며 선배나 동료의 조언을 구해야 한다. 자신에게 내적 소명과 외적 소명이 모두 있는지를 점검해야 한다.

직분자의 권위

네덜란드 신앙고백은 "말씀 사역자들에 관하여는 그들이 어떤 자리에 있든지 동등한 권력과 권한을 가집니다. 왜냐하면 그들 모두는 유일한 보편적 감독이시며 교회의 유일한 머리이신 예수 그리스도의 사역자들이기 때문입니다. 하나님의 거룩한 규정이 침해되거나 경멸되지 않도록 각자 말씀 사역자들과 교회 장로들을 그들이 행하는 사역 때문에 특별히 존경해야 한다는 것을, 또한 가능한 한 불평이나 다툼 혹은 언쟁 없이 그들과 평화롭게 지내야 한다는 것을 우리는 주장합니다"라고 진술한다. 이것은 직분자의 권위가 동등하다는 사실을 의미한다. 우리는 이 고백을 다음과 같이 이해하고 적용할 수 있다.

첫째, 말씀 사역자인 목사는 어떤 자리에 있든지 동등한 힘과 권한을 가져야 한다. 이것은 큰 교회 목사든 작은 교회 목사든 그리고 나이가 든 목사든 젊은 목사든 간에 차별이나 차등이 없어야 한다는 뜻이다. 이는 그들 모두가 유일한 보편적 감독이시며 교회의 유일한 머리이신 예수 그리스도의 사역자들이기 때문이다. 오늘날 목사들 사이에 차이를 두는 가장 대표적인 예로 생활비를 꼽을 수 있다. 큰 교회 목사는 생활비를 많이 받아서 풍족하게 살고, 작은 교회 목사는 생활비를 적게 받든지 아니면 받지 못해서 고통을 당하는 것이 엄연한 현실이다. 이래서는 안 된다. 총회는 소속된 모든 목사의 생활비 지급을 일관되게 시행해야 한다. 교회 규모가 아니라 목사 연차에 따라서 호봉제로 생활비를 받게 해야 한다. 그래야 바람직하다.

둘째, 교인들은 하나님의 거룩한 규정이 침해되거나 경멸 되지 않도록 목사와 장로를 존경해야 한다. 목사는 말씀을 가르치는 사역자이다. 그리고 장로는 목사가 말씀을 잘 가르치도록 지원하고 교인들이 목사의 말씀을 잘 듣고 실천하도록 권면하는 사역자이다. 따라서 목사와 장로는 교회의 흥망을 좌우하는 중요한 요소이다. 교인들은 이들을 위해서 기도해야 하며, 이들을 존경해야 하고, 이들의 지도에 순종해야 한다.

특히 교인들은 불평이나 다툼 혹은 언쟁 없이 목사와 장로와 더불어 평화롭게 지내야 한다. 교인들이 목사와 싸우거나 장로와 불화하면 신앙생활이 제대로 되지 않는다. 주님의 말씀을 기억하라. "잘 다스리는 장로들은 배나 존경할 자로 알되 말씀과 가르침에 수고하는 이들에게는 더욱 그리할 것이니라"(딤전 5:17).

셋째, 목사와 장로는 서로 간에 평화롭게 지내야 하고 협력해야 한다. 목사와 장로가 상호 화목하고 서로를 존중한다면 교회가 아름답고 은혜롭다. 하지만 그렇지 않으면 교회에 큰 혼란이 발생한다. 실제로 오늘날 교회에서 일어나는 분쟁과 혼란의 상당 부분은 목사와 장로 사이의 불협 때문에 생긴다. 때로는 목사와 장로가 집단으로 나뉘어서 세력 대결을 펼치는 경우도 있다는 소식을 듣는다. 참으로 답답하고 한심한 일이다. 목사와 장로는 부부와 같아야 한다. 부부가 싸움을 벌이는 가정은 행복하지 않다. 그런 가정에서 자란 자녀들은 부모를 존경하지 않으며, 정서적으로 불안하고, 나중에 자신들도 같은 전철을 밟는다. 목사와 장로가 화목한 부부처럼 지낸다면 그런 교회에 속한 교인들은 반드시 좋은 직분자가 될 것이다.

제32항

교회법의 제정과 집행

Article XXXII.

Nous croyons cependant, que combien qu'il soit utile et bon aux Gouverneurs des Eglises d'establir et disposer certain ordre entre eux pour l'entretenement du corps de l'Eglise, qu'ils se doivent toutesfois bien garder de decliner de ce que Christ nostre seul Maistre nous a ordonné. Et pour tant nous rejettons toutes inventions humaines, et toutes loix qu'on voudroit introduire pour servir Dieu, et par icelles lier et estreindre les consciences en quelque sorte que ce soit. Nous recevons donc seulement ce qui est propre pour garder et nourrir concorde et union, et entretenir tout en l'obeissance de Dieu, à quoy est requise l'Excommunication faite selon la parole de Dieu avec ce qui en depend.

제32항. [교회법의 제정과 시행: 권징과 출교]

그러나 비록 교회의 통치자들이 교회라는 몸의 유지를 위해 어떤 질서를 세우고 확정하는 것이 유익하고 선할지라도, 그럼에도 불구하고 그들이 우리의 유일한 주 그리스도께서 우리에게 명령하신 것을 회피하지 않도록 올바르게 주의해야 한다고 우리는 믿습니다. 따라서 우리는 모든 인간적인 발명품을 거부할 뿐만 아니라, 사람들이 하나님을 섬기기 위하여 어떤 방법으로든 도입하길 원했던 모든 법들도 [거부하고], 또한 이것들로 양심을 속박하고 제한하길 [원했던 법들도 거부합니다]. 그러므로 우리는 단지 일치와 연합을 제공하고 보호하기에 적절한 것만 받아들이며, 모든 것을 하나님의 순종 안에서 보존하기에 [적절한 것만 받아들입니다]. 그것을 위해 [하나님의 말씀]에 달려 있는 출교가 하나님의 말씀에 따라 시행되는 것은 [반드시] 필요합니다.

관련성경

고전 7:57; 골 2:6-7; 마 15:9; 사 29:13; 갈 5:1; 롬 16:17-18; 마 18:17; 고전 5:5; 딤전 1:20.

네덜란드 신앙고백 제32항은 '교회법의 제정과 집행'에 관하여 말한다. 교회법은 필요하다. 이는 교회가 사람들의 모임이기 때문이다. 비록 거듭난 사람들의 모임이지만 말이다. 그러나 교회법은 세상 법령과 다르다. 교회법은 성경의 정신과 원리에 기초하여 제정되고 시행된다. 이러한 교회법은 교회 정치의 근간이 된다. 즉 교회법에 기반하여 교회의 질서가 세워진다. 그렇다면 교회법은 무엇이며 왜 필요하고 어떻게 집행되어야 하는가?

교회법의 의미와 필요성

네덜란드 신앙고백은 "비록 교회의 통치자들이 교회라는 몸의 유지를 위해 어떤 질서를 세우고 확정하는 것이 유익하고 선할지라도"라고 말한다. 이 말은 교회법이 필요하다는 뜻이다. 사실, 교회에 법이나 규제가 없으면 가장 좋다. 교회 구성원 모두가 자발적으로 하나님의 말씀을 지킨다면 교회 질서는 자동으로 유지될 것이다. 하지만 현실은 그렇지 않다. 역사적으로 교회 안에는 수많은 분쟁이 있었다. 이것은 사도들이 다스렸던 초기 교회에서도 마찬가지였다. 따라서 교회법을 제정하여 교회 질서를 세우고 확정할 필요가 있다.

그렇다면 이 법을 집행하는 자들은 누구인가? 신앙고백은 "교회의 통치자들"이라고 말한다. 이는 교회의 직분자들을 의미한다. 교회법을 제정하고 집행하는 사람은 직분자들이다. 하지만 이것은 직분자들에게 주어진 직무이지 권한이 아니다. 그들이 특권을 지니고 있어서 이런 일을 할 수 있는 것이 아니라는 뜻이다. 직분자들은 "교회라는 몸의 유지를 위해" 이 일을 할 뿐이다. 그러므로 직분자들은 신중해야 한다. 그들은 그리스도의 몸을 유지하고 질서를 세우고 확정하는 일에 신실해야 한다. 그렇지 않으면 오히려 그들로 인해 문제가 생길 것이다.

네덜란드 신앙고백은 이어서 "그럼에도 불구하고 그들이 우리의 유일한 주 그리스도께서 우리에게 명령하신 것을 회피하지 않도록 올바르게 주의해야 한다고 우리는 믿습니다"라고 진술한다. 이 말은 교회법이 유익하고 선하지만 절대적 진리가 아니라는 뜻이다. 교회법은 성경에 기반해야 하며 교회의 유익을 지향해야 한다. 따라서 교회법과 그리스도의 가르침이 충돌할 때는 교회법을 폐기하거나 개정해야 한다. 주님의 말씀 아래에 교회법이 있다. 따라서 교회와 직분자들은 교회법이 성경의 원리와 정신에 충실한지를 끊임없이 검토해야 한다.

우리는 중세 시대 로마 천주교회가 교회법을 성경과 동등하게 여기고 적용한 역사를 기억해야 한다. 그들이 타락한 이유가 교회법의 절대적 가치를 두둔했기 때문이었다는 사실을 잊지 말아야 한다. 교황이 예수 그리스도의 지상 대리자라는 인식과 그의 명령과 지시가 성경의 권위에 버금가는 것이라는 생각이 성경의 권위를 약화하고 오히려 교회법 자체를 강화하는 부작용을 낳았음을 명심해야 한다. 교회법은 성경 아래에 있다. 예수 그리스도께서 말씀하신 것에 근거하여 교회법이 제정되고 집행되어야 한다. 그래야 교회가 바로 세워진다.

교회법의 제정 역사

교회법의 제정 역사는 장구하다(참고. 손재익,『벨기에 신앙고백』, 402). AD 325년에 열린 니케아 공의회는 교회의 신앙고백에 관한 결정을 내렸고, AD 360년에 개최된 라오디게아 공의회는 예배와 관련된 조항을 결정했다. 그 외에도 여러 회의를 통해서 교회 법령과 질서가 세워졌다. 특히 이단들이 교회를 무너뜨리기 위해 성경에 위반된 가르침을 펼치고 이에 기반한 교회 규칙을 제정하자 교회는 적극적으로 맞서서 성경의 권위와 교회의 전통을 수호했다.

종교개혁 시대에 개혁자들은 교회 질서를 세우기 위해서 여러 가지 규례들과 조항들을 만들었다. 이 일에 가장 대표적으로 관여한 인물은 칼빈이었다. 그는 고린도전서 14:40의 "모든 것을 품위 있게 하고 질서 있게 하라"라는 말씀에 근거하여 교회법의 필요성을 강하게 주장했다. 그는 제네바 교회에 부임하여 '제네바 신앙고백서'를 작성했으며(1536년, 21개조), '제네바 교회의 조직과 예배에 관한 조항들'을 만들었다(1537년 1월 16일). 1538년 4월 23일 칼빈은 제네바 교회에서 추방당했다가 1541년 9월 13일에 다시 돌아왔다. 이때 그가 가장 먼저 한 일은 '제네바 교회법'(1541년)과 '제네바 예배 모범'(1542년)을 만들어서 사용한 것이었다.

칼빈의 제자이자 스코틀랜드 장로교회의 창시자인 존 녹스는 '제1치리서'를 만들었고(1560년), 존 녹스가 죽은 후 스코틀랜드 교회를 이끌었던 앤드류 맬빌은 '제2치리서'를 만들었다(1578년). 이후 1618-1619년 네덜란드 도르트에서 열린 회의에서는 '도르트 교회법'을 제정했는데, 이 법에는 직분과 예배에 관한 여러 가지 규정들이 포함되었다. 그리고 1643년 7월 1일부터 1649년 2월 22일까지 개최된 웨스트민스터 회의에서는 웨스트민스터 신앙고백서와 대소교리문답뿐만 아니라 예배 모범과 정치 모범이 작성되었다.

우리나라 장로교회는 1907년 9월 17일 평양에서 장로교 독노회를 조직한 이후, 1908년 12신조와 소교리문답과 교회 정치를 채택했으며, 1919년 권징 조례와 예배 지침을 제정해서 사용하기 시작했다. 1934년에는 12신조, 소교리문답, 교회 정치, 권징 조례, 예배 지침을 담은 헌법책을 출간해서 장로교회의 기본법으로 사용했다. 고신은 1951년 총회를 조직한 후 1958년 교회 정치 개정판을 출간했고, 제19회 총회에서 웨스트민스터 신앙고백과 대교리문답을 신경으로 채택했다. 이후 교회의 현실과 시대의 변화를 고려하여 여러 차례 개정 작업을 하면서 오늘날의 교회 헌법을 갖추었다. 현재 고신 교회 헌법은 교리표준(웨스트민스터 신앙고백, 대교리문답, 소교리문답)과 관리표준(예배지침, 교회정치, 권징조례)으로 구성되어 있다.

교회법의 집행 원칙

첫째, 교회법은 신자의 양심을 속박하지 말아야 한다. 네덜란드 신앙고백은 "우리는 모든 인간적인 발명품을 거부할 뿐만 아니라, 사람들이 하나님을 섬기기 위하여 어떤 방법으로든 도입하길 원했던 모든 법들도 거부하고, 또한 이것들로 양심을 속박하고 제한하길 원했던 법들도 거부합니다"라고 진술한다. 신자의 양심을 속박할 권리는 하나님에게만 있다. 참으로, 성경 외에 어떤 것도 신자의 양심을 제한하거나 억제할 수 없다. 예배에 있어서는 더욱 그렇다. 중세 교회는 예배에 관한 규칙을 제정하면서 "인간적인 발명품"을 많이 만들었다. 하나님은 이런 것을 싫어하셨는데(제2계명 위반), 이것은 신자가 올바로 하나님께 나아가지 못하게 한다.

교회 생활에서 가장 중요한 것은 예배이다. 신자의 힘과 속성은 예배를 통해서 충전되고 표현된다. 오늘날 지나치게 무질서하고 혼란스러운 예배를 목격한다. 예배를 준비하고 지도하며 감독해야 하는 직분자들이 교회 질서를 몰라서인지 무시해서인지 예배를 예배답지 못하게 하는 경우가 있다. 교회법에서 매우 중요한 부분이 '예배 지침'이다. 목사를 비롯한 직분자들은 예배를 어떻게 구성하며 준비하고 섬기며 참여해야 하는지를 바로 인지해야 한다. 성경이 예배에 관하여 가르치는 것을 공부해야 하고, 믿음의 선배들이 전수해 준 예배의 규정적 원리를 이해해야 한다. 이를 위해서 총회가 제정한 '예전'(liturgy)을 잘 활용할 필요가 있다.

둘째, 교회법은 일치와 연합을 제공하고 보호해야 한다. 네덜란드 신앙고백은 "우리는 단지 일치와 연합을 제공하고 보호하기에 적절한 것만 받아들이고, 모든 것을 하나님의 순종 안에서 보존하기에 적절한 것만 받아들입니다"라고 고백한다. 이 말은 교회법의 목적이 무엇인지를 보여준다. 교회는 법령을 제정함으로 하나님의 뜻에 근거한 일치와 연합을 제공하고 그것이 유지되게끔 한다. 교회법이 오히려 혼란과 무질서의 원인이 되어서는 안 된다. 교회에 갈등과 불화가 생겼을 때 교회법으로 해소되고 정리될 수 있어야 한다.

교회법은 따뜻해야 한다. 법이란 원래 강제력을 가지고 있어서 차가운 성질을 가지지만, 교회법은 신자에게 감동을 주어야 하며 덕을 세워주어야 한다. 인간이란 본시 죄인이며 악하기에 법과 질서에 순응하려고 하지 않는다. 이는 거듭난 신자도 마찬가지다. 따라서 교회법은 신자를 감동하고 감화해야 한다. 교회법이 신자를 정죄하고 비난하기 위한 장치가 되어서는 안 된다. 오히려 신자의 마음을 풀어주며 설득하고 하나님의 뜻에 맞게 살도록 해야 한다. 그렇게 할 때 신자는 자연스럽게 교회법을 받아들이며 그것을 지키려고 노력할 것이다.

셋째, 교회법을 통해서 교회 질서를 유지해야 한다. 네덜란드 신앙고백은 "하나님의 말씀에 달려 있는 출교가 하나님의 말씀에 따라 시행되는 것은 반드시 필요합니다"라고 언급한다. 이것은 교회법의 목적을 암시한다. 교회법은 교회 질서를 유지하기 위해 마련된 것이다. 교인들은 교회법을 잘 지킴으로 교회의 질서를 따를 수 있으며 궁극적으로 교회의 유익을 도모할 수 있다. 따라서 교회법을 지키지 않으면 징계해야 한다. 교회법에 명시된 징계는 신자를 망하게 하려는 것이 아니다. 오히려 하나님의 말씀을 더욱 존중하게 하며 그 말씀에 순종하게 하려는 것이다. 즉 교회법은 신자를 아끼고 보호하기 위한 장치이며 동기이다.

그런데 교회의 징계는 성경의 원리를 따라 시행되어야 한다(마 16:19; 18:15-18). 처음에는 그 사람과 개인적으로 상대하여 권고하고, 만일 듣지 않으면 한두 사람을 데리고 가서 권면하며, 그래도 듣지 않거든 교회에 말하고, 그래도 듣지 않으면 이방인과 세리처럼 여겨야 한다. 여기서 '교회'란 치리회인 당회와 노회와 총회를 뜻한다. 치리회는 시벌할 때 성경의 정신에 근거하여 매우 신중히 해야 하며, 그가 회개할 때는 해벌해 주어야 한다. 징계에는 다양한 것이 있는데, 가장 강력한 것이 출교이다. 이는 심각한 범죄자나 이단자에게 시행하는 조처이다.

제33항

주님께서 친히 제정하신 두 종류의 성례

Article XXXIII.

Nous croyons, que nostre bon Dieu ayant esgard à nostre rudesse et infirmité nous à ordonné des Sacremens, pour seeller en nous ses promesses et nous estre gages de la bonne volonté et grace de Dieu, envers nous, et aussi pour nourrir et soustenir nostre foy, lesquels il a adjoustéz à la parole de l'Evangile, pour mieux representer à nos sens exterieurs tant ce qu'il nous donne à entendre par sa parole, que ce qu'il fait interieurement en nos coeurs, en ratifiant en nous le salut qu'il nous communique. Car ce sont signes et seaux visibles de la chose interieure et invisible, moyennant lesquels Dieu besoygne en nous par la vertu du Sainct Esprit. Les signes donc ne sont pas vains et vuides pour nous tromper et decevoir, car ils ont Iesus Christ pour leur verité, sans lequel ils ne seroyent rien. D'avantage nous nous contentons du nombre des Sacremens que Christ nostre Maistre nous a ordonné, lesquels ne sont que deux seulement, asavoir, Le Sacrement du Baptesme et de la S. Cene de Iesus Christ.

제33항. [주님께서 친히 제정하신 두 종류의 성례: 세례와 성찬]

우리는 우리의 선하신 하나님께서 우리의 우둔함과 연약함을 고려하셔서 우리에게 성례들을 제정해주셨다고 믿는데, [이것은] 우리 안에 자신의 약속들을 인증하시고 우리를 향한 하나님의 선한 뜻과 은혜를 우리에게 보증하시기 위한 것이요, 또한 우리의 믿음을 먹이시고 유지하시기 위한 것입니다. 그분께서 그것들을[=성례들을] 복음의 말씀에 덧붙이신 것은 우리의 외적인 감각들에 더 잘 나타내기 위한 것입니다. 즉 우리에게 나누어주시는 구원을 우리 안에 확증하심으로 우리의 마음을 내적으로 감동시키시는 것만큼이나 자신의 [외적인] 말씀을 통해 우리를 이해시키시려는 것입니다. 왜냐하면 그것은 내적이고 불가시적인 것들의 가시적인 표지들과 인장들이며, 하나님께서 성령의 능력으로 우리 안에 역사하시는 수단들이기 때문입니다. 그러므로 그 표지들은 결코 우리를 속이고 실망시키기 위한 헛된 것도 공허한 것도 아닙니다. 왜냐하면 그것들의 진리를 위해 예수 그리스도께서 계시기 때문인데, 그리스도 없이는 그것들은 아무 것도 아닙니다. 더욱이 우리는 우리 주 그리스도께서 우리에게 제정하신 성례의 수가 두 가지뿐이라는 것에 만족합니다. 즉 [그것은] 세례의 성례와 예수 그리스도의 성찬의 성례입니다.

관련성경

롬 4:11; 창 9:13, 17:10-11; 출 12장; 골 2:1; 고전 5:7; 마 28:19, 26:26; 롬 10:9; 골 1:11; 벧전 3:20; 고전 10:2.

네덜란드 신앙고백 제33항은 '주님께서 친히 제정하신 두 종류의 성례'에 관하여 기술한다. 기독교에서 성례는 대단히 중요하다. 네덜란드 신앙고백은 이미 제29항에서 참 교회와 거짓 교회를 구별하는 표지로서 말씀과 성례와 권징을 언급했다. 그런 가운데 신앙고백은 30-32항에서 권징을 다루었고, 이제 33-35항에서 성례를 설명한다(33장-성례; 34장-세례; 35장-성찬). 다른 유수의 신앙고백들도 성례를 중요하게 취급하는데, 웨스트민스터 신앙고백은 27-29장에서 성례를 다루며, 칼빈은 『기독교 강요』 4권 14-17장에서 이 주제를 자세히 설명한다.

성례의 의미와 목적

'성례'(聖禮)는 "그리스도께서 친히 자신의 교회에 제정하신 거룩한 규례"이다(고신총회 헌법, 예배, 제6장 24조). 성례를 헬라어로 '뮈스테리온'($\mu\nu\sigma\tau\acute{\eta}\rho\iota o\nu$, '비밀' 혹은 '신비'라는 뜻)이라고 하는데(참고. 엡 1:9; 골 1:26-27; 딤전 3:16), 제롬이 성경을 라틴어로 번역하면서(Vulgate), 이 단어를 '세크라멘툼'이라고 했다. 로마 천주교는 일곱 개의 성례를 주장하지만, 개신교회는 두 개의 성례만 인정한다. 로마 천주교가 성례로 여기는 일곱 가지는 성세성사(세례), 견진성사(입교), 성체성사(성찬), 고해성사(회개), 신품성사(임직), 혼배성사 혹은 혼례성사(혼인), 종부성사 혹은 종유성사(임종)이다. 개신교회는 오직 세례와 성찬을 성례로 여기는데, 이는 주님이 이 두 가지만 친히 제정하셨기 때문이다. 이에 관해서 네덜란드 신앙고백은 "우리는 우리 주 그리스도 우리에게 제정하신 성례의 수가 두 가지뿐이라는 것에 만족합니다. 즉 그것은 세례의 성례와 예수 그리스도의 성찬의 성례입니다"라고 분명히 적시한다.

네덜란드 신앙고백은 성례의 목적을 분명하게 밝힌다. "우리는 우리의 선하신 하나님께서 우리의 우둔함과 연약함을 고려하셔서 우리에게 성례들을 제정해 주셨다고 믿는데, 이것은 우리 안에 자신의 약속들을 인증하시고 우리를 향한 하나님의 선한 뜻과 은혜를 우리에게 보증하시기 위한 것이요, 또한 우리의 믿음을 먹이시고 유지하시기 위한 것입니다"라고 진술한다. 이는 성례가 우리를 위해 마련되었다는 뜻이다. 성례는 주님께서 우리에게 베푸신 사랑과 은혜의 표시이다. 이것을 소위 '은혜의 방편'(means of grace)이라고 한다. 우리가 하나님의 은혜를 받는 방편은 여러 가지인데, 그중 가장 중요한 것이 말씀과 성례이다. 주님은 말씀의 선포(설교)를 통해서 우리에게 은혜를 주시며, 또한 성례를 통해서 은혜를 베푸신다. 곧 성례는 말씀과 더불어 우리의 연약함을 채워주며 하나님의 선하신 뜻을 보증하고 믿음을 강화한다. 그러므로 교회는 말씀과 성례에 신실해야 한다. 말씀을 순수하게 전해야 하며 성례를 신실하게 시행해야 한다.

성례의 효력

네덜란드 신앙고백은 성례의 효력을 두 가지로 말한다.

첫째, "이것은 우리 안에 자신의 약속들을 인증하시고 우리를 향한 하나님의 선한 뜻과 은혜를 우리에게 보증하시기 위한 것이요." 이 말은 성례가 하나님의 약속이 확실하다는 사실을 보증하는 역할을 한다는 뜻이다. 하나님의 약속은 말씀을 통해서 주어졌으며, 따라서 눈에 보이거나 손에 잡히지 않았다. 그리하여 구약 시대에 하나님은 그분의 약속을 인간에게 보증하시기 위해서 여러 가지 표징을 주셨는데, 노아 시대의 무지개, 아브라함 시대의 할례, 그리고 모세 시대의 결례와 희생 제사와 각종 절기 등이 그것이다. 특별히 할례는 매우 중요한 언약의 표징이었다. 하나님은 아브라함을 향해 언약 백성들에게 할례를 행하라고 하시면서, "이것이 나와 너희 사이의 언약의 표징이니라"라고 말씀하셨다(창 17:10-11).

그런데 신약 시대에 들어와서 구약의 성례는 더 이상 유효하지 않게 되었다. 이는 구약의 성례가 예수 그리스도를 통해서 성취되었기 때문이다. 따라서 신약의 성도들은 구약의 성례를 문자적으로 적용할 필요가 없다. 이제 우리는 예수 그리스도가 친히 제정하신 세례와 성찬을 행한다. 구약의 성례와 신약의 성례는 형식에 있어서 다르지만, 본질에 있어서 동일하다. 앞에서 말했듯이, 성례는 하나님의 약속을 우리 눈앞에 제시하여 우리가 그것을 바라보게 함으로 그 약속을 보증해 준다. 우리는 세례를 받음으로써 정결하게 씻겨져서 하나님의 자녀가 되었다는 사실을 확신하게 되며, 성찬을 통해서 우리가 하나님의 자녀된 것이 예수님의 희생으로 말미암은 것임을 배우는 동시에 하나님이 우리를 먹이시고 유지하신다는 사실을 깨닫게 된다.

둘째, "우리의 믿음을 먹이시고 유지하시기 위한 것입니다." 이 말은 성례가 우리의 믿음을 자라게 하고 유지하게 해준다는 뜻이다. 믿음은 하나님의 말씀을 통해서 생겨난다. 성령께서는 말씀을 사용하여 우리에게 믿음을 주신다. 그런데 성령은 그렇게 생겨난 믿음을 그냥 놔두지 않으시고 교회에서 들려지는 말씀(설교)과 더불어 행해지는 성례를 통해서 자라게 하시며 유지하게 하신다. 즉 성례는 말씀에 대한 우리의 믿음을 확립해 준다. 이에 대해서 칼빈은 "믿음은 하나님의 말씀이라는 기초 위에 서 있으나, 거기에 성례가 더해지면, 마치 기둥 위에 서 있는 것처럼 더욱 든든하게 서 있게 된다"라고 말했다(『기독교 강요』 제4권 14장).

그런데 이때 말씀도 그렇지만 성례가 그 자체로 효력을 가지는 것은 아님을 유의해야 한다. 곧 성례에 사용된 외적인 요소(물과 음식)에 능력이 있는 것이 아니며, 성례 집례자에 따라 성례의 효력이 달라지는 것도 아니다. 성례의 효력은 오직 성령께 달려 있다. 곧 성령의 인도와 역사가 나타나지 않는 성례는 공허하며 무의미하다. 따라서 우리는 성례 자체를 신성시하지 않도록 주의해야 한다. 네덜란드 신앙고백은 "그러므로 그 표지들은 결코 우리를 속이고 실망시키기 위한 헛된 것도 공허한 것도 아닙니다. 왜냐하면 그것들의 진리를 위해 예수 그리스도께서 계시기 때문인데, 그리스도 없이는 그것들은 아무 것도 아닙니다"라고 말한다.

한편, 웨스트민스터 신앙고백 제27장 1항은 성례를 "은혜 언약의 거룩한 표와 인"이라고 표현하는데, 여기서 '표'(sign, 헬라어로 σημεῖον[세메이온])와 '인'(seal, 헬라어로 σφραγίς[스프라기스])은 하나님의 약속에 대한 확실한 보증을 뜻한다. 이 신앙고백은 이어서 성례에 관하여 "하나님께서 직접 제정하셔서 그리스도와 그분의 은덕을 재현하고 그분 안에 있는 우리의 권리를 확인하며, 교회에 속한 자들과 세상에 속한 나머지 사람들 사이에 있는 차이를 가시적(可視的)으로 나타내며, 자기 말씀을 따라 그리스도 안에서 성도들이 하나님을 엄숙히 섬기게 하기 위한 것이다"라고 기술한다. 이는 성례가 그리스도와 그분의 은덕을 재현하는 것이며, 그분 안에 있는 우리의 권리를 확인하는 것이고, 신자와 비신자의 차이를 가시적으로 나타내는 것이며, 성도들이 하나님을 엄숙히 섬기게 하는 방편(진정한 예배의 조건)이라는 뜻이다.

성례의 시행

첫째, 성례는 합법적으로 임직받은 말씀의 사역자인 목사만 집례할 수 있다(웨스트민스터 신앙고백 제27장 4항). 고린도전서 4:1은 "하나님의 비밀을 맡은 자"에 관해 말하는데, 앞에서 말했듯이, '비밀'(μυστήριον[뮈스테리온], mystery)은 '성례'(sacramentum[세크라멘툼], sacrament)로 번역된다. 따라서 "비밀을 맡은 자"는 '성례를 맡은 자'이다. 목사만이 성례를 집행할 수 있다는 것은 목사가 특권을 지녔다는 뜻이 아니라 이러한 직분을 맡게 되었다는 뜻이다. 하나님은 특별한 사역자를 세우셔서 그분의 일(말씀, 성례, 목양, 관리 등)을 하게 하신다. 목사는 예배 시간에 정해진 장소에서 성례를 집례하되 미리 광고하여 교인들이 이 예식에 참여할 준비를 갖추게 해야 한다.

둘째, 목사는 교인들에게 성례에 대해서 정확하면서도 충분히 가르쳐야 한다. 이는 성례란 아는 만큼 은혜가 되는 것이기 때문이다. 목사는 구약의 성례와 신약의 성례 사이의 유사점과 차이점, 예수님이 성례를 제정하신 배경과 목적, 세례의 의미와 시행 절차, 유아 세례를 베푸는 이유, 성찬의 의미와 효력, 떡과 포도주의 실체 등에 관해서 교육해야 한다. 특히 성찬에 참여하지 말아야 할 자들에 대해서도 말해야 한다. 무지하고 사악한 자들이 성찬에 참여하는 것은 주님의 몸과 피를 범하는 죄라는 사실을 알려야 한다. 이를 위해서 장로들의 역할이 중요한데, 장로들은 불경한 자들이 성찬에 함부로 참여하지 못하도록 성찬을 보호해야 한다.

셋째, 성례는 말씀과 더불어 시행되어야 한다. 성례는 그 자체로 효력을 발휘하지 않는다. 성례는 말씀과 함께 시행될 때 효력을 발생한다. 분명히, 말씀이 없는 성례는 무의미하다. 이는 성례가 말씀의 외형적인 표징이기 때문이다. 이에 대해서 네덜란드 신앙고백은 "그분께서 그것들을[=성례들을] 복음의 말씀에 덧붙이신 것은 우리의 외적인 감각들에 더 잘 나타내기 위한 것입니다. 즉 우리에게 나누어주시는 구원을 우리 안에 확증하심으로 우리의 마음을 내적으로 감동하시는 것만큼이나 자신의 외적인 말씀을 통해 우리를 이해시키시려는 것입니다. 왜냐하면 그것은 내적이고 불가시적인 것들의 가시적인 표지들과 인장들이며, 하나님께서 성령의 능력으로 우리 안에 역사하시는 수단들이기 때문입니다"라고 진술한다.

넷째, 성례는 신앙을 고백한 하나님의 자녀들에게만 행해져야 한다. 세례는 주 예수님을 믿고 공적으로 고백함으로 하나님의 자녀가 되기로 작정한 사람에게 베풀어져야 한다. 이러한 세례는 평생 한 번만 받으면 된다. 교회는 세례를 아무에게나 베풀 것이 아니라 자기 믿음을 정직하면서도 엄숙하게 고백한 사람에게 베풀어야 한다. 이를 위해서 세례 교육이 매우 중요하다. 오늘날 세례 교육을 등한시하거나 세례를 대충 주는 것은 큰 문제이다. 성찬은 하나님의 자녀 공동체(교회)가 모여서 행하는 공적인 식사이다. 따라서 성찬은 세례를 받고 주님의 몸에 받아들여진 사람만 참여할 수 있다. 즉 죄와 흠이 있거나 수찬 정지와 같은 벌을 받은 자는 참여할 수 없다. 성찬은 실질적인 은혜의 방편이므로 할 수 있는 대로 자주 시행하는 것이 좋다.

세례의 성례

Article XXXIV.

Nous croyons et confessons que Iesus Christ, qui est la fin de la Loy, par son sang respandu a mis fin à tout autre effusion de sang qu'on pourroit ou voudroit faire pour propitiation ou satisfaction des pechez, et ayant aboli la Circoncision qui se faisoit par sang, a ordonné au lieu d'icelle le Sacrement du Baptesme, par lequel nous sommes receus en l'Eglise de Dieu et separez de tout autres peuples, et de toutes religions estranges, pour estre intierement dediez à luy, portans sa marque et son enseigne; et nous sert de tesmoignage, qu'il nouss sera Dieu à jamais, nous estant Pere propice. Il a donc commandé de baptizer tous ceux qui sont siens au nom du Pere et du Fils et du S. Esprit avec eau pure, nous signifiant par cela, que comme l'eau lave les ordures du corps, quand elle est espanduë sur nous, laquelle aussi est veuë sur le corps du baptizé, et l'arrouse: ainsi le sang de Christ par le S. Esprit fait le mesme interieurement en l'ame, l'arrousant et nettoyant de ses pechez, et nous regrenerant d'enfans d'ire en enfans de Dieu. Non pas que l'eau materielle face cela; mais c'est l'arrousement du precieux sang du fils de Dieu, lequel est nostre mer rouge par laquelle il nous faut passer pour sortir hors de la tyrannie de Pharao, qui est le Diable, et entrer en la terre spirituelle de Canaan. Parainsi les Ministres nous baillent de leur part le Sacrement, et ce qui est visible; mais nostre Seigneur donne ce qui est signifié par le Sacrement, asavoir les dons et graces invisibles, lavant purgeant, et nettoyant nos ames de toutes ordures et iniquitez, renouvelant nos coeurs et les remplissant de toute consolation, nous donnant vraye asseurance de sa bonté paternelle, nous vestant le nouvel homme, et despouillant le vieil avec tous ses faits. Pour ceste cause nous croyons que quiconque pretend parvenir à la vie eternelle doit estre une fois baptizé, sans jamais le reiterer, car aussi nous ne pouvons naistre deux fois. Et toutesfois ce Baptesme ne profite pas seulement quand l'eau est sur nous, et que nous la recevons; mais profite tout le temps de noste vie. Sur cecy nous detestons l'erreur des Anabaptistes qui ne se contentent pas d'un seul Baptesme une fois reçeu, et outreplus condamnent le Baptesme des petits enfans des fideles; lesquels

nous croyons devoir estre baptizés et seellés du signe de l'alliance comme les petits enfans estoyent corconcis en Israël sur les mesmes promesses qui sont faites à nos enfans. Et aussi à la verité, Christ n'a pas moins espandu son sang pour laver les petits enfans des fideles, qu'il a fait pour les grands. Et pourtant doivent ils recevoir le signe et le Sacrement de ce que Christ a fait pour eux: comme en la Loy le Seigneur commandoit, qu'on leur communiquast le Sacrement de la mort et passion de Christ quand ils estoyent nouveau-nez en offrant pour eux un Agneau, qui estoit le Sacrement de Iesus Christ. Et d'avantage ce que faisoit la Circoncision au peuple Iudaique, le Baptesme fait le mesme envers nos enfans. C'est la cause pourquoy S. Paul appele le Baptesme la Circoncision de Christ.

제34항. [세례의 성례: 교회 회원으로 가입하는 표식]

우리는 율법의 마침이신 예수 그리스도께서 흘리신 자기 피로 다른 모든 피 부음을 끝내셨다는 것을 믿고 고백합니다. [다른 모든 피 부음이란 죄들을 속하거나 만족시키기 위해 행할 수 있거나 행하길 원하는 것]을 의미합니다]. [그리스도께서는] 피로 집행된 할례를 폐지하시고 그 자리에 세례의 성례를 제정하셨는데, 그 [세례]에 의해 우리는 하나님의 교회에 영접되고 다른 모든 민족과 거짓 종교들로부터 분리되어 온전히 그분께 헌신되기 위해 그분의 표지와 깃발을 가집니다. 또한 [세례는] 그분이 우리에게 인자하신 아버지가 되심으로 영원히 우리에게 하나님이 되시리라는 증거를 우리에게 제시합니다. 그러므로 그분은[=예수 그리스도께서는] 그분께 속한 모든 사람에게 성부와 성자와 성령의 이름으로 세례를 순수한 물로써 베풀라고 명령하셨습니다. 이로써 물이 우리 위로 부어질 때 몸의 더러움을 씻어내는 것처럼, 그리고 또한 참으로 물이 세례 받고 적셔진 자의 몸 위에 보이고 것처럼, 그리스도의 피가 성령을 통해 [영혼을] 적시고 죄악들로부터 깨끗하게 하며 하나님의 자녀를 진노의 자녀로부터 중생시킴으로써 영혼에게 내적으로 동일한 일을 합니다. 이것을 행하는 것은 물질적인 물이 아니라 하나님의 아들의 보배로운 피의 적심인데, 이 [적심]은 우리가 마귀인 바로의 폭정으로부터 벗어나 영적인 가나안 땅에 들어가기 위해 반드시 통과해야만 하는 우리의 홍해입니다. 따라서 목사들은 자기들 편에서 우리에게 그 성례와 가시적인 것을 주지만 우리 주님께서는 그 성례가 의미하는 것을, 즉 불가시적인 은사들과 은혜들을 주십니다. [우리 주님께서는] 모든 더러움과 불의로부터 우리의 영혼을 씻으시고 청결하게 하시며 깨끗하게 하십니다. 우리의 마음을 갱신하시고 모든 위로로 채우시며 자신의 부성적인 선하심에 대한 참된 확신을 우리에게 주시고 우리에게 새 사람을 입히시며 자신의 모든 행위로 옛 [사람]을 벗겨버리십니다. 그렇기 때문에 우리는 영원한 생명에 이르기를 바라는 자마다 결코 반복하는 것 없이 한 번만 세례를 받아야만 한다고 믿습니다. 왜냐하면 우리 역시 두 번 태어날 수 없기 때문입니다. 그럼에도 불구하고 세례는 물이 우리 위에 있을 때 우리가 그것을 받는 것도 유익할 뿐만 아니라, 또한 우리 평생에 유익합니다. 그러므로 우리는 재세례파의 오류를 거절합니다. 그들은 한 번 받은 세례만으로 만족하지 않고 더욱이 신자들의 갓난아이들의 세례를 정죄합니다. 하지만 우리는 이스라엘에서 갓난아이들이 할례를 받았던 것처럼, 우리의 어린아이들에게 행해진 동일한 약속 때문에 [신자들의 아이들이] 세례를 받아야 하고 언약의 표지로 봉인되어야 한다고 믿습니다. 그리고 또한 참으로 그리스도께서는 신자들의 갓난아이들을 씻기시기 위해 자신의 피를 흘리셨을 뿐만 아니라, 성인을 위해서도 그렇게 하셨습니다. 그러므로 주님께서 그들이 갓 태어났을 때 그들을 위해 예수 그리스도의 성례였던 어린양을 바침으로 그리스도의 죽음과 고난의 성례를 그들에게 나누어주도록 율법으로 명령하신 것처럼 그들은 그리스도께서 그들을 위해 행하신 그것의 표지와 성례를 받아야만 합니다. 게다가 할례가 이스라엘 백성에게 했던 것과 동일하게 세례는 우리의 어린아이들에게 행합니다. 이것은 성 바울이 세례를 그리스도의 할례라 부른 바로 그 이유입니다.

관련성경

마 28:19; 고전 6:11; 딛 3:5; 히 9:14; 요일 1:7 (계 1:5); 벧전 1:2, 2:24; 딛 3:5; 요일 5:16; 요 19:34; 마 3:11; 고전 3:7; 롬 6:3; 엡 5:26; 행 22:16; 벧전 3:21; 갈 3:27; 고전 12:13; 마 28:19; 엡 4:5; 히 6:1-2; 행 8:16, 2:38, 41; 마 19:14; 고전 7:14; 창 17:11; 골 2:11; 레 12:6.

네덜란드 신앙고백 제34항은 '세례의 성례'에 관하여 말한다. 신앙고백은 제33항의 마지막 부분에서 "우리는 우리 주 그리스도 우리에게 제정하신 성례의 수가 두 가지뿐이라는 것에 만족합니다. 그것은 세례의 성례와 예수 그리스도의 성찬의 성례입니다"라고 진술했다. 그런 가운데 제34항은 세례를 설명하고, 제35항은 성찬을 언급한다. 부활하신 예수님은 제자들에게 "너희는 가서 모든 민족을 제자로 삼아 아버지와 아들과 성령의 이름으로 세례를 베풀고"라고 말씀하셨다(마 28:19). 이것을 소위 '지상명령'(至上命令)이라고 부른다. 이에 따라 사도들과 제자들은 복음을 전하는 곳에서마다 세례를 베풀었는데, 이 성례가 계속해서 이어져 오고 있다.

세례의 의미

네덜란드 신앙고백은 "우리는 율법의 마침이신 예수 그리스도께서 흘리신 자기 피로 다른 모든 피 부음을 끝내셨다는 것을 믿고 고백합니다. 다른 모든 피 부음이란 죄들을 속하거나 만족시키기 위해 행할 수 있거나 행하길 원하는 것을 의미합니다. 그리스도께서는 피로 집행된 할례를 폐지하시고 그 자리에 세례의 성례를 제정하셨는데, 그 세례에 의해 우리는 하나님의 교회에 영접되고 다른 모든 민족과 거짓 종교들로부터 분리되어 온전히 그분께 헌신되기 위해 그분의 표지와 깃발을 가집니다. 또한 세례는 그분이 우리에게 인자하신 아버지가 되심으로 영원히 우리에게 하나님이 되시리라는 증거를 우리에게 제시합니다"라고 기술한다.

칼빈은 『기독교 강요』 제15장에서 세례를 '입문의 표시'라고 정의했다. 즉 세례는 옛 사람을 죽이고 새 사람으로 태어났음을 드러내는 의식이라는 것이다. 웨스트민스터 신앙고백 제28장은 세례에 대하여 수세자(受洗者)를 유형 교회(보이는 교회, 지역교회)의 회원으로 엄숙하게 가입시키게 하는 의식이라고 설명했다. 또한, "그리스도께 접붙임과 중생과 사죄와 예수 그리스도를 통하여 하나님께 자신을 봉헌하여 새로운 삶을 살 수 있게 하는 은혜 언약의 표와 인"이라고 기술하면서, "이 성례는 그리스도께서 친히 지시하셨기 때문에 그분의 교회에서 세상 끝날까지 계속되어야 한다"라고 덧붙였다. 이는 세례의 의미와 가치를 설명한 것이다.

그러므로 세례의 의미를 정리하면 다음과 같다. 1) 예수 그리스도의 십자가 사역으로 인하여 구약의 할례가 신약의 세례로 바뀌었으므로, 이제 교회는 신자들을 향하여 몸에 칼을 대는 할례 대신 몸에 물을 뿌리거나 씻는 세례를 시행해야 한다. 2) 세례는 사람이 예수 그리스도로 인해 죄 사함을 받고 정결하게 되어서 하나님의 자녀가 되어 하나님의 가정 공동체인 교회의 회원이 되었음을 엄숙하게 선언하는 의식이다. 3) 세례를 받은 사람은 하나님의 자녀가 되었고 씻겨져서 정결하게 되었으므로 새로운 삶을 살아야 하며 하나님께 온전히 헌신해야 한다.

세례의 시행

첫째, 목사는 평소 교인들에게 세례에 대해서 정확하게 그리고 충분히 가르쳐야 한다. 세례에 대해서 무지하거나 세례를 모독하거나 소홀하게 여기는 것이 큰 죄임을 알려주어야 한다. 수세자를 엄격하게 선별하고 성실하게 가르쳐서 세례를 의미 있게 받을 수 있게끔 해야 한다.

둘째, 목사는 세례의 외적 요소인 '물'의 의미를 가르쳐야 한다. 성경에서 물은 홍수 때의 물, 홍해 바다의 물, 요단강의 물 등을 상기시킨다.

이것은 모두 하나님의 구원 사역과 연관된다. 네덜란드 신앙고백은 물의 의미를 다음과 같이 진술한다. "그러므로 그분은[=예수 그리스도는] 그분께 속한 모든 사람에게 성부와 성자와 성령의 이름으로 세례를 순수한 물로써 베풀라고 명령하셨습니다. 이로써 물이 우리 위로 부어질 때 몸의 더러움을 씻어내는 것처럼, 그리고 또한 참으로 물이 세례받고 적서진 자의 몸 위에 보이는 것처럼, 그리스도의 피가 성령을 통해 영혼을 적시고 죄악들로부터 깨끗하게 하며 하나님의 자녀를 진노의 자녀로부터 중생시킴으로써 영혼에게 내적으로 동일한 일을 합니다. 이것을 행하는 것은 물질적인 물이 아니라 하나님의 아들의 보배로운 피의 적심인데, 이 적심은 우리가 마귀인 바로의 폭정으로부터 벗어나 영적인 가나안 땅에 들어가기 위해 반드시 통과해야만 하는 우리의 홍해입니다. 따라서 목사들은 자기들 편에서 우리에게 그 성례와 가시적인 것을 주지만 우리 주님께서는 그 성례가 의미하는 것을, 즉 불가시적인 은사들과 은혜들을 주십니다. 우리 주님께서는 모든 더러움과 불의로부터 우리의 영혼을 씻으시고 청결하게 하시며 깨끗하게 하십니다. 우리의 마음을 갱신하시고 모든 위로로 채우시며 자신의 부성적인 선하심에 대한 참된 확신을 우리에게 주시고 우리에게 새 사람을 입히시며 자신의 모든 행위로 옛사람을 벗겨버리십니다." 칼빈은 『기독교 강요』 제15장 3항에서 "세례 시에 물이 사용되는 것은 세례가 우리의 온 생애 전체를 단번에 씻어내어 정결하게 하는 표임을 보여주므로 우리가 넘어질 때마다 세례를 받은 기억을 떠올리고 그것으로 우리의 생각을 든든히 해야 하며 언제나 죄 사함을 확신해야 한다."

셋째, 교회사적으로 볼 때 세례를 주는 방식에는 세 가지가 있다. 이에 따라 어느 방식이 옳으냐에 관한 오랜 논쟁이 따랐다. 이는 '세례를 주다'에 해당하는 헬라어 '밥티조'($\beta\alpha\pi\tau\acute{\iota}\zeta\omega$)가 어원학적으로 '잠그다' 외에 다양한 의미를 지니기 때문이다.

1) 침수: 주로 침례교에서 시행하는 세례 방식이다. 초기 기독교회에서 세례를 베풀 때 사람을 물에 잠그는 방법을 사용한 것은 분명해 보인다. 하지만 항상 그런 것은 아니었다. 신약성경을 보면 세례를 베풀 때 물에 잠글 만한 상황이 아닌 경우가 있었다.

2) 부음: 네덜란드 신앙고백은 "물이 우리 위로 부어질 때 몸의 더러움을 씻어내는 것처럼"이라고 말하는데, 이는 물 부음이 세례의 방식으로 사용되었음을 보여준다.

3) 뿌림: 상당수 교회(특히 개혁교회와 장로교회)는 세례를 베풀 때 물을 뿌리거나 적신다. 네덜란드 신앙고백도 "물이 세례받고 적셔진 자의 몸 위에 보이는 것처럼"이라고 묘사한다.

실상, 세례를 주는 방식에 관한 논쟁은 결론이 쉽게 나지 않았으며 의미가 없었다. 성경적으로나 교회사적으로 볼 때 세 가지 방식이 모두 사용된 것으로 추정된다. 이에 따라 개혁교회는 특정한 방식을 절대화하거나 반대하지 않는다. 모든 방식을 인정한다. 침례를 고집하지도 않고 반대하지도 않는다. 웨스트민스터 신앙고백 제28장 3항도 "수세자를 물에 잠기게 할 필요는 없다. 그 사람에게 물을 붓거나 뿌림으로 세례를 올바르게 시행할 수 있다"라고 말함으로 방식의 유연성을 보여준다. 개혁주의 전통에서는 세례의 형식보다 의미에 관심을 둔다.

넷째, 세례는 한 사람에 대해서 한 번만 베풀어야 한다. 세례가 좋은 것이라고 해서 자주 베풀어서는 안 된다. 네덜란드 신앙고백은 "그렇기 때문에 우리는 영원한 생명에 이르기를 바라는 자마다 결코 반복하는 것 없이 한 번만 세례를 받아야 한다고 믿습니다. 왜냐하면 우리 역시 두 번 태어날 수 없기 때문입니다. 그럼에도 불구하고 세례는 물이 우리 위에 있을 때 우리가 그것을 받는 것도 유익할 뿐만 아니라, 또한 우리 평생에 유익합니다. 그러므로 우리는 재세례파의 오류를 거절합니다"라고 말한다. 종교개혁 시대에 활동하던 재세례파(再洗禮派, anabaptist)는 로마 천주교에서 세례를 받은 사람들에게 세례를 다시 베풀어야 한다고 주장했다. 그들은 로마 천주교가 잘못되었으므로 그들이 베푼 세례도 무효라고 말했다. 하지만 종교 개혁자들은 세례의 효력이 삼위 하나님의 이름으로 세례를 받았다는 사실에 있는 것이지 세례를 베푼 사람에게 있는 것이 아니라고 강변하면서 재세례파의 주장을 일축했다.

유아 세례

종교개혁 시대에 유아 세례는 첨예한 논쟁거리였다. 지금도 일부 개신교회에서는 유아 세례를 반대한다. 그들의 반대는 재세례파의 주장에서 유래했다. 네덜란드 신앙고백은 재세례파가 유아에게 세례 베푸는 것을 반대한 것을 다음과 같이 인용한다. "그들은[=재세례파] 한 번 받은 세례만으로 만족하지 않고 더욱이 신자들의 갓난아이들의 세례를 정죄합니다." 재세례파는 세례란 신앙을 고백한 사람에게만 베풀어져야 하는 것인데, 유아들이 신앙을 가졌다는 증거가 분명하지 않으므로 그들에게 세례를 베푸는 것이 옳지 않다고 주장했다.

그러나 네덜란드 신앙고백은 다음과 같이 진술함으로 유아세례의 정당성을 옹호한다. "우리는 이스라엘에서 갓난아이들이 할례를 받았던 것처럼, 우리의 어린아이들에게 행해진 동일한 약속 때문에 신자들의 아이들이 세례를 받아야 하고 언약의 표지로 봉인되어야 한다고 믿습니다. 그리고 또한 참으로 그리스도께서는 신자들의 갓난아이들을 씻기시기 위해 자신의 피를 흘리셨을 뿐만 아니라, 성인을 위해서도 그렇게 하셨습니다. 그러므로 주님께서 그들이 갓 태어났을 때 그들을 위해 예수 그리스도의 성례였던 어린양을 바침으로 그리스도의 죽음과 고난의 성례를 그들에게 나누어주도록 율법으로 명령하신 것처럼 그들은 그리스도께서 그들을 위해 행하신 그것의 표지와 성례를 받아야만 합니다. 게다가 할례가 이스라엘 백성에게 했던 것과 동일하게 세례는 우리의 어린아이들에게 행합니다. 이것은 성 바울이 세례를 그리스도의 할례라 부른 바로 그 이유입니다."

결국, 종교 개혁자들은 유아 세례를 옳은 것으로 여겼는데, 이는 구약의 할례와 신약의 세례가 연관된다는 신학적 전제 아래 하나님의 언약이 부모에게서 자녀에게 이어진다고 믿었기 때문이다. 즉 언약에 근거하여 유아세례를 옹호했다. 더욱이 개혁자들은 유아들에게 비록 표현의 능력이 부족하지만 구원받을 만한 믿음이 있을 수 있다고 생각했다. 이는 성령께서 성인들에게뿐만 아니라 유아들에게도 역사하셔서 그들이 믿음을 가지게 하실 수 있기 때문이다. 그러므로 부모 중 양편이나 한편이 믿는 경우 유아에게 세례를 베푸는 것이 합당하다. 유아에게 세례를 베풀고 나면 그 이후의 신앙교육은 교회의 공동책임이 된다.

제35항

성찬의 성례

Article XXXV.

Nous croyons et confessons que nostre Sauveur Iesus Christ a ordonné et institué le Sacrement de la S. Cene pour nourrir et substanter ceux qu'il a desja regenerez et entez en sa famille, qui est son Eglise. Or ceux qui sont regenerez ont en eux deux vies: l'une corporelle et temporelle, laquelle ils ont apportée dés leur premiere nativité, et est commune à tous l'autre est spirituelle et celeste laquelle leur est donnée en la seconde nativité, qui se fait par la parole de l'Evangile en la communion du corps de Christ, et ceste vie n'est commune sinon aux esleus de Dieu. Ainsi Dieu nous a ordonné pour l'entretenement de la vie corporelle et terrestre, un pain terrestre et materiel qui est propre à cela, lequel pain est commun à tous, comme aussi est la vie; mais pour entretenir la vie spirituelle et celeste laquelle est aux fideles, il leur a envoyé un pain vif, qui est descendu du ciel, asavoir Iesus Christ, lequel nourrit et entretient la vie spirituelle des fideles, estant mangé, c'est à dire, appliqué et receu par foy en l'esprit. Pour nous figurer ce pain spirituel et celeste Christ a ordonné un pain terrestre et visible, qui est sacrement de son corps, et le vin pour le Sacrement de son sang, pour nous testifier, qu'aussi veritablement que nous prenons et tenons le Sacrement en nos mains, et le mangeons et beuvons en nos bouches, dont puis apres nostre vie est substantée: aussi vrayement par foy (qui est la main, et la bouche de nostrew ame) nous recevons le vray corps, et le vray sang de Christ nostre seul Sauveur en nos ames pour nostre vie spirituelle. Or c'est une chose asseurée que Iesus Christ ne nous a pas recommandé ses Sacremens pour neant. Partant il fait en nous tout ce qu'il nous represente par ces signes sacrez, combien que la maniere outrepasse nos entendemens, et nous soit incomprehensible, comme l'operation de l'Esprit de Dieu est secrete et incomprehensible. Cependant nous ne faillons pas, en disant, que ce qui est mangé est le propre et naturel corps de Christ et son propre sang, ce qui est beu: mais la maniere par laquelle nous le mangeons n'est pas la bouche; ains l'Esprit par la Foy. Parainsi Iesus Christ demeure tousjours assis à la dextre de Dieu son Pere és cieux,

et ne laisse pas pour cela de se communiquer à nous par la foy. Ce banquet est une table spirituelle en laquelle Christ se communique à nous avec tous se biens, et nous fait joüir en icelle tant de luy-mesme que du merite de sa mort et passion, nourrissant, fortifiant, et consolant nostre pauvre ame desoée par le manger de sa chair, et la soulageant et recreant par le breuvage de son sang. Outreplus jaçoit que les Sacremens soyent conjoincts à la chose signifiée, ils ne sont pas toutesfois receus, de tous avec ces deux choses. Le meschant prend bien le Sacrement à sa condamnation; mais il ne recoit pas la Verité du Sacrement: comme Iudas et Simon le Magicien recevoyent bien tous deux le Sacrement; mais non pas Christ qui est signifié par iceluy: ce qui est seulement communiqué aux fideles. Finalement nous recevons le S. Sacrement en l'assemblée du peuple de Dieu avec humilité et reverence en faisant entre nous une saincte memoire de la mort de Christ nostre Sauveur avec actions de graces et faisons confession de nostre foy et religion Chrestienne. Parquoy nul ne se doit presenter qu'il ne se soit bien esprouvé soy mesme, de peur qu'en mangeant de ce pain et beuvant de ceste couppe, il ne mange et boive son jugement. Bref nous sommes par l'usage de ce S. Sacrement esmeus à une ardente amour envers Dieu, et nos prochains. En quoy nous rejettons toutes les brouilleries et inventions damnablles, que les hommes ont adjoustées et meslées aux Sacremens, comme prophanations d'iceux, et disons, qu'on se doit contenter de l'ordre que Christ et les Apostres nous en ont enseigné, et parler comme ils en ont parlé.

제35항. [성찬의 성례: 지상에서 누리는 영적이고 천상적인 삶]

우리는 우리 주 예수 그리스도께서 성만찬의 성례를 정하시고 세우셨다는 것을 믿고 고백합니다. 이는 그분이 이미 거듭나게 하셔서 자신의 가정 즉 자신의 교회에 접붙이신 자들을 먹이시고 지키시기 위함입니다. 거듭난 자들은 지금 두 종류의 삶(=생명)을 삽니다. 즉 하나는 그들이 자신들의 첫 출생에 수반하는 육체적이고 한시적인 [삶]인데, 모든 사람에게 공통적입니다. 다른 하나는 복음의 말씀을 통해 그리스도의 몸의 교제 안에서 발생하는 두 번째 출생으로 그들에게 주어진 영적이고 천상적인 [삶]인데, 이 삶은 하나님께서 택하신 자들에게만 공통적입니다. 또 하나님께서는 우리에게 육체적이고 지상적인 삶의 유지를 위해 지상적이고 물질적인 빵을 유용한 것으로 정하셨는데, 삶 역시 그런 것처럼 빵도 모든 사람에게 공통적입니다. 그러나 신자들이 영적이고 천상적인 삶을 유지하도록 [하나님]께서는 그들에게 살아 있는 빵을 보내셨는데, 그것은 하늘로부터 내려온 [빵] 즉 예수 그리스도이십니다. 이분은 [신자들에게] 먹히심으로 즉 믿음을 통해 영으로 접촉되시고 수용되심으로 신자들의 영적 삶을 먹이시고 유지하십니다. 우리에게 영적이고 천상적인 빵을 보여주시기 위해 그리스도께서는 지상적이고 가시적인 빵을 자기 몸의 성례로, 또한 포도주를 자기 피의 성례로 정하셨습니다. 이것은 [다음과 같은 사실을] 우리에게 증거하기 위함인데, 즉 진실로 우리가 그 성례를 우리 손으로 받아서 취하고 그것을 우리 입으로 먹고 마실 때 그것으로 우리의 삶이 계속 유지된다는 것과, 또한 참으로 우리가 우리 영혼의 손과 입인 믿음을 통해, 우리의 유일한 구세주이신 그리스도의 참된 몸과 참된 피를, 우리의 영적 삶을 위하여 우리 영혼으로 받을 때도 역시 [그렇다는] 것입니다. 예수 그리스도께서 자신의 성례들을 우리에게 헛되이 명령하지 않으셨다는 것은 이제 확실합니다. 그러므로 그분은 이 거룩한 표지들을 통해 우리에게 나타내 보이시는 모든 것들을 우리 안에서 행하시는데, 그 방법이 얼마나 우리의 이해를 초월하고 우리에게 불가해한지 하나님의 영이 비밀스럽고 불가해한 것과 같습니다. 그럼에도 불구하고 먹히는 그것이 그리스도 자신의 타고난 몸이요, 마셔지는 그것이 그분 자신의 피라고 우리가 말하는 것은 잘못이 아닙니다. 그러나 우리가 그것을 먹는 방법은 입이 아니라 믿음을 통한 영입니다. 그러므로 예수 그리스도께서는 하늘에 계신 자신의 아버지 하나님 우편에 항상 머물러 계시지만, 믿음을 통해 자기 자신을 우리에게 나누어주시기를 포기하지 않으십니다. 이 만찬은 영적 식탁인데 이 [식탁에서] 그리스도께서는 자신의 모든 선한 것들과 더불어 자기 자신을 우리에게 나누어주시고 또한 우리가 그분의 고난과 죽음의 공로뿐만 아

니라 그분 자신까지도 즐기도록 하십니다. [우리가] 그분의 몸을 먹음으로 그분은 우리의 황폐하고 가난한 영혼을 양육하시고 강화하시고 위로하시며, [우리가] 그분의 피를 마심으로 그분은 [우리의 황폐하고 가난한 영혼을] 살아나게 하시고 새롭게 하십니다. 더욱이 성례들이 의미하는 것들과 결합되어 있음에도 불구하고 그것들이 모두에 의해 두 가지로 받아들여지는 것은 아닙니다. 악한 자는 자신의 판단대로 성례를 좋게 붙잡지만 성례의 진리를 받지는 못합니다. [그것은] 마치 유다와 마술사 시몬 둘 다 성례를 받았지만 성례가 의미하는 그리스도를 못 [받았던] 것과 같습니다. [왜냐하면] 그것은 신자들에게만 나누어지는 것이기 [때문입니다]. 마지막으로 우리는 하나님의 백성의 모임에서 거룩한 성례를 겸손과 공경으로 받는데, 우리가 감사(=은혜의 행위)로 우리 주 그리스도의 죽으심을 거룩하게 기억함으로써, 우리의 믿음과 기독교를 고백함으로써 [받습니다]. 그러므로 아무도 먼저 자신을 살피지 않고 나타나는 일은 없어야 하는데, [이것은] 그가 이 빵을 먹고 이 잔을 마실 때 자신의 심판을 먹고 마시지 않도록 하기 위함입니다. 요컨대, 우리는 이 거룩한 성례의 사용을 통해 하나님과 우리의 이웃을 향한 불타는 사랑으로 감동됩니다. 따라서 우리는 인간들이 거룩한 성례들에 첨가하고 뒤섞은 모든 혼합물들과 저주받을 발명품들을 동일한 신성모독처럼 거부합니다. 그리고 [우리는] 그리스도와 사도들이 우리에게 가르쳐주신 규정으로 만족해야 하고 그분들이 그것에 대해 말씀하셨던 것과 같이 말해야 한다고 주장합니다.

관련성경

마 26:26; 막 14:17; 눅 22:19; 고전 11:24; 요 3:6, 10:10, 5:25, 6:48, 51, 63; 고전 10:27; 엡 3:17; 요 6:35; 고전 10:16; 행 3:21; 요 6:35; 고전 10:16; 행 3:21; 막 16:14; 마 26:11; 고전 10:3-4, 11:29; 롬 8:22; 고후 6:15; 고전 2:14; 행 2:42; 행 20:7; 고전 11:28.

네덜란드 신앙고백 제35항은 성찬의 성례를 다룬다. 신앙고백 제33항은 우리 주 예수 그리스도께서 제정하신 성례는 두 가지뿐이라고 명시했다. 그것은 세례와 성찬이다. 실제로 성경에는 세례와 성찬이 나온다. 이에 따라 신앙고백 제34항은 세례에 관해 설명했는데, 이제 여기서는 성찬에 관해 언급한다. 신앙고백은 이 항목을 "우리는 우리 주 예수 그리스도께서 성만찬의 성례를 정하시고 세우셨다는 것을 믿고 고백합니다"라는 진술로 시작한다. 성찬은 주 예수님이 친히 만드신 의식이다. 바울은 고린도전서 11장에서 성찬에 관하여 말하는 가운데 "너희가 이 떡을 먹으며 이 잔을 마실 때마다 주의 죽으심을 그가 오실 때까지 전하는 것이니라"라고 말한다(고전 11:25). 그러므로 우리는 주님이 오실 때까지 이 성례를 시행해야 한다.

성찬 논쟁

성찬은 매우 중요한 교리이기 때문에 교회사에서 이에 관한 논의가 활발하게 이루어졌다. 16세기 종교 개혁자들은 성찬 교리에 관해 치열하게 논쟁했는데, 기존의 로마 천주교회는 '화체설'(transubstantiation)을 가르쳤지만, 루터는 '공재설'(consubstantiation)을, 츠빙글리는 '상징설'(symbolism) 혹은 '기념설'(memorialism)을, 그리고 칼빈은 '영적 임재설'(spiritual presence)을 주장했다. 이중 우리는 칼빈의 '영적 임재설'을 받아들인다.

*로마 천주교회의 화체설: 떡과 포도주가 실제로 그리스도의 몸과 피로 변한다는 사상이다. 이것은 성례의 본성을 뒤엎었고, 갖가지 미신과 끔찍한 우상 숭배의 원인이 되었다.
*루터의 공재설: 떡과 포도주에 그리스도가 임하신다는 사상이다. 화체

설과 별반 다르지 않다.

*쯔빙글리의 상징설(혹은 기념설): 성찬은 단지 그리스도의 죽음을 기념할 뿐이라는 사상이다. 성찬을 거행하면서 단지 과거를 기억한다고만 생각하는 것은 성찬의 신비를 제거해 버린다.

*칼빈의 영적 임재설: 성찬에 그리스도가 영적으로 임재하신다는 사상이다. 성찬의 현장에 그리스도께서 임하셔서 신자들과 천상적 교제를 나누신다는 것이다.

성찬을 제정하신 이유

네덜란드 신앙고백은 주님이 성찬을 제정하신 이유에 관하여 "이는 그분이 이미 거듭나게 하셔서 자신의 가정 즉 자신의 교회에 접붙이신 자들을 먹이시고 지키시기 위함입니다"라고 진술한다. 이것은 성찬이란 하나님의 자녀들이 계속해서 자랄 수 있게 하는 수단이 된다는 뜻이다. 신자들은 성찬의 가시적 요소인 떡과 포도주를 받음으로 그리스도의 희생 은덕을 받는다.

그렇다면 주님은 왜 신자들이 성찬을 통해 자랄 수 있게 하시는가? 이에 관해 네덜란드 신앙고백은 다음과 같이 진술한다. "거듭난 자들은 지금 두 종류의 삶(=생명)을 삽니다. 하나는 그들이 자신들의 첫 출생에 수반하는 육체적이고 한시적인 삶인데, 모든 사람에게 공통적입니다. 다른 하나는 복음의 말씀을 통해 그리스도 몸의 교제 안에서 발생하는 두 번째 출생으로 그들에게 주어진 영적이고 천상적인 삶인데, 이 삶은 하나님께서 택하신 자들에게만 공통적입니다. 또 하나님께서는 우리에게 육체적이고 지상적인 삶의 유지를 위해 지상적이고 물질적인 빵을 유용한 것으로 정하셨는데, 삶 역시 그런 것처럼 빵도 모든 사람에게 공통적입니다. 하지만 신자들이 영적이고 천상적인 삶을 유지하도록 하나님께서는 그들에게 살아 있는 빵을 보내셨는데, 그것은 하늘로부터 내려온 빵 즉 예수 그리스도이십니다. 이분은 신자들에게 먹히심으로 즉 믿음을 통해 영으로 접촉되시고 수용되심으로 신자들의 영적 삶을 먹이시고 유지하십니다."

이 고백에 따르면, 신자는 이중적인 생명을 가지고 있는데, 하나는 육적인 생명이고, 다른 하나는 영적인 생명이다. 육적인 생명은 육적인 음식을 먹음으로 유지되고, 영적인 생명은 영적인 음식을 먹음으로 유지되며 성장한다. 영적인 음식이란 말씀과 성찬이다. 그러므로 교회는 말씀을 가르치는 일과 더불어 성찬을 시행하는 일을 신실하게 수행해야 한다. 그래야만 교회에 속한 하나님의 자녀들이 영적 생명을 유지할 수 있을 뿐 아니라 튼튼하게 성장할 수 있다.

예수님은 요한복음 6장에서 소위 '오병이어' 이적을 일으키신 후 "내 아버지께서 너희에게 하늘로부터 참 떡을 주시나니"라고 하시면서(32절), "나는 생명의 떡이니 내게 오는 자는 결코 주리지 아니할 터이요"라고 하셨다(35절). 그리고 "인자의 살을 먹지 아니하고 인자의 피를 마시지 아니하면 너희 속에 생명이 없느니라 내 살을 먹고 내 피를 마시는 자는 영생을 가졌고 마지막 날에 내가 그를 다시 살리리니 내 살은 참된 양식이요 내 피는 참된 음료로다"라고 하셨다(53-55절). 이 구절은 신자들이 예수님의 살과 피를 먹고 마심으로 영적 생명을 유지할 수 있음을 알려준다. 즉 신자들이 성찬을 통해서 살아갈 수 있음을 가르쳐준다.

예수님은 십자가를 지시기 전날 성찬식을 제정하셨다. "예수께서 떡을 가지사 축복하시고 떼어 제자들에게 주시며 이르시되 받아서 먹으라 이것은 내 몸이니라 하시고 또 잔을 가지사 감사 기도 하시고 그들에게 주시며 이르시되 너희가 다 이것을 마시라 이것은 죄 사함을 얻게 하려고 많은 사람을 위하여 흘리는 바 나의 피 곧 언약의 피니라"(마 26:26-28). 네덜란드 신앙고백은 "우리에게 영적이고 천상적인 빵을 보여주시기 위해 그리스도께서는 지상적이고 가시적인 빵을 자기 몸의 성례로, 또한 포도주를 자기 피의 성례로 정하셨습니다"라고 언급한다. 그러므로 교회는 예수님의 명령에 따라 성찬을 시행하므로 교인들을 유익하게 해야 한다.

성찬의 시행

첫째, 목사는 성찬의 의미와 중요성을 가르쳐야 한다. 예수님이 성찬을 제정하신 뜻과 목적이 무엇인지를 알려주어야 한다. 예수님의 살과 피를 먹고 마시지 않고는 신자의 영적 건강이 유지될 수 없음을 주지시켜야 한다. 교회에서 성찬을 되도록 자주(가능하면 예배 때마다) 시행해야 하며, 신자들이 이 일의 중요성을 알고 반드시 참여하게 해야 한다. 네덜란드 신앙고백이 다음과 같이 말하는 것을 명심하라. "이 만찬은 영적 식탁인데 이 식탁에서 그리스도께서는 자신의 모든 선한 것들과 더불어 자기 자신을 우리에게 나누어주시고 또한 우리가 그분의 고난과 죽음의 공로뿐만 아니라 그분 자신까지도 즐기도록 하십니다. 우리가 그분의 몸을 먹음으로 그분은 우리의 황폐하고 가난한 영혼을 양육하시고 강화하시고 위로하시며, 우리가 그분의 피를 마심으로 그분은 우리의 황폐하고 가난한 영혼을 살아나게 하시고 새롭게 하십니다."

둘째, 목사는 믿음으로 성찬을 받아야 한다는 사실을 교육해야 한다. 네덜란드 신앙고백은 다음과 같이 말한다. "이것은 다음과 같은 사실을 우리에게 증거하기 위함인데, 즉 진실로 우리가 그 성례를 우리 손으로 받아서 취하고 그것을 우리 입으로 먹고 마실 때 그것으로 우리의 삶이 계속 유지된다는 것과, 또한 참으로 우리가 우리 영혼의 손과 입인 믿음을 통해, 우리의 유일한 구세주이신 그리스도의 참된 몸과 참된 피를, 우리의 영적 삶을 위하여 우리 영혼으로 받을 때도 역시 그렇다는 것입니다." 육적인 음식은 손으로 집어서 입에 넣음으로 먹을 수 있다. 하지만 영적인 음식인 성찬은 "영혼의 손과 입인 믿음"을 통해서 섭취할 수 있다. 신자는 믿음으로 성찬에 참여해야 한다. 믿음이 없이는 성찬의 효력을 경험하지 못한다.

셋째, 교회는 성찬 참여자의 자격을 명확히 알려야 한다. 네덜란드 신앙고백은 다음과 같이 진술한다. "더욱이 성례들이 의미하는 것들과 결합되어 있음에도 불구하고 그것들이 모두에 의해 두 가지로 받아들여지는 것은 아닙니다. 악한 자는 자신의 판단대로 성례를 좋게 붙잡지만 성례의 진리를 받지는 못합니다. 그것은 마치 유다와 마술사 시몬 둘 다 성례를 받았지만 성례가 의미하는 그리스도를 못 받았던 것과 같습니다. 왜냐하면 그것은 신자들에게만 나누어지는 것이기 때문입니다." 교회는 성찬에 참여할 수 있는 사람과 그렇지 못한 사람을 구분하되, 이 사실을 전체 교인에게 주지시켜야 한다. 믿음을 고백하지 않은 자, 세례를 받지 않은 자, 교회의 성찬 회원(정회원)으로 등록되지 않은 자, 무지하거나 사악한 자는 성찬에 참여할 수 없다는 점을 알려야 한다. 분명히, 그러한 자들이 성찬에 참여하는 것은 주님의 몸과 피를 범하는 죄를 짓는 것이다. 바울은 강한 어조로 경고했다. "누구든지 주의 떡이나 잔을 합당하지 않게 먹고 마시는 자는 주의 몸과 피에 대하여 죄를 짓는 것이니라. 사람이 자기를 살피고 그 후에야 이 떡을 먹고 이 잔을 마실지니 주의 몸을 분별하지 못하고 먹고 마시는 자는 자기의 죄를 먹고 마시는 것이니라"(고전 11:27-29).

넷째, 네덜란드 신앙고백이 가르치는 대로, 교인들은 성찬을 "겸손과 공경으로" 받아야 한다. 또한, "감사(=은혜의 행위)로 우리 주 그리스도의 죽음을 거룩하게 기억함으로써, 우리의 믿음과 기독교를 고백함으로써" 참여해야 한다. 겸손과 공경, 그리고 감사는 성찬에 참여하는 신자들이 반드시 갖추어야 할 덕목이다. 신앙고백은 이어서 다음과 같이 언급한다. "우리는 이 거룩한 성례의 사용을 통해 하나님과 우리의 이웃을 향한 불타는 사랑으로 감동됩니다."

다섯째, 성찬에 사용되는 떡과 포도주를 우상시하지 말아야 한다. 물론, 떡과 포도주는 그리스도께서 제정하신 용도를 위하여 바르게 구별되어야 한다. 이는 떡과 포도주 자체에 어떤 특별한 성분이나 영적 영향력이 있기 때문이 아니라 그것들이 그리스도의 몸과 피라고 불리기 때문이다. 하지만 그것들 자체를 숭배하는 일은 옳지 않다. 그것들 자체에 신령한 성분이나 특별한 약효가 들어 있는 것이 아니다. 네덜란드 신앙고백이 다음과 같이 말하는 것을 기억하라. "우리는 인간들이 거룩한 성례들에 첨가하고 뒤섞은 모든 혼합물들과 저주받을 발명품들을 동일한 신성모독처럼 거부합니다. 우리는 그리스도와 사도들이 우리에게 가르쳐주신 규정으로 만족해야 하고 그분들이 그것에 대해 말씀하셨던 것과 같이 말해야 한다고 주장합니다."

제36항

신자와 정부의 관계

Article XXXVI.

Nous croyons que nostre bon Dieu à cause de la depravation du genre humain a ordonné des Roys, Princes, et Magistrats, voulant que le monde soit gouverné par loix et plices, afin que le desbordement des hommes soit reprimé et que tout se conduise par bon ordre entre les hommes. Pour ceste fin il a mis le glaive és mains du Magistrat pour punir les meschans, et maintenir les gens de bien. Et non seulement leur office est, de prendre garde et veiller sur la police; ains aussi de maintenir le sacr"e ministere, pour oster et ruiner toute Idolatrieet faux service de l'antechrist, et advancer le royaume de Iesus Christ, faire prescher la parole de l'Evangile par tout, afin que Dieu soit honnoré et servi d'un chacun, comme il le requiert par sa parole. D'avantage un chacun de quelque qualité, condition, ou estat qu'il soit, doit estre subject aux Magistrats, et payer les tributs, les avoir en honneur et reverence, et leur obeïr en toutes choses, qui ne sont point contrevenantes à la parole de Dieu, priant pour eux en leurs oraisons, afin que le Seigneur les vueille diriger en toutes leurs voyes, et que nous menions vie paisible et tranquille en toute pieté et honnesteté. Et sur cecy nous detestons les Anabaptistes et autres mutins, et en general tous ceux ui veulent rejetter les superioritez en Magistrats, et renverser la justice, establissans communautez que Dieu a mis entre les hommes.

제36항. [국가와 정부의 통치권에 대한 그리스도인의 순종]

우리는 우리의 선하신 하나님께서 인류의 타락 때문에 왕들과 군주들과 통치자들을 세우셨다고 믿습니다. [하나님께서는] 인간의 무질서가 통제되고 모든 일이 사람들 사이에서 선한 질서를 통해 수행되도록 세상이 법과 정치체제로 다스려지기를 바라십니다. 이런 목적으로 악인을 처벌하고 선인을 보호하도록 통치자들의 손에 칼을 쥐어주셨습니다. 그들의 직무는 정치 체제를 지키고 감시하는 것뿐만 아니라, 또한 거룩한 사역을 유지하는 것인데, 이것은 모든 우상숭배 및 하나님에 대한 거짓 섬김을 제거하고 소멸하기 위함이요, 적그리스도의 왕국을 파괴하고 예수 그리스도의 왕국을 전진시키기 위함이요, 하나님께서 자신의 말씀을 통해 요구하시는 것처럼 각 사람으로부터 경외를 받으시고 섬김을 받으시도록 모두에게 복음의 말씀을 전하기 위함입니다. 나아가 모든 사람은 어떤 자질이나 지위나 신분에 관계없이 통치자들에게 복종해야 하고, 세금을 지불해야 하며, 그들을 경외심과 존경심으로 대해야 하고 하나님의 말씀에 위배되지 않는 모든 일에 그들에게 순종해야 하며, 자신들의 기도 속에 그들을 위해 기도하되 주님께서 모든 길에서 그들을 인도하시도록, 우리도 모든 경건함과 정직함으로 평화롭고 조용한 삶을 살 수 있도록 [기도하는 것입니다]. 그리고 이것으로 우리는 재세례파들과 다른 반역자들, 그리고 재산의 공유 [공동체]를 세우고 하나님께서 사람들 사이에 두신 정직함을 교란함으로써 높은 권세들과 통치자들을 거부하고 정의를 뒤집어엎으려고 하는 모든 일반 사람들을 배격합니다.

관련성경

출 18:20; 롬 13:1; 잠 8:15; 렘 22:3; 시 82편; 신 1:16, 17:16, 16:19; 고후 10:6; 시 101편; 렘 21:12; 삿 21:25; 렘 22:3; 단 2:21-22 (5:8); 사 49:23; 왕하 23:2-4; 왕상 15:12; 롬 13:1; 눅 22장; 벧전 2:17; 딛 3장; 마 17:27; 행 4:17-19, 5장, 2장; 호 5:11; 렘 27:5; 벧후 2:10; 유 1:10; 딤전 2:2.

네덜란드 신앙고백 제36항은 국가와 정부의 통치권에 대한 신자의 순종에 관해서 다룬다. 신자는 교회에 속하면서 동시에 국가에 속해 있다. 즉 두 공동체의 구성원이다. 역사적으로 교회와 국가의 관계, 즉 신자와 세속 정부의 관계는 복잡하고 다단했다. 교회와 국가는 때로 하나였다가, 때로 긴장 관계에 있었다가, 때로 연합했다가, 때로 별도로 존재했다. 기독교는 이렇게 변하는 상황에서 국가에 대해 어떤 자세를 취하는 것이 바람직한지 치열하게 고민했다. 기독교인들은 성경이 이에 관해서 무엇이라고 말하는지에 귀를 기울이고자 노력했다. 그러나 성경 해석 문제와 현실적인 사안 고려 등으로 인해 이 사안을 말끔히 정리하기가 쉽지 않았다. 그러므로 네덜란드 신앙고백이 이에 관해서 무엇이라고 말하는지를 살펴볼 필요가 있다.

세속 정부의 설립

네덜란드 신앙고백은 다음과 같은 진술로 시작한다. "우리는 우리의 선하신 하나님께서 인류의 타락 때문에 왕들과 군주들과 통치자들을 세우셨다고 믿습니다." 이 말은 하나님께서 정부를 세우셨다는 뜻이다. 성경은 이 관점을 지지한다. 잠언 8:15-16은 "나로 말미암아 왕들이 치리하며 방백들이 공의를 세우며 나로 말미암아 재상과 존귀한 자 곧 모든 의로운 재판관들이 다스리느니라"라고 하며, 다니엘 2:21은 "그는 때와 계절을 바꾸시며 왕들을 폐하시고 왕들을 세우시며 지혜자에게 지혜를 주시고 총명한 자에게 지식을 주시는도다"라고 하고, 다니엘 5:18-19는 "지극히 높으신 하나님이 왕의 부친 느부갓네살에게 나라와 큰 권세와 영광과 위엄을 주셨고 그에게 큰 권세를 주셨으므로"라고 한다. 신약에서 하나님이 국가와 통치자를 세우셨다는 가장 분명한 언급은 로마서 13:1-7에 있다. 로마서 13:1은 다음과 같이 말한다. "권세는 하나님으로부터 나지 않음이 없나니 모든 권세는 다 하나님께서 정하신 바라."

그렇다면 하나님은 왜 국가와 통치자를 세우셨는가? 네덜란드 신앙고백은 "인류의 타락 때문에" 세우셨다고 주장한다. 신앙고백의 진술을 좀 더 들어보자. "하나님께서는 인간의 무질서가 통제되고 모든 일이 사람들 사이에서 선한 질서를 통해 수행되도록 세상이 법과 정치체제로 다스려지기를 바라십니다. 이런 목적으로 악인을 처벌하고 선인을 보호하도록 통치자들의 손에 칼을 쥐어주셨습니다." 여기서 "칼"을 쥐어주셨다는 말은 공권력을 주셨다는 뜻이다. 하나님은 공직자를 세우셔서 사회의 무질서를 통제하시고 선한 질서가 수행되게 하셨다. 분명히, 정부가 없으면 인간이 살아가기 힘든 상태가 된다. 하나님은 세상을 법과 정치체제로 다스리신다. 따라서 우리는 세상에 존재하는 법을 마땅한 것으로 받아들여야 한다.

특히 세속 정부는 세상의 질서를 유지해야 할 뿐 아니라 교회를 보호해야 한다. 이것은 그리스도인이 믿음 생활을 유지할 수 있도록 정부가 보장해 주어야 한다는 뜻이다. 이에 관하여 네덜란드 신앙고백은 다음과 같이 진술한다. "그들의 직무는 정치체제를 지키고 감시하는 것뿐만 아니라, 또한 거룩한 사역을 유지하는 것인데, 이것은 모든 우상숭배 및 하나님에 대한 거짓 섬김을 제거하고 소멸하기 위함이요, 적그리스도의 왕국을 파괴하고 예수 그리스도의 왕국을 전진시키기 위함이요, 하나님께서 자신의 말씀을 통해 요구하시는 것처럼 각 사람으로부터 경외를 받으시고 섬김을 받으시도록 모두에게 복음의 말씀을 전하기 위함입니다."

바울의 가르침: 로마서 13:1-5 주해

바울은 로마서에서 삶의 모든 분야가 하나님의 주권 하에 있음을 인정하는 원리에 근거하여 권세자에 대한 그리스도인의 태도를 제시한다. 로마서 13:1-5에 기록된 교훈은 베드로전서 2:13-17의 것과 유사하다. 1-2절은 권세에게 복종해야 한다는 선언적 가르침이다. 바울은 "각 사람은 위에 있는 권세들에게 복종하라"라고 권면한다. 여기서 "권세들"은 '인간 통치자'이다. 이는 오늘날 '국가' 혹은 '정부'를 가리킨다. 바울은 권세에 복종하지 않는 자에게 어떠한 결과가 임하는지를 알려준다. 세상을 다스리는 자들이 명령을 내리고 법을 집행하는 것은 하나님의 일을 대행하는 것이다. 그러므로 세상 통치자들의 명령에 복종해야 한다. 만일 그렇지 않으면 형벌을 받을 것인데, 이것은 하나님이 내리시는 형벌이다.

3-5절은 세상 권세에 복종해야 하는 이유이다. 바울은 하나님께서 "다스리는 자들", 곧 공권력을 가진 자들을 사용하셔서 선이 증진되게 하시고 악이 억제되게 하시므로 우리가 당연히 공권력에 복종함으로 선을 행하고 악을 행하지 말아야 한다고 말한다. 아울러, 선을 행하지 않고 악을 행하면 하나님이 세우신 권세를 통해서 징계 받을 수 있다는 사실을 암시한다. 실제로 하나님의 심판은 국가의 법을 통해 집행되는 경우가 많다. 하나님께서는 이를 통해서 세상의 악이 억제되게 하시고 사회 질서가 유지되게 하신다. 따라서 우리는 억지로 혹은 불평하면서 복종할 것이 아니라, 양심에 따라 자발적이면서도 기꺼이 복종해야 한다. 그것이 우리가 하나님께 드릴 영적 예배의 한 경우이며, 하나님이 기뻐하시는 선한 뜻이다(참고. 롬 12:1-2).

그러므로 로마서 13:1-5에 담긴 내용은 다음과 같다.
1) 국가는 하나님이 세우신 기관이다.
2) 하나님은 국가를 통하여 그 뜻을 이루어 가신다.
3) 국가에 대한 복종은 하나님께 복종하는 것이다.
4) 국가에 복종하면 상을 받을 것이고, 그렇지 않으면 벌을 받을 것이다.
5) 국가에 복종할 때는 하나님의 말씀에 기반한 양심에 따라 해야 한다.

세속 정부에 대한 그리스도인의 자세

그리스도인이 세속 정부에 대해서 취해야 할 일에 관하여 네덜란드 신앙고백은 다음과 같이 진술한다. "모든 사람은 어떤 자질이나 지위나 신분에 관계없이 통치자들에게 복종해야 하고, 세금을 지불해야 하며, 그들을 경외심과 존경심으로 대해야 하고 하나님의 말씀에 위배되지 않는 모든 일에 그들에게 순종해야 하며, 자신들의 기도 속에 그들을 위해 기도하되 주님께서 모든 길에서 그들을 인도하시도록, 우리도 모든 경건함과 정직함으로 평화롭고 조용한 삶을 살 수 있도록 기도하는 것입니다."

이에 따라 우리가 해야 할 일을 다음과 같이 정리할 수 있다.

첫째, 하나님께서 국가와 정부와 권력자와 법과 정치체제를 세우셨음을 믿어야 한다. 재세례파에 속한 자들처럼 자신들이 하나님 나라에만 속했다고 주장하면서 국가를 부정하고 인간 통치자들을 거부하는 것은 바람직하지 않다.

둘째, 국민의 의무를 이행해야 한다. 예컨대, 세금을 내야 한다. 로마서

13:6-7은 그리스도인이 정부에 순종하는 한 예로 세금 납부를 말한다. 세금은 국가를 운영하기 위한 필수 요건이며, 국민의 기본적인 의무 가운데 하나이다. 그리스도인은 국가의 혜택을 입는 자로서 당연히 세금을 내야 한다. 이를 통해 국가가 유지되고, 그 기능이 활발해진다. 그 외에도 국가가 국민에게 요구하는 의무를 충실히 수행해야 한다.

셋째, 정부와 통치자를 위해서 기도해야 한다. 주님이 모든 길에서 통치자들을 인도하시도록, 그리고 우리도 모든 경건함과 정직함으로 평화롭고 조용한 삶을 살 수 있도록 기도해야 한다. 바울은 디모데후서 2:2에서 우리가 기도할 때 임금들과 높은 지위에 있는 사람들을 위해서도 기도해야 한다고 권면하면서 "이는 우리가 모든 경건과 단정함으로 고요하고 평안한 생활을 하려 함이라"라고 말한다.

넷째, 정부에 순종하되 하나님의 말씀에 어긋나지 않는 범위 내에서 해야 한다. 어떤 체제나 법이나 권력자라도 그리스도인의 신앙을 방해하거나 박해해서는 안 된다. 오늘날 여러 나라와 지역에서 신앙이 억압을 당하고 복음 전파가 제한되는 것은 하나님의 뜻에 합당하지 않다. 우리는 그런 일이 사라지도록 간절히 기도해야 하며 가능한 해결책을 모색해야 한다.

다섯째, 정부에 항거해야 하는 상황이 발생할 수 있는데, 이때는 성경의 교훈과 통찰에 근거한 방식으로 해야 한다. 신사적이면서도 정중하게 정부에 우리의 생각을 밝혀야 한다. 폭력이나 불법 시위나 과격한 수단을 사용하는 것은 바람직하지 않다. 그런데 평화로운 방식의 저항이 통하지 않을 수 있다. 따라서 이에 관한 깊은 연구와 진지한 고심이 필요하다.

여섯째, 신자의 정치 참여 혹은 사회 참여가 요구된다. 신자가 정치인이 되거나 영향력 있는 사람이 되어서 세상의 변화를 주도할 필요가 있다. 이를 위해서 학생들과 청년들은 비전을 세우고 그것을 이루기 위해서 노력해야 한다. 기성 세대들은 자기 위치에서 빛과 소금의 역할을 감당해야 한다. 기독교인들이 시민 단체를 만들어서 활동하는 것도 가능하다.

일곱째, 선거를 잘해야 한다. 민주 국가에서 선거는 효과적인 정치 참여 방법이다. 우리는 평화롭고 공의롭게 나라와 사회를 이끌어갈 지도자를 선출해야 한다. 특정 인맥이나 지연이나 혈연 등에 이끌리는 것은 잘못이다. 그렇다고 무작정 그리스도인을 뽑아야 하는 것도 아니다. 지금 우리는 신정국가에 살고 있지 않다. 따라서 각자 양심에 따라서 국민의 대리자를 선택해야 한다. 그리고 선거가 합법적으로 치루어졌다면 그 결과에 승복해야 한다. 자신이 지지하지 않은 인물이 선출되더라도 일을 잘할 수 있도록 협력해야 한다.

제37항

세상 종말과 최후 심판

Article XXXVII.

Finalement nous croyons selon la parole de Dieu que quand le temps ordonné du Seigneur sera venu (lequel est incognu à toutes creatures) et le nombre des esleus sera accompli, nostre Seigneur Iesus Christ viendra du ciel corporellement et visiblement, comme il y est monté, avec grande gloire et jajesté, pour se declarer estre le Iuge de vivans et des morts, mettant en feu et en flamme ce vieil monde pour le purger. Et lors comparoistront personnellement devant ce grand Iuge toutes creatures himains, tant hommes que femmes et enfans, qui auront esté depuis le commencement du monde jusques à la fin, y estans adjournez par la voix d'archange, et par le son de la trompette divine. Car tous ceux qui auront paravant esté morts, ressusciteront de la terre, estant l'esprit joint et uni avec son propre corps auquel il a vescu. Et quant à ceux qui survivront lors, ils ne mourront point comme les autres; mais seront changez en un clin d'oeil, de corruption en incorruption. Adonc seront les livres ouverts (c'est a dire les Consciences) et seront jugez les morts selon les choses qu'ils auront faictes en ce monde, soit bien, soit mal. Voire les hommes rendront compte de toutes paroles oiseuses, qu'ils auront parlé, lesquelles le monde n'estime que jeux et passetemps: et lors les cachettes et les hypocrisies des hommes seront descouvertes publiquement devant tous. Et pourtant à bon droict la souvenance de ce jugement est horrible et espouvantable aux iniquis et meschans; et fort desirable et de grande consolation aux bons et esleus, d'autant que lors sera accomplie leur redemption totale, et recevront lá les fruicts des labeurs et travaux qu'ils auront sousten us, leur innocence sara apertement cogneuë de tous, et verront la vengeance horrible que Dieu fera des meschans, qui les auront tyrannisez, affligez, et tourmentez en ce monde. Lesquels seront convaincus par le propre tesmoignage de leurs consciences, et seront rendus immortels de telle façon que ce sera pour estre tourmentez au feu eternel, qui est preparé au Diable et à ses Anges; et au contraire le fideles et esleus seront

couronnez de gloire et d'honneur: le fils de Dieu confessera leur nom devant Dieu son pere et les saincts Anges esleus, toutes larmes seront essuyées de leurs yeux: leur cause, à present condamnée par plusieurs Iuges et Magistrats comme heretique et meschante, sera cognue estre la cause du fils de Dieu: et pour recompense gratuite le Seigneur leur fera posseder une gloire telle, que jamais coeur d'homme ne pourroit penser. Pource nous attendons ce grand jour avec disir, pour jouir à plein des promesses de Dieu en Iesus Christ nostre Seigneur.

제37항. [그리스도의 재림과 최후 심판의 날]

마지막으로 하나님의 말씀에 따라 우리는 정해진 주님의 시간이 모든 피조물에게 알려지지 않았으나 도래하게 되고 선택받은 자의 수가 차게 될 때, 우리 주 예수 그리스도께서 자신이 산 자와 죽은 자의 심판자이심을 선포하시기 위해, 승천하신 그대로 육체적이고 가시적으로 하늘로부터 큰 영광과 위엄을 가지고 오셔서 이 옛 세상을 불과 불꽃으로 정화하실 것을 믿습니다. 또한 그 때 세상의 태초부터 끝 날까지 존재하게 될 남녀[노]소 모든 인간 피조물은 이 위대한 심판자 앞에 개인적으로 나타나게 될 것이고 천사장의 소리와 하나님의 나팔소리에 의해 그에게로 소환될 것입니다. 왜냐하면 이전에 죽었던 모든 사람들은 땅에서 부활할 것이며, 그들의 영혼은 그들이 살았던 육체와 결합하여 하나가 될 것이기 때문입니다. 그리고 살아남은 사람들은 다른 사람들처럼 죽지 않고 순식간에 부패에서 부패하지 않는 것으로 변화될 것입니다. 그 때 책들(즉 양심들)이 열릴 것이요, 죽은 자들은 이 세상에서 행한 선악에 따라 심판을 받게 될 것입니다. 또한 사람들은 세상이 놀이와 농담으로만 여기는 말들을 했던 그 모든 무익한 말에 대해서도 책임지게 될 것이며 사람들의 은폐와 위선이 만인 앞에 공개적으로 드러날 것입니다. 그러므로 이 심판을 기억하는 것이 불의한 자들과 악인들에게는 끔찍하고 경악스럽겠지만 선인들과 선택받은 자들에게는 매우 희망적이고 큰 위로가 됩니다. 왜냐하면 그 때 [선인]들의 완전한 구속이 이루어질 것이고, 그들이 감당했을 노력과 수고의 열매를 받게 될 것이며, 그들의 무죄함이 만인에 의해 분명하게 인정될 것이고, 이 세상에서 그들을 폭압하고 핍박하며 괴롭힌 악인들에게 하나님께서 행하실 끔찍한 복수를 보게 될 것이기 때문입니다. 하지만 [악인]들은 자기들의 양심의 증거로 입증될 것이며 마귀와 그의 천사들을 위해 준비된 영원한 불로 괴롭혀지는 그 방법으로 불멸할 것입니다. 반대로 신실하고 선택 받은 자들은 영광과 영예의 면류관을 받게 될 것입니다. 하나님의 아들이 자신의 아버지 하나님과 거룩한 천사들 앞에서 그들의 이름을 고백하실 것이요, 그들의 눈에서는 모든 눈물이 닦일 것입니다. 수많은 재관관들과 위정자들에 의해 이단과 악인처럼 현재 정죄된 그들의 소송은 하나님의 아들의 소송으로 인정받게 될 것이며, 주님은 은혜로운 보상으로써 인간의 마음이 상상할 수 없는 그런 영광을 그들이 소유하게 하실 것입니다. 그러므로 우리는 우리 주 예수 그리스도 안에서 하나님의 약속을 마음껏 누리기 위해 이 위대한 날을 소망함으로 기다립니다.

관련성경

마 13:23, 25:13; 살전 5:1-2; 마 24:36; 계 6:11; 행 1:11; 벧후 3:10; 마 24:30; 계 21:11; 마 25:31; 유 1:15; 벧전 4:5; 딤후 4:1; 살전 4:16; 고전 15:51; 마 11:22; 막 12:18; 마 23:23; 요 5:29; 롬 2:5; 히 6:2; 히 9:27; 마 12:36; 살후 1:5; (히 10:27); 요일 4:17; 계 14:7; 눅 14:14; 고후 5:10; 계 21:8; 지혜서 5장; 계 22:12; 단 7장; 마25:41; 벧후 2:9; 사 25:8; 마 10:32; 계 21:4; 사 66:5; 눅 14:14; 고전 2:9.

네덜란드 신앙고백 마지막 조항인 제37항은 세상 종말과 최후 심판에 관하여 다룬다. 즉 성경이 세상 마지막 순간에 일어날 일들에 대해서 말한 것들을 정리하여 제시한다. 교회사를 살펴볼 때 잘못된 종말론이 횡행한 적이 많았다. 특히 세기말이 되거나 전쟁이 일어나거나 자연재해가 발생하면 더욱 그러했다. 시한부 종말론이나 메시아 재림 소식이 끊기지를 않았다. 우리는 바른 종말론을 배워야 한다. 이는 우리의 삶을 충실하고 신실하게 한다.

예수 그리스도의 재림과 세상 종말

성경은 세상 종말이 예수 그리스도의 재림으로 이루어진다고 가르친다. 핵전쟁이나 환경 파괴나 자연재해 등으로 인류가 파멸하거나 세상이 없어지는 것이 아니다. 하나님이 정해 놓으신 '바로 그날'에 예수 그리스도가 다시 오심으로 세상이 종말을 맞이하게 된다.

성경은 여러 곳에서 예수 그리스도가 다시 오실 것이라고 말한다. 우선, 복음서에서 예수 그리스도는 자신이 다시 올 것이라고 누차 말씀하셨다. 또한, 예수 그리스도가 승천하시는 모습을 지켜보던 제자들에게 천사가 나타나서 "너희 가운데서 하늘로 올려지신 이 예수는 하늘로 가심을 본 그대로 오시리라"라고 알려주었다(행 1:11). 사도 요한에게 천사가 나타나서 "볼지어다 그가 구름을 타고 오시리라"라고 선포했다(계 1:7). 사도 바울은 예수 그리스도의 재림 모습을 "주께서 호령과 천사장의 소리와 하나님의 나팔 소리로 친히 하늘로부터 강림하시리니"라고 표현했다(살전 4:16). 성경은 예수 그리스도가 이 세상에 다시 오시며, 그로 인하여 세상이 종말을 맞이한다고 가르친다.

네덜란드 신앙고백은 세상 종말에 대해서 다음과 같이 진술한다. "마지막으로 하나님의 말씀에 따라 우리는 정해진 주님의 시간이 모든 피조물에게 알려지지 않았으나 도래하게 되고 선택받은 자의 수가 차게 될 때, 우리 주 예수 그리스도께서 자신이 산 자와 죽은 자의 심판자이심을 선포하시기 위해, 승천하신 그대로 육체적이고 가시적으로 하늘로부터 큰 영광과 위엄을 가지고 오셔서 이 옛 세상을 불과 불꽃으로 정화하실 것을 믿습니다."

성경과 네덜란드 신앙고백의 진술에 따라 종말에 관한 교리를 다음과 같이 정리할 수 있다.
1) 하나님은 시간의 마지막을 정해 놓으셨다.
2) 하나님이 정하신 시간의 마지막은 피조물들에게 알려지지 않았다.
3) 선택받은 자의 수가 차면 예수 그리스도가 오시는데, 이를 통해 시간의 마지막이 도래한다.
4) 예수 그리스도는 육체적이고 가시적으로 이 땅에 다시 오신다.
5) 예수 그리스도는 다시 오셔서 세상을 심판하시고 정화하신다.
6) 우리는 예수 그리스도의 다시 오심을 늘 준비하고 있어야 한다.

마지막 순간에 일어날 일

예수 그리스도가 오심으로 세상이 마지막을 맞이할 때 어떤 일이 일어날까? 네덜란드 신앙고백은 다음과 같이 진술한다. "그때 세상의 태초부터 끝 날까지 존재하게 될 남녀노소 모든 인간 피조물은 이 위대한 심판자 앞에 개인적으로 나타나게 될 것이고 천사장의 소리와 하나님의 나팔 소리에 의해 그에게로 소환될 것입니다. 왜냐하면 이전에 죽었던 모든 사람들은 땅에서 부활할 것이며, 그들의 영혼은 그들이 살았던 육체와 결합하여 하나가 될 것이기 때문입니다. 그리고 살아남은 사람들은 다른 사람들처럼 죽지 않고 순식간에 부패에서 부패하지 않는 것으로 변화될 것입니다. 그때 책들[즉 양심들]이 열릴 것이요, 죽은 자들은 이 세상에서 행한 선악에 따라 심판을 받게 될 것입니다. 또한 사람들은 세상이 놀이와 농담으로만 여기는 말들을 했던 그 모든 무익한 말에 대해서도 책임지게 될 것이며 사람들의 은폐와 위선이 만인 앞에 공개적으로 드러날 것입니다."

그러므로 마지막 순간에 두 가지 일이 일어난다.
1) 모든 사람이 부활할 것이다. 이미 죽은 사람은 육체가 살아나서 원래의 영혼과 결합할 것이며, 그때까지 살아 있던 사람은 죽지 않고 순식간에 부패하지 않는 몸으로 변화될 것이다.
2) 모든 사람이 위대한 심판자 앞에 서게 될 것이다. 그들은 이 세상에서 행한 선악에 따라 심판을 받을 것이다. 그들은 말한 것과 행한 모든 것에 대한 책임을 지게 될 것이다.

사도 바울의 말을 기억하라. "보라 내가 너희에게 비밀을 말하노니 우리가 다 잠잘 것이 아니요 마지막 나팔에 순식간에 홀연히 다 변화되리니 나팔 소리가 나매 죽은 자들이 썩지 아니할 것으로 다시 살아나고 우리도 변화되리라"(고전 15:51-52).

최후 심판의 결과

마지막 순간에 최후 심판이 있을 것이다. 하지만 우선 용어 문제를 정리할 필요가 있다. '최후 심판'은 보편적으로 사용되는 신학 용어지만, 의미에 오해를 불러일으킬 수 있다. 그래서 '최후 심판'을 '최후 판결'로 바꾸는 것이 좋다고 본다. 이는 '심판'(審判)이라는 단어가 주는 부정적인 어감 때문이다. 이 단어는 '어떤 일이나 문제를 자세히 조사하여 잘 잘못을 밝혀 결정하는 행위'라는 뜻을 지닌다. 그러나 '판결'(判決)은 '시비나 선악을 변론에 따라 판단하고 결정하는 일'을 가리킨다. 즉 판결은 공정한 판단과 평가를 암시한다. 따라서 마지막 순간에 의인과 악인 모두가 공의로운 재판장 앞에 서게 되므로 '판결'이라는 단어를 사용하는 게 더 적합하다고 생각한다.

그렇다면 그날 의인과 악인은 각각 어떻게 되는가? 네덜란드 신앙고백은 다음과 같이 말한다. "이 심판을 기억하는 것이 불의한 자들과 악인들에게는 끔찍하고 경악스럽겠지만 선인들과 선택받은 자들에게는 매우 희망적이고 큰 위로가 됩니다. 왜냐하면 그때 선인들의 완전한 구속이 이루어질 것이고, 그들이 감당했을 노력과 수고의 열매를 받게 될 것이며, 그들의 무죄함이 만인에 의해 분명하게 인정될 것이고, 이 세상에서 그들을 폭압하고 핍박하며 괴롭힌 악인들에게 하나님께서 행하실 끔찍한 복수를 보게 될 것이기 때문입니다. 하지만 악인들은 자기들의 양심의 증거로 유죄가 입증될 것이며 마귀와 그의 천사들을 위해 준비된 영원한 불로 괴롭혀지는 그 방법으로 불멸할 것입니다. 반대로 신실하고 선택받은 자들은 영광과 영예의 면류관을 받게 될 것입니다. 하나님의 아들이 자신의 아버지 하나님과 거룩한 천사들 앞에서 그들의 이름을 고백하실 것이요, 그들의 눈에서는 모든 눈물이 닦일 것입니다. 수많은 재판관들과 위정자들에 의해 이단과 악인처럼 현재 정죄된 그들의 소송은 하나님의 아들의 소송으로 인정받게 될 것이며, 주님은 은혜로운 보상으로써 인간의 마음이 상상할 수 없는 그런 영광을 그들이 소유하게 하실 것입니다."

그러므로 마지막 판결 때 의인과 악인이 당할 처우는 극명하게 갈린다.

의인에게는 최후 심판이 매우 희망적이고 큰 위로가 될 것인데, 이는 그들이 완전한 구속을 경험할 것이고, 노력과 수고의 열매를 얻게 될 것이며, 무죄함이 분명하게 인정될 것이고, 이 세상에서 그들을 폭압하고 핍박하며 괴롭힌 악인들에게 하나님이 행하실 끔찍한 복수를 보게 될 것이며, 영광과 영예의 면류관을 받게 될 것이고, 예수님이 하나님과 천사들 앞에서 그들의 이름을 고백하실 것이며, 그들의 눈에서 모든 눈물을 닦아주실 것이고, 은혜로운 보상으로써 상상할 수 없는 영광을 소유하게 하실 것이기 때문이다. 그러므로 의인은 이 순간을 기쁨으로 맞이할 수 있다.

그러나 악인은 매우 끔찍하고 경악스러운 결과를 받아들이게 될 것이다. 그들은 마귀들을 위해 준비된 영원한 불로 괴롭혀지는 그 방법으로 불멸할 것이다. 여기서 "영원한 불"이라는 단어와 "불멸"이라는 단어에 유의해야 한다. 이것은 '끝이 없다'라는 뜻이다. 또한, "불"이라는 단어를 주목해야 한다. 성경은 악인들이 갈 지옥을 "불과 유황으로 타는 못"이라고 묘사한다(계 21:8). 불에 타는 것은 가장 큰 고통이다. 악인들은 불못에서 영원히 지내야 한다. 고통에 끝이 있다면 그나마 희망을 바랄 수 있겠지만, 그런 일은 절대로 일어나지 않는다. "악인에게 그물을 던지시리니 불과 유황과 태우는 바람이 그들의 잔의 소득이 되리로다"(시 11:6).

우리가 해야 할 일

첫째, 주님의 재림으로 이루어질 마지막 날을 소망함으로 기다려야 한다. 네덜란드 신앙고백 마지막 부분은 다음과 같이 말한다. "그러므로 우리는 우리 주 예수 그리스도 안에서 하나님의 약속을 마음껏 누리기 위해 이 위대한 날을 소망함으로 기다립니다."

둘째, 마지막 날에 의인이 받을 상이 있음을 믿고 믿음과 선행에 신실해야 한다. 주님은 현세에서도 우리에게 상을 주시지만, 마지막 날 결산의 순간에 충분히 보상해 주신다. 우리의 모든 수고와 노력에 대한 열매를 얻게 하신다.

셋째, 악인의 형통을 부러워하지 말아야 한다. 그들은 지금 잠시 잘되는 것 같아도 마지막 순간에 심판받아 꺼지지 않는 불에서 영원히 고통당한다. "너는 악인의 형통함을 부러워하지 말며 그와 함께 있으려고 하지도 말지어다"(잠 24:1).

넷째, 전도에 힘써야 한다. 사람이 천국과 지옥 중 어디로 가느냐가 결정되는 것은 그가 살아 있을 때만 가능하다. 죽은 후에는 기회가 주어지지 않는다. 사랑하는 가족과 친구와 지인이 믿음으로 구원받아 천국에 함께 갈 수 있도록 기도하며 전도하자.

다섯째, 주님과 복음으로 인해 당하는 박해를 잘 견뎌야 한다. 최후 판결 때 우리의 의와 인내가 드러날 것이다. 그러므로 믿음의 경주를 멈추지 말아야 한다. 장차 주님은 이 세상에서 우리를 폭압하고 박해하며 괴롭힌 자들에게 끔찍한 복수를 하실 것이다.